Evelyne Maaß & Karsten Ritschl
Das Spiel der Intelligenzen
Das Übungs-Spectrum für Kreativität, Flexibilität und spielerisches Lernen

Widmung

Für Gabriele, Harald und Jochen – unseren Literatur-Zirkel, mit dem wir uns regelmäßig inspirieren, amüsieren und entspannen. Hier werden neue Ideen geboren, der Geist mit anregender Literatur bewegt, der Körper mit kulinarischen Köstlichkeiten verwöhnt und die Fülle des Lebens in Freundschaft genossen.

Evelyne Maaß & Karsten Ritschl

Das Spiel der Intelligenzen

Das Übungs-Spectrum für Kreativität, Flexibilität
und spielerisches Lernen

Junfermann Verlag • Paderborn
1998

© Junfermannsche Verlagsbuchhandlung, Paderborn 1998
Text-Illustrationen: Martina Kohl
Das Symbol auf dem Frontcover ist ein eingetragenes Warenzeichen von Spectrum KommunikationsTraining

Alle Rechte vorbehalten.
Das Werk einschließlich aller seiner Teile ist urheberrechtlich geschützt. Jede Verwendung außerhalb der engen Grenzen des Urheberrechtsgesetzes ist ohne Zustimmung des Verlages unzulässig und strafbar. Dies gilt insbesondere für Vervielfältigung, Übersetzungen, Mikroverfilmungen und die Einspeicherung und Verarbeitung in elektronischen Systemen.

Satz: adrupa Paderborn
Druck: PDC – Paderborner Druck Centrum

Die Deutsche Bibliothek – CIP-Einheitsaufnahme
Maaß, Evelyne:
Das Spiel der Intelligenzen: Das Übungs-Spectrum für Kreativität, Flexibilität und spielerisches Lernen / Evelyne Maaß, Karsten Ritschl. – Paderborn: Junfermann, 1998
   ISBN 3-87387-388-5

ISBN 3-87387-388-5

Inhalt

I. Einladung	9
Persönliche Ansprache	11
Roter Faden durch das Buch	12
II. Der Zirkus des Lebens	17
Die Intelligenzen stellen sich vor:	18
Was ist Intelligenz?	25
Wieso mehr als eine Intelligenz?	27
Intelligenz ist lern- und entwickelbar	29
Wie können wir unsere Intelligenzen erweitern?	30
Was sagen berühmte Menschen über Intelligenz?	31
Intelligenzfelder	32
Das volle Potential nutzen	35
III. Manege frei für die unterschiedlichen Intelligenzen	37
1. Emotionale Intelligenz	39
Wegweiser	39
Einstimmung	41
Spiele und Übungen	47
2. Kommunikative Intelligenz	81
Wegweiser	81
Einstimmung	82
Spiele und Übungen	85
3. Körper-Intelligenz	109
Wegweiser	109
Einstimmung	110
Spiele und Übungen	114
4. Musikalische Intelligenz	139
Wegweiser	139
Einstimmung	140
Spiele und Übungen	145

5. Sprachliche Intelligenz ... 171
Wegweiser ... 171
Einstimmung ... 173
Spiele und Übungen ... 178

6. Kreative Intelligenz ... 207
Wegweiser ... 207
Einstimmung ... 208
Spiele und Übunge ... 213

7. Die Klassischen Intelligenzen ... 239
Wegweiser ... 239
Einstimmung ... 240
Spiele und Übungen ... 246

8. Alltags-Intelligenz ... 259
Wegweiser ... 259
Einstimmung ... 260
Spiele und Übungen ... 266

9. Spirituelle Intelligenz ... 295
Wegweiser ... 295
Einstimmung ... 296
Spiele und Übungen ... 302

IV. Ausblick ... 332

Wir über uns ... 337
Glossar ... 338
Literatur, Musik, Spiel und Filme ... 343
Übungsverzeichnis ... 351

Danke

Mit 83 Jahren sagte Goethe: *„Das größte Genie käme nicht weit, wenn es alles nur aus sich selbst schöpfen wollte."* ... *„Was bin ich denn selbst? Ich sammelte und benutzte alles, was mir vor Augen, Ohren und vor die Sinne kam. Zu meinen Werken haben Tausende von Einzelwesen das Ihrige beigetragen: Toren und Weise, geistreiche Leute und Dummköpfe, Kinder, Männer und Greise. Sie alle kamen und brachten mir ihre Gedanken, ihr Können, ihre Erfahrungen, ihr Leben und ihr Sein. So erntete ich oft, was andere gesät. Mein Lebenswerk ist das eines Kollektivwesens, und dieses Werk trägt den Namen eines Goethe."*

Wir danken allen Menschen, die uns ermöglicht haben, Erfahrungen zu sammeln, und allen Trainern und Kollegen, mit denen wir Ideen austauschen und diskutieren konnten.

Wir danken dem Team vom Junfermann Verlag für die Möglichkeit, unsere Ideen und Aussagen vielen Menschen zugänglich zu machen und daß sie unseren Büchern eine ansprechende Form gegeben haben.

Unsere Zeichnerin Martina Kohl hat dieses Buch mit ihrer besonderen Gabe, unsere Gedanken künstlerisch umzusetzen, vervollkommnet.

Das Foto ist dieses Mal von Frauke Wettwer. Wir danken ihr auch für das liebevolle Korrekturlesen und die erinnerungswürdige Foto-Session im Botanischen Garten.

Vielen Dank an unsere Leser, die uns mündlich oder schriftlich Feedback gegeben haben und uns so darin unterstützen, weiter zu wachsen.

„Lernen heißt, daß wir uns selbst neu erschaffen.

Lernen heißt, daß wir neue Fähigkeiten erwerben, die uns vorher fremd waren.

Lernen heißt, daß wir die Welt und unsere Beziehung zu ihr mit anderen Augen wahrnehmen.

Lernen heißt, daß wir unsere kreative Kraft entfalten, unsere Fähigkeit, am lebendigen Schöpfungsprozeß teilzunehmen.

In jedem von uns steckt eine tiefe Sehnsucht nach dieser Art von Lernen."

– Peter M. Senge

I. Einladung

Intelligenz taucht unerwartet und immer häufiger in unserem Alltag auf, die Vielfalt scheint unerforscht und führt zu täglich neuen Entdeckungen und Veröffentlichungen.

Uns erschien die Beschränkung auf IQ und EQ zu kurz, da wir in unserem Alltag weitaus mehr Spielarten von Intelligenz erleben. So haben wir uns entschlossen, in diesem Buch neun Intelligenzen aus dieser Fülle vorzustellen.

Alle Intelligenzen zusammen ergeben ein buntes Spectrum an Fähigkeiten, das es uns ermöglicht, neue Denkmuster zu entwickeln, zielgerichtet zu handeln und uns wirkungsvoll und lebendig mit unserer Umwelt auseinanderzusetzen. Dies ist eine Herausforderung zu Vielfalt und Flexibilität, zu Lust am Lernen, um Neues auszuprobieren, Erfahrungen zu machen, das Leben zu genießen und seinen Beitrag zum Ganzen zu leisten. Die Übungen und Spiele dieses Buches sollen einladen zum Sich-kennenlernen, zum Kennenlernen seiner eigenen Fähigkeiten und Talente, seiner Stärken und vertrauten Fertigkeiten. Vielleicht sind Bereiche dabei, die ungewohnt sind, neu erscheinen, in denen man nicht sofort brillieren kann.

Für uns war das Schreiben dieses Buches ein Lustmacher – es hat uns angeregt, die Bereiche und Intelligenzen weiterzuentwickeln, in denen wir bisher glaubten, nicht talentiert, nicht gut genug oder geeignet dafür zu sein. Es machte uns Spaß, uns in Bereiche vorzuwagen, die uns nicht vertraut sind und uns neu erscheinen. Indem wir uns auf Neuland begeben, lernen wir nicht nur das neue Gebiet mit all seiner Vielfältigkeit und Schönheit kennen, sondern wir lernen, wie es ist, wenn wir uns auf etwas zubewegen – wir lernen das Lernen als solches. Nicht die erworbene Fähigkeit steht im Vordergrund, sondern der Prozeß des Lernens an sich; nicht das Ergebnis, das Ziel oder Resultat des Lernens, sondern den Weg dorthin wollen wir mit Freude gehen, mit voller Aufmerksamkeit genießen und lebendig erfahren. Dieses Buch möchte Türen öffnen, um aktiv Räume zu betreten, in denen man sich ausprobieren und auf spielerische Art und Weise neu kennenlernen kann. Vielleicht macht es ein klein wenig neugieriger auf all die Talente und Fähigkeiten, die in jedem von uns schlummern, vielleicht verändert es auch die Wahrnehmung darüber, welche Talente und Fähigkeiten in anderen Menschen verborgen sind, von denen es sich lohnt zu lernen, sie zu genießen oder sich an ihnen zu erfreuen.

Da wir aus der Praxis für die Praxis schreiben und für uns die Umsetzbarkeit von Methoden ein ganz wichtiges Anliegen ist, ist dieses ein *Übungsbuch,* das dazu einladen soll, in jedem Lebensalter die Entwicklung unseres menschlichen Potentials zu fördern. Unsere Vision ist es, mit diesem Buch unsere Leserinnen und Leser ein Stück ihres Weges zu begleiten. Wir haben in diesem Buch eine Vielzahl an Übungen, Spielen und Phantasiereisen gesammelt und wünschen uns, daß es dazu anregt, eigene Wege zu gehen und eigene Erfahrungen zu machen.

Es geht nicht darum, den Künstler in sich zu entdecken und zu leben, sondern vorrangig darum, die vorhandenen Ressourcen wiederzufinden, sie zu erweitern und für Kreativität, Intuition und Erfolg im Alltag nutzbar zu machen. Mit der Entfaltung der unterschiedlichen Intelligenzen werden die Qualitäten bereitgestellt für das Abenteuer „Lernen und Leben im nächsten Jahrtausend". Lustvolles Lernen und lebendiges Handeln sind der erste Schritt auf diesem Weg.

Um neue Gebiete zu erobern muß man kein Profi sein, von Beruf aus Trainer oder Lehrer, sondern neugierig auf das Leben und bereit, sich auf neue Erfahrungen einzulassen. Wer diese Herausforderung annimmt und die Spiele, Übungen und Phantasiereisen ausprobiert, dem werden sich ganz spielerisch unerwartete Dimensionen, intelligente Lösungen und neue Horizonte eröffnen.

In diesem Buch werden einige Übungen angeboten, die es lohnt, so lange in einem sicheren Umfeld zu üben, bis Sie sie sicher und flexibel anwenden können. Viele der Spiele und Übungen sind für mehr als eine Person gedacht und laden zu gemeinsamem Entdecken und Weiterentfalten ein.

Spielen ist weit mehr als ein kindlicher, angenehmer Zeitvertreib; Spielen ist immer auch Lernen, Ausprobieren, Erweitern und Entdecken. In der modernen Intelligenzforschung gilt nicht der erwachsene Experte als Vorbild, sondern die Kinder, die sich in einer sich ständig verändernden Umwelt orientieren und sich die Welt in der Improvisation aneignen. Bei vielen Übungen läßt sich der Spaß noch steigern, wenn man sich ihnen mit dem offenen, neugierigen Geist eines Kindes nähert.

Für die Erweiterung von Teamlernen empfehlen wir unser Buch *Teamgeist – Übungen und Spiele für die Teamentwicklung*. Wenn Sie Lust haben, eigene Phantasiereisen zu entwerfen, empfehlen wir Ihnen unser Buch *Phantasiereisen leicht gemacht – Die Macht der Phantasie*. Menschen, die andere coachen und sie in persönlichen Entwicklungsprozessen begleiten, sei unser Buch *Coaching mit NLP* empfohlen, und die Basisfertigkeiten der Kommunikation werden sehr spielerisch im *NLP-Spiele-Spectrum* (gemeinsam mit Michael Luther) vorgestellt.

Persönliche Ansprache

Persönliches Wachsen ist etwas sehr Privates und erwünscht eine persönliche Begleitung, deren Grundlage Nähe und Vertrauen und eine tragfähige Beziehung ist. Wir bieten Ihnen das „Du" an, um einer vertrauten Atmosphäre die Möglichkeit der Entfaltung zu geben, speziell in den Übungen und Phantasiereisen.

Dieses Buch richtet sich an alle Menschen – Frauen und Männer. Um der leichteren Lesbarkeit willen haben wir auf die man/frau-Unterscheidung verzichtet und auch kein „innen" oder „in" hinter jede männliche Form gesetzt. Wir bitten alle Frauen, sich dieses Buch in Ihrer Phantasie durch die weibliche Anrede zu vervollständigen.

Roter Faden durch das Buch

Wir haben eine Auswahl von neun Intelligenzen als Ordnungshilfe für dieses Buch gewählt, weil wir glauben, daß wir der Vielfalt des menschlichen Potentials so am leichtesten auf die facettenreiche Spur kommen und zur Weiterentwicklung beitragen können.

Der Gedanke ist nicht neu und wir haben den von dem Neurobiologen Howard Gardner benannten sieben Intelligenzarten zwei weitere hinzugefügt, die wir in unserem Leben immer wieder antreffen.*·

Nach dieser „Einladung" wird die Frage „Was ist Intelligenz?" im Mittelpunkt stehen. Anregende Aussagen von anderen Kollegen über Intelligenz und eine erläuternde Beschreibung, was wir darunter verstehen, laden zu einer Auseinandersetzung mit diesem Konzept und möglicherweise zu einer eigenen Definition ein. Hier stellen wir die neun Kern-Intelligenzen dieses Buches im Zirkus des Lebens vor und führen in die Spielarten der einzelnen Qualitäten ein.

Mit 1., „Die Emotionale Intelligenz", spüren wir der Frage nach, welchen Sinn, Zweck oder Vorteil es haben kann, dieses Talent zu fördern und weiterzuentwickeln. Die Emotionale Intelligenz benötigen wir, um unsere und die Gefühle anderer

---

* Gardner stellt die sieben Intelligenzen als die sprachliche, die musikalische, die logisch-mathematische, die räumliche, die körperlich-kinästhetische, die interpersonelle und die personale Intelligenz vor. Wir haben in diesem Buch die personale Intelligenz als emotionale Intelligenz bezeichnet, die interpersonelle Intelligenz Gardners ist bei uns als die kommunikative Intelligenz zu finden, die logisch-mathematische und die räumliche Intelligenz haben wir zu den klassischen Intelligenzen zusammengefaßt und diesen Kernkompetenzen noch die kreative, die Alltags- und die spirituelle Intelligenz hinzugefügt.

zu verstehen und dieses Wissen in unsere Beziehungen und unser Miteinander einfließen zu lassen. Die Emotionale Intelligenz befähigt uns, zu lieben und als fühlende Wesen zu handeln. Ein Übungs- und Spiele-Angebot lädt zu sofortigem Ausprobieren ein.

Wir sind nicht allein auf dieser Welt, sondern immer in einen Kontext mit anderen Menschen eingebettet. **Kommunikative Intelligenz** unterstützt uns darin, daß wir uns in diesem Kontext angemessen bewegen können, daß wir führen und geführt werden. Sie ist wichtig, um Beziehungen herzustellen und in ihnen genußvoll und bereichernd zu leben. Unter 2. wird „Die Kommunikative Intelligenz" ins Blickfeld rücken und mit vielen Anregungen den Leser hoffentlich inspirieren, diese gemeinsam mit Freunden und Mitspielern auszutesten.

„**Die Körper-Intelligenz**" findet mit 3. einige mögliche Ausdrucksformen. Die Bewegungs- oder Körper-Intelligenz dient dem lebendigen Ausdruck und der Möglichkeit, spontan zu handeln, um Gefühltes, Erlebtes und Gedachtes umzusetzen und darzustellen. Im praktischen Teil bietet sich die Chance, den Körper wieder lustvoll mit in den Lebensalltag einzubeziehen und die Weisheit des Körpers zu würdigen.

In 4., „**Die Musikalische Intelligenz**", regen wir die Phantasie an, sich mit Tönen und Klängen zu befassen. Die Musikalische Intelligenz befähigt uns, in Harmonie mit anderen zu schwingen, den eigenen Rhythmus anzunehmen und ihn auf die Umwelt anzupassen. Sie befähigt uns weiterhin dazu, gemeinsam zu musizieren, Schwingungen wahrzunehmen und aufeinander zu reagieren. Hier entsteht im Tun, im Ausprobieren der Rhythmus und die Melodie des Lebens.

Unter 5., „**Die Sprachliche Intelligenz**", gehen wir auf die Entwicklung und die Macht der Sprache ein. Die Sprachliche Intelligenz bietet uns die Möglichkeit, abstrakte Gedanken zu denken und zu kommunizieren. Sie unterstützt uns dabei, neue Ideen, Meinungen und Konzepte zu entwerfen, zu generalisieren und uns zeit- und raumbegreifend mitzuteilen. Mit Worten zu zaubern ist hier die Einladung, und die Kraft der Sprache kennenzulernen steht im Vordergrund.

6. regt an, „**Die Kreative Intelligenz**" zu entdecken und zu fördern. Kreative Intelligenz ist wichtig, um neue Lösungen zu denken, gegen den Strom zu schwimmen, auch aus der Harmonie auszusteigen, um ungewohnte Perspektiven einzunehmen und den ganz großen, neuen, andersartigen Wurf zu wagen. Wir bieten Methoden und spielerische Wege, um die eigene Kreativität zu lockern und zu genießen. Umsetzungsmöglichkeiten und eine Integration ins Leben sind auch hier ein wichtiger Bestandteil.

In 7., **„Die Klassischen Intelligenzen"**, widmen wir uns den bekannten Intelligenzen, die bereits in unseren Schulen gefördert und gefordert werden. Die Logisch-mathematischen Intelligenzen dienen dazu, bewährte Lösungen miteinzubeziehen, bewährte Strategien auf ihre Nützlichkeit hin zu überprüfen und mit in das Neue hineinzunehmen. Hier werden einige Ideen zur Entwicklung von räumlichen, logischen, mathematischen Talenten den Leser anregen, sich auszuprobieren.

8. **„Die Alltags-Intelligenz"** stellt die Fähigkeit vor, sich im Alltag zu bewähren und im richtigen Moment das Richtige zu tun. Sie überprüft, ob Pläne umsetzbar und realistisch sind und wie diese Lösungen umgesetzt und gelebt werden können. Sie dient der Möglichkeit, mit geringstmöglichem Aufwand an Zeit und Mitteln die beste Lösung zu finden. Soziologisches Denken, Alltagsintuition und praktische Lebensfähigkeit sind hier das Übungsspectrum.

Die **Spirituelle Intelligenz** gibt unserem Handeln und Denken eine neue Dimension. Sie bettet uns ein in einen größeren Rahmen, gibt Handlungen und Gedanken einen Sinn-Zusammenhang und läßt uns Einheit erleben. So schließt sich 9. „Die Spirituelle Intelligenz" an; hierbei wird der Leser eingeladen, seine spirituellen Wurzeln wiederzuentdecken, seine spirituelle Dimension weiterzuentwickeln und Spiritualität im Alltag zu leben.

Im Kapitel IV. bieten wir einen **„Ausblick"** auf das, was mit der Weiterentwicklung und Förderung der unterschiedlichen Intelligenzen möglich erscheint. Wir wollen dazu einladen, unser menschliches Potential zu entfalten und neue Dimensionen des Denkens und des Handelns zu erobern.

Am Ende des Buches finden sich eine kurze Selbstdarstellung, ein Glossar, Literaturanregungen, Musik- und Filmvorschläge. Ein Spiele-Index mit der Einordnung nach Intelligenzen erleichtert das Wiederfinden der einzelnen Spiele und Phantasiereisen.

Lernen kann und soll Spaß machen

Denke daran, daß die Übungen und Spiele in diesem Buch Spaß machen sollen. Je spielerischer Du damit umgehst, um so leichter kannst Du damit Erfolg haben, denn durch die Freude und den Spaß lernt das Unbewußte leichter und lieber. Regelmäßiges Üben – auch für kurze Zeit – ist besser als unregelmäßig viel Zeit damit zu verbringen. Das wichtigste dabei ist das Üben in einem entspannten, lustvollen Zustand. Das bedeutet nicht, daß alles mühelos gelingt und daß die Übungen auch keinerlei Einsatz von Zeit und Energie benötigen, sondern in Gegenteil: Auch Spiele, die Du gern spielst – vielleicht spielst Du Schach, Tennis oder Doppelkopf – verlangen nach Fleiß und Ausdauer. Auch da ist kein Meister vom Himmel gefallen. Da viele dieser Übungen mit Partnern oder in Gruppen durchgeführt werden können, achtet bitte auf eine spielerische Atmosphäre, in der Ihr einfach nur sein könnt und wo es Euch Spaß macht, auch eigene Übungen zu entwerfen, weiterzuentwickeln und Variationen zu erfinden. Es geht dabei um den Mut zum Experiment und den Mut, neue Wege zu gehen. Denkt an das alte Schamanen-Motto: Worüber man nicht lachen kann, das ist nicht heilig.

Es geht uns nicht nur darum, einzelne Übungen zu erfassen und zu wiederholen, sondern darüber hinaus, den schöpferischen Prozeß verstehen zu lernen. Es geht uns insbesondere um das Erschaffen von Vertrauen in die eigenen Fähigkeiten und das Kreieren von Mut, um eigenes auszuprobieren. Wir erleben täglich, welche ungeheuren Kräfte freigesetzt werden, wenn Menschen es wagen, ihrer Vielfalt Raum zu geben und sich trauen, neue Schritte zu gehen.

Also dann, viel Spaß.

II. Der Zirkus des Lebens

Neben den logisch-mathematischen Fähigkeiten sind in den achtziger Jahren die sozialen Kompetenzen in den Vordergrund gerückt. Um erfolgreich zu sein, reicht es nun nicht mehr aus, ein großes Fachwissen zu besitzen. So ist es nicht verwunderlich, daß in Wissenschaft und Wirtschaft die emotionale Intelligenz „entdeckt" wurde. Soziale Kompetenzen stellten eine wichtige Voraussetzung dar, um im beruflichen und privaten Miteinander erfolgreich zu handeln. In den späten neunziger Jahren ertönt nun der Ruf nach **mentalen** Kompetenzen, nach **Zukunftsintelligenzen**, die es uns ermöglichen werden, den nächsten Schritt der Menschheit zu vollziehen. Mit diesen Intelligenzen sollen die geistigen Fähigkeiten zur Entwicklung genau der Instrumente entstehen, die gebraucht werden, um die Zukunft erfolgreich meistern zu können.

Um Lösungen von morgen zu finden und zu kreieren, bedarf es einer wohlausgewogenen **Balance aus fachlicher, sozialer und mentaler Kompetenz** – dies forderte das Symposium „Mind Management 2000" im Mai 1993 in Zürich. Die soziale und vor allen Dingen die mentale Kompetenz werden in unseren Bildungseinrichtungen bisher weitgehend vernachlässigt. Die alleinige Ausbildung und Förderung fachlicher Kompetenzen reicht heute nicht mehr aus, um erfolgreich zu sein.

Das Zusammenspiel aller Intelligenzen ermöglicht uns die Ausbildung der Fähigkeiten, die zur kreativen Ausschöpfung unserer menschlichen Ressourcen führen wird. Durch die Kombinationsmöglichkeiten ergeben sich potenzierte Ergebnisse, die unserer komplexen Welt und deren Anforderungen eher gerecht werden: Multi-Level-Reaktion ist nur mit einem erweiterten Spectrum möglich.

Wir beschreiben in diesem Buch nicht *die* Intelligenz, sondern *mehrere Intelligenzen*. Jeder erwachsene Mensch besteht aus einer Vielzahl, einer einzigartigen Mischung aus Intelligenzen, die uns helfen, den Herausforderungen, den Anforderungen und dem Spiel des Lebens zu begegnen. Verschiedene Intelligenzen unterstützen uns darin, Probleme zu lösen, effektiv Ziele zu erreichen und uns auf veränderte Umweltanforderungen einzustellen.

Die Intelligenzen stellen sich vor:

„Wenn heute jeder seine Bestleistung einbringt und seinen Teil dazugibt, dann können wir für eine gelungene Vorstellung sorgen. In unserem Zusammenspiel gibt es kein besser oder schlechter – hier wird jede Qualität gebraucht und geschätzt. Das Spielen ist unser Lebenselexier. Mit Lachen, Spaß und Leichtigkeit erschaffen wir täglich die bunte Vielfalt des Lebens.

In unserer Zirkusfamilie kann jeder die Menschen unterhalten und erfreuen – auf seine Art und Weise. Wir üben und proben täglich, so daß wir unseren Spielraum immer mehr erweitern und unsere Qualitäten und Fähigkeiten verfeinern. Neue

Kunststücke und Fertigkeiten zu erlernen macht uns Freude und begeistert uns und andere. Davon können wir nie genug bekommen.

Wir laden alle Menschen ein, dabeizusein beim großen Spiel, ob als Zuschauer oder Mitspieler. Wenn Du Lust hast, komm zu uns in die Manege und teile mit uns die Aufregung, das Abenteuer, das Lachen und die Begeisterung an persönlicher Bestleistung."

▶ **Emotionale Intelligenz:** *Leonie Lion, die Löwenbändigerin*

„Ich kann mich auf mein Gefühl verlassen. Da vertraue ich ganz meiner Intuition, weil ich spüre, was los ist. Ich kenne das ganze Spectrum der Gefühle und kann Spannung aufbauen und wieder lösen. Ich handele aus meinem Bauch heraus und bin mit ganzem Herzen bei der Sache.

Wenn Du mit mir trainierst, dann lernst Du Dich selber besser kennen, Du findest Deine Stärken und Schwächen heraus, um Deine Löwen zu bändigen und die Löwen der anderen richtig einzuschätzen. Wie Du mit Raubtieren, Schmusekatzen und Partylöwen umgehen mußt, um sicher zu sein, kannst Du bei mir erfahren. Du brauchst dazu den Mut, den Tatsachen Deiner Gefühlswelt ins Auge zu sehen und die Bereitschaft, Deinen Impulsen zu trauen. Komm nach innen, in die Welt der Löwen, und Dein Leben wird eine neue Dimension erfahren."

▶ **Kommunikative Intelligenz:** *Carlo von Traudich, der Zirkusdirektor*

„Ich stelle die Verbindung her und führe die Menschen durch die Vorstellung – ich lasse mich führen, indem ich in Resonanz mit dem Publikum bin. Ich sorge nicht nur für den roten Faden im Geschehen, sondern erschaffe den Dialog, der für das gemeinsame Erlebnis entscheidend ist.

Wenn Du mit mir übst, kannst Du erleben, wie schön gemeinsames Spielen sein kann. Die Liebe beginnt zu zweit und zu einer Gruppe dazuzugehören kann ein wunderbares Erlebnis sein. Wir finden Wege, um Konflikte zu lösen und entdecken Lösungen, wie sich Zusammenarbeiten und Zusammenleben täglich anders, neu und aufregend gestalten läßt. Wenn Du Deine Zeit mit mir verbringst, wirst Du wissen, wie man Freunde gewinnt und behält, wie Du in guten Kontakt kommst mit Menschen, die Dir wichtig sind und wie Du diese Beziehungen pflegen kannst. Komm, laß uns Freunde werden und gemeinsam die Welt erobern."

▶ **Körper-Intelligenz:** *Tatjana Primaso, die Ballerina*

„Mit meiner ganzen Schönheit und Anmut zeige ich mich und stelle die Facetten des Lebens dar – auch ohne Worte kann ich Geschichten erzählen und im Tanz das Universum erschaffen. Ich bin Bewegung pur und eine Ausdrucksform der Lebendigkeit.

Tanze mit mir, und Du wirst den Reigen des Universums erleben. Mit mir kommst Du in Balance, und die Harmonie in Dir wird sich als Kongruenz und Authentizität zeigen. Wenn Du die Kraft und Schönheit Deines Körpers würdigst, dann steht er Dir mit seinem ganzen Spectrum an Ausdrucksfähigkeit zur Verfügung. Deinen Körper erlebst Du jeden Tag. Ob es ein Fest der Sinne wird und Du es lustvoll genießen kannst, wird auch davon abhängen, wie Du Deinen Körper annimmst und ehrst. Komm, laß Dich ein auf die Weisheit Deines Körpers, auf die Vielfalt Deiner Bewegungen und die Anmut Deines ganz persönlichen Ausdrucks."

➤ Musikalische Intelligenz: *Tim Takedimi, der Trommler*

„Ich weiß um die Rhythmen des Lebens, die Töne und Klänge des Universums und die Lebenslieder, die die Seele öffnen. Ich schaffe Raum für Schönheit und Harmonie und kann die Menschen mit Schwingungen heilen und in Einklang bringen.

Laß uns gemeinsam singen und musizieren. Ich zeige Dir, wie Du Deinen Rhythmus findest und erlaube Dir, laut und leise zu sein. Du darfst schön singen oder dissonant sein, ganz wie es für Dich stimmt. Mit mir kannst Du Harmonie erfahren, und mit den Klängen in andere Sphären reisen. Mit der Musik können wir die Türen zu Deiner und zur Seele anderer Menschen öffnen. Laß uns gemeinsam Deine Schwingung wiederentdecken, erweitern und verfeinern. Wer mit seinen Mitmenschen zu musizieren vermag, der kann auch in anderen Bereichen mit den Menschen zusammen schwingen."

➤ Sprachliche Intelligenz: *Lamberto Lingua, der Zauberer*

„Ich kann mit Worten zaubern. Ich kann Dinge erschaffen aus dem Nichts. Mein Potential kann Menschen berühren und zu Abenteuern mitnehmen. Ich kann neue Welten entwerfen und mit Sprache begeistern.

Wenn Du mit mir meine Zauberwelt erkundest, wirst Du alte Bekannte neu kennenlernen und erstaunt sein, zu was sie noch so alles imstande sind. Wir können die Worte sammeln, die uns wärmen werden an den kalten Tagen, wir können die Geschichten finden, die uns trösten werden in den kargen Zeiten, wir können die Träume ausschmücken für die Ausflüge ins Land der Phantasie. Mit der Sprache können wir Menschen in fernen Ländern und in zukünftigen Zeiten besuchen. Mit

Worten lassen wir uns entführen in eine Welt, die vor uns war und erreichen Menschen, die wir jetzt noch nicht einmal kennen. Unsere Kunst ist sehr sensibel, und mit großer Behutsamkeit gehen wir zu Werke. Wenn Du also Lust hast, mehr von diesem wundervollen Potential zu erobern, dann komm zu mir herüber, hierher, wo man Dich sehen und hören kann und laß uns Deinen unglaublichen Schatz entdecken."

➤ Kreative Intelligenz: *Florian Flow, der Clown*

„Ich traue mich, albern zu sein, komisch und auch tragisch. Ich wage es, anders zu sein als die anderen und neue Wege zu gehen. Ich habe Mut, die Dinge beim Namen zu nennen und ihnen neue zu geben. Ungewöhnliches ist mein Geschäft.

Wenn Du den Mut entwickeln willst, Deinen Weg zu gehen, gegen den Strom zu schwimmen, wenn es dies erfordert, und Dich ganz für eine Idee einzusetzen, dann bist Du bei mir richtig. Ich kann Dich begleiten, wenn Du Deine Grenzen abschreitest und Dich ermutigen, wenn Du sie erweiterst. Mit mir wirst Du viel Spaß haben und nie genau wissen, was als nächstes passieren wird, mit mir wirst Du vielleicht für eine ganz verrückte neue Lösung bekannt oder in einem neuen Bereich mit einer innovativen Idee erfolgreich. Ich bringe Dich in Kontakt mit Deinem inneren Schöpfer und finde mit Dir kreative Lösungen, und wenn wir uns miteinander eingewöhnt haben, wird die Intuition sich ganz von allein zu uns gesellen."

➤ Klassische Intelligenzen: *Loga Trigono, die Seiltänzerin*

„Ich bin präzise, wäge ab, und meine Schritte sind wohlgesetzt. Ich ziehe die richtigen Schlüsse, um mich schnell und genau zu orientieren. Mit Zahlen und Mengen zu jonglieren ist mein tägliches Vergnügen. Logisch, daß ich meine Begabung zum Beruf gemacht habe.

Klar kannst Du mich in jeder Schule lernen, aber es lohnt sich, mich auch in der Freizeit auszutesten. Mit mir kannst Du Dir das sichere Terrain der Logik erschlie-

ßen, Dich von der Magie der Zahlen und Systeme bezaubern lassen und es noch mehr genießen, Dich in Deiner Lebenswelt genau und treffsicher zu orientieren. Ein genaues Maß für Entfernungen, Größe und Schwere einer Sache sichert Dir nicht nur den günstigen Parkplatz, sondern vielleicht auch den Hauptgewinn der nächsten »Schätz mal-Übung«."

➤ Alltags-Intelligenz: *Paul Packan, der Arbeiter*

„Ohne mich läuft hier gar nichts. Erst wenn ich fertig bin, können die anderen beruhigt auftreten. Ich weiß, wie alles zusammenpaßt und packe es an. Sicher, ich stehe nicht im Rampenlicht, aber ich weiß, daß ich etwas Gutes und Nützliches tue. Ich bin wichtig.

Bei mir kannst Du ein ordentliches Handwerkszeug erwerben. Ich zeige Dir die praktischen Lösungen. Zupacken mußt Du natürlich selbst, aber wie Du es machen kannst, können wir gemeinsam finden. Wenn Du praktische Lebensintelligenz erwerben willst, bist Du bei mir goldrichtig. Schon nach kurzer Zeit weißt Du, wer Du bist und wo Du stehst, immer wenn Du das brauchst. Dann weißt Du auch, wie Du wieder »in die Pötte kommst«, wenn das mal wichtig wird in Deinem Leben. Eine kurze Lehrzeit mit mir wird Deine Lebenslust erheblich steigern."

➤ Spirituelle Intelligenz: *Basmati Bhakti, der Fakir*

„Meine tiefe Konzentration verblüfft die Menschen, denn ich bin in der Lage, Unmögliches möglich zu machen. Aus der Tiefe meines Urgrundes vollbringe ich die alltäglichen Wunder. Ich kenne das Spiel der Kräfte und weiß um den Sinn des Lebens. In der Ruhe liegt die Kraft.

Ich bin kein abgehobener Spinner, wie manche behaupten – nein – im Gegenteil, mich interessiert die Ruhe im Alltag. Bei mir lernst Du, Dich so zu entspannen, daß Du diesen Zustand in jeder Situation sofort wieder herstellen kannst. Wenn Du Lust hast, Deine inneren Kräfte kennenzulernen und zu nutzen, und wenn Du darüber hinaus noch Deine Sinne öffnen willst für das Feld aller Möglichkeiten – auch die universelle Kraftquelle genannt – dann sollten wir sofort beginnen. In jedem Augenblick kann etwas Wunderbares geschehen, weil Du Dir erlaubst wahrzunehmen, was ist. Laß uns das kollektive Unbewußte erkunden und die Kraft Deiner Symbole dem Spiel des Universums hinzufügen. Im Entdecken werden wir unseren gemeinsamen Heilraum erweitern und das Geborgensein und Aufgehobensein in einem größeren, sinnhaften Ganzen genießen.
Beginnen wir hier und jetzt."

„Bei unserem Spiel bereichern wir uns gegenseitig, und in unserem Miteinander gibt es immer wieder aufregend Neues und ungewohnt Alltägliches. Wir lieben es zusammenzuspielen, gönnen uns aber auch ein gelungenes Solo, weil wir wissen, wie wunderbar wir uns ergänzen. Wer im Vordergrund stehen darf, wird allein durch die Situation und das Publikum entschieden, und genauso können wir sicher sein, daß unsere Darbietung zeitgemäß und angemessen ist. Mit unserer Vielfalt sind wir weit über unsere Grenzen hinaus bekannt und in jedem Land willkommene Gäste, denn wir sehen unsere Lebensaufgabe darin, die Menschen zu beglücken, zu beschenken, zu verblüffen, zu berühren und einzuladen zu diesem Spiel des Lebens.

Hier noch einige Informationen zu unserem Hintergrund. Alle Wissensdurstigen finden jetzt Erwähnenswertes zu unserem Spiel der Intelligenzen."

Was ist Intelligenz?

Intelligenzen sind Sets von *„Wissen wie"*. Intelligenz läßt sich vom Lateinischen „intellego" ableiten, was soviel bedeutet wie Erkennen, Begreifen oder Verstehen und die Fähigkeit beschreibt, aus Erfahrungen zu lernen. Howard Gardner benennt als Intelligenz *„ ... die Fähigkeit, Probleme zu lösen oder Produkte zu schaffen, die im Rahmen einer oder mehrerer Kulturen gefragt sind"*.

Der Mensch hat vielfache Intelligenzen, die zusammenspielen, ineinandergreifen und kompetentes Verhalten ergeben. Man kann sich jede einzelne Intelligenz als ein eigenes System mit eigenen Gesetzen vorstellen. Jedes dieser Systeme ist in der Lage, mit allen Sinnen zu arbeiten. Es geht um das *Wissen wie*, um die Beherrschung einer Tätigkeit und nicht um das *Wissen daß*, um verbalisiertes Wissen, was eher hypothetisch oder theoretisch ist.

Das Wort „Intelligenz" ist eine Nominalisierung, was zu einer Verdinglichung führt und das Prozeßhafte dieses Begriffes verwischt. Dies kann zu Trugschlüssen im Umgang mit dieser Fähigkeit, mit diesem Prozeß führen, weil man es für eine berührbare, meßbare Größe halten könnte und vergißt, daß es ein Etikett ist, was einen Verlauf, eine Bewegung und Entwicklung beschreibt. Wichtig ist, sich das Prozeßhafte von Intelligenz wieder zu verdeutlichen, das in den Tätigkeiten, im Entstehen von intelligenten Lösungsmöglichkeiten oder im intelligenten Handeln enthalten ist.

Allen Intelligenzformen scheint gleich zu sein, daß sie Fähigkeiten von Menschen beschreiben. Unterschiedlich ist der Schwerpunkt der Beschreibung, die Vorliebe dafür, welche Fähigkeiten der Intelligenz zugeordnet werden und die Vorstellung davon, wie Intelligenz strukturiert ist.

Im wissenschaftlichen Bereich gibt es Autoren, die die Vorstellung entwickelt haben, daß Intelligenz vielschichtig ist und ein Spectrum an unabhängigen Fähigkeiten beinhaltet, wie z.B. Thurstone, der bereits 1938 mit seinem Intelligenzmodell sieben unabhängige Primärfähigkeiten unterschied: Sprachverständnis, Wortflüssigkeit, logisches Denken, Raumvorstellung, Merkfähigkeit, Rechenfähigkeit und Wahrnehmungsgeschwindigkeit.

Andere Autoren – wie z.B. Guilford (1965) – unterscheiden 120 unterschiedliche Intelligenzleistungen.

Der an der Harvard University lehrende Psychologe und Neurologe Howard Gardner stellte in seinem Buch *Abschied vom IQ* (1991) seine Idee der vielfachen Intelligenzen vor und benennt sieben Intelligenzen.

Die einzelnen Klassifizierungen sind nur schwer vergleichbar, Übereinstimmung scheint jedoch darin zu herrschen, daß mehrere Intelligenzen die verschiedenen Aufgaben des Lebens übernehmen, anstelle der Vorstellung, daß es die universelle *eine* Intelligenz gibt.

Wieso mehr als eine Intelligenz?

„Diese Intelligenzen sind Fiktionen, im günstigsten Fall nützliche Fiktionen, die uns erlauben, über Prozesse und Fähigkeiten zu sprechen, die wie alles im Leben untereinander zusammenhängen. Die Natur duldet keine scharfen Diskontinuitäten, wie wir sie hier schildern." (Gardner 1991)

Die scharfe Trennung unterschiedlicher Intelligenzen dient der Untersuchung, welche Entstehungsgeschichten und welche pädagogischen Auswirkungen es haben kann, einzelne Bereiche zu fördern und um zu verstehen, daß wir unterschiedliche intellektuelle Fähigkeiten in verschiedenen Ausformungen haben oder entwickeln können.

Howard Gardner führte Forschungsgebiete zusammen, die normalerweise nicht gemeinsam oder übergreifend betrachtet worden sind und begeisterte sich für die Idee der multiplen Intelligenzen. Er benennt die linguistisch-sprachliche, die mathematisch-logische, die musikalische, die kinästhetische, die räumliche, die personale und die interpersonelle Intelligenz.

Mit dem Buch *Emotionale Intelligenz* von Daniel Goleman wird die personale und die interpersonelle Intelligenz in den Mittelpunkt gestellt. Diese für neuere Problemlösungen und vor allen Dingen praktische Lebensbewältigung notwendig postulierte Intelligenz hat in letzter Zeit Furore gemacht und wird von vielen Autoren als ein wichtiger Schritt für das Denken ins nächste Jahrtausend begriffen.

Fast alle mit Führung und Führungspersönlichkeit befaßten Autoren haben sich in der letzten Zeit sowohl auf Daniel Goleman als auch auf Howard Gardner bezogen, um der Einengung auf linguistische und mathematische Intelligenzen entgegenzuwirken und neue Wege zu eröffnen, um andere intellektuelle Fähigkeiten und Intelligenzen zu schulen und damit Grundlagen zu schaffen für neue Qualitäten, für spielerisches Lernen und eine Erweiterung des menschlichen Potentials.

Gardner unterlegt seine Vorstellung „multipler Intelligenzen" durch Ergebnisse vieler unterschiedlicher Wissensgebiete und hat Merkmale vorgelegt, die es ermöglichen, das Set von „Intelligenzen" einzugrenzen und eigenständige, unabhängige Intelligenzarten zu benennen.

„Die hier vorgelegte Liste von Intelligenzen erhebt keinen Anspruch auf Vollständigkeit und es würde mich sogar wundern, wenn sie es wäre.
Aber eine Liste, die offenkundig lückenhaft ist und die ungeheure Vielfalt der in diversen Kulturkreisen honorierten Rollen und Fertigkeiten nicht berücksichtigt, ist natürlich ärgerlich. Deshalb ist die Grundvoraussetzung multipler Intelligenzen, daß sie die Palette menschlicher Fähigkeiten möglichst vollständig abdeckt. Wir müssen die Fähigkeiten eines Schamanen und eines Psychoanalytikers ebenso wie die eines Yogis oder eines Heiligen berücksichtigen." (Gardner 1991)

Gardner zieht Untersuchungsergebnisse über die Isolierung durch Hirnverletzungen hinzu, ein Bereich, der bereits durch Oliver Sacks sehr anschaulich vorgestellt wurde und nachweist, daß bestimmte Hirnläsionen bestimmte Fähigkeiten verändern, zerstören oder andere in den Vordergrund bringen.

Als weiteres nutzt er Untersuchungen über die *Idiots savants* – Wunderkinder und andere Ausnahmemenschen, autistische oder in ihrer Entwicklung gestörte Menschen, bei denen bestimmte Bereiche und Kompetenzen sehr früh oder ausgeprägt entwickelt werden, andere dafür hingegen sehr schwach ausgebildet sind. Diese und weitere Untersuchungen bestärken ihn in der Annahme, es gäbe unterschiedliche Intelligenzen, die nicht auf einem übergreifenden Lösungspotential oder Lösungsvermögen gegründet sind, sondern unterschiedliche Ausformungen und unterschiedliche Entwicklungen haben.

Intelligenz ist lern- und entwickelbar

Im Alltag existieren häufig noch Irrtümer über Intelligenz, wie z.B.:

➤ *Intelligente Menschen haben ein schwereres Gehirn.*

Diese Vorstellung ist falsch und schon längst überholt, denn das Gewicht unseres Gehirns hat überhaupt nichts mit der Qualität des Denkens oder Handelns zu tun. Man hat herausgefunden, daß das durchschnittliche Gewicht des Gehirns bei Männern 1375 Gramm wiegt. Genies und talentierte Denker hatten in der Vergangenheit sowohl schwerere als auch leichtere Gehirne.

➤ *Intelligenz ist ausschließlich vererbt.*

Auch heute noch wird über das Verhältnis zwischen angeborenen und erfahrungsabhängigen Voraussetzungen der Intelligenz diskutiert. Gewißheit besteht jedoch darüber, daß Intelligenz entwickelbar und trainierbar ist.

Die Übungen in diesem Buch dienen der Entwicklung der einzelnen Intelligenzen und unterstützen ein Nachlernen, das zu kreativen Lösungen und neuen Verknüpfungsmöglichkeiten im täglichen Leben führt.

Die Weiterentwicklung der Intelligenzen erscheint nützlich für eine praktische Alltagsbewältigung, denn die Ausformung der unterschiedlichen Intelligenzen führt nach Howard Gardner zu einer Anhebung und Erweiterung der Intuition. Er möchte diese Intelligenzen nicht als hierarchisch, sondern als gleichwertig verstanden wissen.

Wie können wir unsere Intelligenzen erweitern?

Obwohl auch Howard Gardner eine kritische Phase bei der Prägung der Intelligenzen hervorhebt, ist es doch möglich, durch **Üben** und „**Immer-wieder-Anwenden**" und „**Immer-wieder-auf-diesem-Gebiet-neue-Wege-gehen**" auch in späteren Jahren die Intelligenzen zu verfeinern, zu stärken und weiter auszubilden. Ein Beispiel dafür stellt Martha Graham dar, die in einem Alter von über 20 Jahren mit Ballettanz begonnen hat. Normalerweise gilt dies als wesentlich zu alt, um noch die ausdrucksstarke Körper-Intelligenz herauszubilden, die für eine Tänzerin notwendig ist. Martha Graham war die Mutter des Modern Dance in Amerika und hat dem Tanz und der Ausdrucksbewegung viele neue und starke Impulse gegeben und mit ihrer ungewöhnlichen Interpretation von Alltag, Leben und Gefühlen dazu beigetragen, dem Tanz ganz neue Wege zu öffnen.

Jeder Mensch hat seine eigene Biographie, sein persönliches Lernfeld, seine Familie, Kultur, Sprache usw. und entwickelt seine Talente und Fähigkeiten auf seine individuelle Art. Je nach Lebensraum und Kultur werden die unterschiedlichen Intelligenzen auch verschieden gewichtet und gefördert. Insofern ist die Auswahl und Beschreibung der Intelligenzen in diesem Buch willkürlich. Was diese Intelligenzen verbindet ist, daß ihre Entfaltung für die Entwicklung mentaler Kompetenzen sehr nützlich ist.

Am Anfang jedes Lernens steht die **Erlaubnis,** jederzeit hinzulernen zu dürfen, und im Mittelpunkt des Übens oder des Weiterentwickelns, Entfaltens der Intelligenzen steht die **Begeisterung**, stehen Freude und Lust am Neuem, am Entdecken, Lebenslust wird geweckt und es entstehen, Aufregung und Erregung, Freude an den neuen Fähigkeiten.

Zitate für den Party-Löwen

Was sagen berühmte Menschen über Intelligenz?

Hier einige Möglichkeiten, sich Intelligenz, Genie und Intuition zu erklären.

„Wir wollen noch einmal einen besonderen Geisteszustand streifen, den man mit Genialität bezeichnet. Unter einem Genie versteht man gewöhnlich eine Persönlichkeit mit übermäßigem Wissen und Können, das sich durch äußere Leistung auf vielen Gebieten offenbart. Da die geniale Leistung stets in einem hohen Grade schöpferisch ist, benötigt das Genie eine ausgeprägte Intuition." – H. dé Witt

„Intelligenz ist der kürzeste Weg zum Ziel." – B.F. Skinner

„Intelligenz: Es ist wie mit dem Geld. Je mehr man davon hat, desto leichter läßt es sich vermehren." – R. Geisselhart

„Praktische Lebensintelligenz bedeutet, im richtigen Moment das Richtige zu tun." – Heidi Nielsen

„Intelligenz ist, was die Intelligenztests messen." – gängiges Klischee

„Intelligenz ist eine Strukturkopplung zwischen dem menschlichen Gehirn und den universellen Intelligenzfeldern." – F. Varela

„Wir alle sind Zauberkünstler. Es ist in uns gelegt, die Welt um uns zu verwandeln, indem wir die Welt in uns gestalten.
Nicht was wir sehen, sondern wie wir es sehen bestimmt, was wir fühlen. Der Schlüssel liegt in uns." – Kreativgruppe AGS

„Wir sind vielgeistige Wesen und besitzen eine nahezu unvorstellbar große Zahl von Talenten, Talentteilen, Modulen und Grundsätzen, nach denen die Unterabteilungen des Geistes arbeiten." – R.B. Ornstein

„In Zukunft wird derjenige Manager erfolgreich sein, der besonders erfolgreich neuen Geist formen kann." – G. Gerken

„Erstens könnten Geschäftsorganisationen von einer Kombination von Intelligenzen, die die verschiedenen Menschen an den Arbeitsplatz mitbringen, profitieren. Da die meisten komplexen Aufgaben zu ihrer effektiven Ausführung ein ganzes Spektrum an Fähigkeiten erfordern, ist es sinnvoll, Individuen einzustellen, die unterschiedliche intellektuelle Stärken und Schwächen aufweisen." – M. Krechevsky, M. Kornhaber

„Intelligenzfelder sind eine Quelle, aus der Du und ich schöpfen, die zugleich persönlich und universell ist, und sie ist vor allen Dingen nur prozeßhaft zu denken, sie ist nicht ein Ding an sich, sondern ein Prozeß, ein Potential, eine Frequenz, aus der Dynamik entspringt. Man kann sich Intelligenzfelder vorstellen als ein Potential, als zugängliche Felder aller Möglichkeiten, aus denen wir schöpfen können und die sich in uns manifestieren." – Ch. Pearce

Intelligenzfelder

Die Vorstellung, daß Intelligenz nicht in uns, sondern auch um uns ist, wird von einigen bekannten Denkern geteilt. Kluge Köpfe, wie Albert Einstein, David Bohm, Chilton Pearce, Oliver Sacks, Rupert Sheldrake und Mihaly Csikszentmihaly haben diese Idee erwähnt und zum Teil auch ausgeformt. Wenn wir diese Möglichkeit in Betracht ziehen, dann ergeben sich ganz neue Zugänge und Wege, die Intelligenzen zu fördern. Auch uns erscheint dieser Gedanke beachtenswert und deshalb bieten wir hier einige Anregungen zum Nachvollziehen.

Intelligenzfelder korrellieren mit den Neuronenfeldern in unserem Gehirn. Wenn wir vom Bellschen Theorem ausgehen, der Idee von Welle und Teilchen als einer Einheit, so können wir das auf dieses hier vorgefundene Phänomen übertragen: Intelligenzfelder sind dann die Welle, und die gelebte und in unserem Leben sichtbar gewordene Intelligenz ist das Teilchen. Das Ganze manifestiert sich sowohl durch den Empfang als auch durch die Ausformung über unsere Gehirne.

Einstein hat dies für seine Entdeckung der Relativitätstheorie beschrieben, als er sagte, er habe den Gedanken nicht neu entwickelt, sondern es habe ein Feld bestanden, so daß er diesen Gedanken sozusagen aus der Luft greifen und umsetzen konnte.

Um so ein Feld entstehen zu lassen, ist die *Quantität* der Gedanken zu berücksichtigen. Es muß ein bestimmter Prozentsatz an Denkern und eine bestimmte Anzahl an Gedanken einer bestimmten Qualität da sein, um ein Feld zu schaffen. Die Art der Gedanken, die dieses Feld entstehen lassen, entscheidet über die Qualität. Sie richtet sich nach den Inhalten, und die Entstehung eines Feldes richtet sich nach der Quantität, nach der Anzahl der vorhandenen Impulse.

Unser Gehirn und die Quelle (die Intelligenzfelder), die in Resonanz miteinander arbeiten, sind komplementär. Sie stehen in einer gekoppelten Dynamik. Das bedeutet, daß Informationen, die wir aus dieser Quelle schöpfen und in unserem Leben erleben, sich als Verständnisstrukturen etablieren und manifestieren und wiederum als Feedbackschleife zurückwirken, wodurch sich ein Teil aus unserer Erfahrung wieder in die Quelle zurückergießt und das Feld stärkt. Die Wechselwirkung besteht darin, daß unsere Quelle, unser Potentialfeld, uns formt und wir mit unseren Gedanken dieses Potentialfeld formen. Durch unsere Teilnahme am Leben sind wir in Resonanz mit diesem Feld – unabhängig davon, ob wir uns dessen gewahr sind oder nicht.

Pearce sagt, wir können in keiner Weise Gehirn und Quelle trennen, denn nur durch unser Gehirn, durch unser Nervenkostüm sind wir in der Lage, diese Quelle zu erfahren. Alles, was wir erleben, erleben wir durch unseren Körper, durch unser Gehirn, durch unsere Sinneseindrücke, und nur so haben wir die Möglichkeit, die

Quelle zu erleben und zu übersetzen. Beides, Quelle und Gehirn, sind komplementäre, polare Aspekte desselben Phänomens, derselben Funktion, und es geht nicht das eine, ohne das andere zu denken.

Nach den Vorstellungen des Physikers David Bohm leben wir in einer Welt mit scheinbaren Unterschieden, Gegensätzen und Grenzen. Wir als Beobachter und das, was wir beobachten, scheinen verschieden zu sein. Wir wissen, daß die uns umgebenden Gegenstände oder Menschen nicht identisch mit demjenigen sind, der sie beobachtet. David Bohm beschreibt jedoch auch eine Ganzheit auf der subatomaren Ebene, auf der Dinge, Menschen und Emotionen aus derselben Substanz bestehen, verbunden sind und eine Einheit bilden. Das Bewußtsein, daß alles mit allem verbunden ist, ist nicht nur eine philosophische Idee, sondern läßt sich für jeden erfahren. Mit der tiefen Erkenntnis und dem Wissen um diese Einheit betrachtet man die Welt mit anderen Augen. Der Wahrnehmungsfilter verändert sich, die persönliche Landkarte erweitert sich, und wir erfahren mehr über uns und die Welt.

Stephen Wolinsky wendet die Erkenntnisse der modernen Physik auf eine sehr praktische und lebensnahe Art auf die Psychologie an und entwickelte dabei den Ansatz der Quantenpsychologie: *„Die meisten Therapieformen konzentrieren sich darauf, dem Patienten zu helfen, zu einem »ganzen« Menschen zu werden. Die Quantenpsychologie dagegen erweitert diesen Kontext des ganzen Menschen und schließt den Rest des Universums mit ein. Indem die Quantenpsychologie die Menschen durch eine Reihe von Ebenen führt, die die langsame, frühere, begrenzte Weltsicht der Trennung und der linearen Ursache-Wirkung-Beziehungen offenlegt, erfahren sie sich schließlich nicht länger als »getrennt von« oder als »Opfer von«."*

Beim Quantenbewußtsein geht es darum, die zugrundeliegende Einheit zu erkennen und zu erfahren. Für Stephen Wolinsky ist Quantenbewußtsein im wesentlichen Einheitsbewußtsein: Einheitsbewußtsein ist ein Begriff aus den Veden (älteste Literaturdenkmäler der Inder). Ein innerer Zustand, der das Gefühl von Getrenntsein aufhebt und *Rishi Devata Chandas* so in Beziehung setzt, daß sowohl der Weise (Rishi) als auch das Gesehene (Chandas) und der Prozeß des Sehens (Devata) eins sind und aus dieser Einheit heraus gehandelt wird.

Der Gedanke der Intelligenzfelder legt einen neuen und anderen Umgang mit der Erweckung und Erweiterung der Intelligenzen nahe. Hier geht es nicht mehr um Üben und klassisches Lernen, sondern um das Ausprobieren ungewöhnlicher Wege, um einen Zugang zum Feld aller Potenzen zu erlangen. Alle Methoden, die das unbewußte Lernen miteinbeziehen, alle kreativen Werkzeuge, die außergewöhnliche Bewußtseinszustände und Flow kreieren, die Mentaltechniken der Chaos-Piloten und vor allem das spielerische Experimentieren, wie es Kinder tun, werden immer öfter eingesetzte Möglichkeiten, Intelligenzen zu fördern.

Alle Methoden, die dazu dienen, die Lernkanäle und Wahrnehmungskanäle zu öffnen, um unerwartete Erfahrungen zu machen und erweiterte Denkhorizonte zu schaffen, werden in der Zukunft gefragte Fähigkeiten sein.

Das volle Potential nutzen

Um den Intelligenzen einen Rahmen zu geben, in dem sie besonders leicht heranreifen können, ist es günstig, eine **Umgebung** zu schaffen, in der die Ausbildung dieser Intelligenzen nicht nur wünschenswert, sondern wichtig oder sogar notwendig ist. In dieser Umgebung sollte ein bestimmtes **Verhalten** möglich sein, d.h. üben, es tun, anwenden, nicht nur lesen, nicht nur denken, sondern handeln. Selbstverständlich ist es von Vorteil, wenn schon andere **Fähigkeiten** und Fertigkeiten da sind, mit denen sich das Neue, zu Erlernende verknüpfen kann, so daß ein Wissensnetz entsteht, in dem dieses Neue sich einfügen kann. Als ganz wesentlich erscheint auch die mentale **Erlaubnis,** etwas zu lernen oder in einem späteren Alter sich zu erlauben, zur Meisterschaft zu kommen. Es ist gut zu wissen, daß es einen **Wert** hat, etwas zu lernen. Martha Graham, die amerikanische Tänzerin und Vorreiterin des Modern Dance, hat erst mit 20 Jahren angefangen zu tanzen – für eine Tänzerin eigentlich ein viel zu später Beginn, um zur Meisterschaft zu gelangen. Und sie hat das Unmögliche möglich gemacht, weil sie innerlich den

Wunsch, den Willen, die Motivation und die Erlaubnis hatte, es noch bis zur Meisterschaft zu bringen. **Zu wissen: „Es ist möglich!" ist die Grundlage**, daß es möglich wird. Nur dann ist dies als ein Teil der eigenen **Identität** zu verstehen, zu integrieren in den eigenen Persönlichkeitszusammenhang, in die eigene gewachsene Persönlichkeit.

Und selbstverständlich ist es unterstützend, wenn es eine **spirituelle Dimension** gibt. Wir alle bewegen uns auf dem eigenen Weg zur Vervollkommnung, auf dem Pfad zur Selbstentfaltung und Selbstverwirklichung. Alles, was wir an Fähigkeiten und Qualitäten weiterentwickeln, wird dazu beitragen, die Lebensqualität aller Menschen ein wenig anzuheben und zu verbessern. Wenn wir den Zugang zu der Quelle aller Möglichkeiten öffnen und diese Verbindung erhalten, dann können wir die Ideen und Gedanken als ein Geschenk, eine Gabe annehmen.

Einer Gemeinschaft anzugehören, die danach strebt, sich selbst zu entfalten und zu verwirklichen, bietet allen eine Chance, das eigene Potential zu erkennen und zu leben. Dann wird das Erproben und Erfahren der Spiele, Übungen und Phantasiereisen in den nächsten Kapiteln zu einem miteinander geteilten Genuß.

Manege frei für die unterschiedlichen Talente!

III. Manege frei für die unterschiedlichen Intelligenzen

1. Emotionale Intelligenz

Wegweiser

Körperreise nach innen	47
Release-Stellung	49
Das Innerste nach außen kehren	51
Maskenbau	53
Kundalini-Meditation	56
Lebensbaum	58
Den Atemraum erspüren	60
Dein Ich tanzen	63
Schattenspiel	66
Teile-Tanz mit Bildern	67
Bioenergetische Übung	69
Der Steckbrief	71
Eigenwerbung	74

Der Pantomimentanz. 75
        Das Standbild 76
Sound-Check 77
Das Geldspiel 78

Einstimmung – Emotionale Intelligenz

Daniel Goleman: *„Mir geht es hier um eine wichtige Teilmenge der Eigenschaften des Menschen – die Intelligenz der Gefühle. Dazu gehören Fähigkeiten wie die, sich selbst zu motivieren und auch bei Enttäuschungen weiterzumachen; Impulse zu unterdrücken und Gratifikationen hinauszuschieben; die eigenen Stimmungen zu regulieren und zu verhindern, daß Trübsal einem die Denkfähigkeit raubt; sich in andere hineinzuversetzen und zu hoffen."*

Die emotionale Intelligenz ist die Möglichkeit, sich selbst zu verstehen, sich und seine Gefühle wahrzunehmen, sein Handeln danach auszurichten und die Impulse wahrzunehmen, die man von außen bekommt, um sie in passende oder entsprechende Handlungen umzusetzen. Es ist eine soziale Intelligenz – die Fähigkeit, andere zu verstehen und in menschlichen Beziehungen klug zu handeln.

Emotionale Intelligenz umfaßt nach dem Begründer dieses Begriffes – Daniel Goleman – die folgenden fünf Bereiche:

1. die eigenen Emotionen zu kennen: die Selbstwahrnehmung und Selbstentfaltung;

2. Emotionen zu handhaben: angemessen reagieren zu können und gewünschte innere Zustände herstellen zu können;

3. Emotionen in die Tat umzusetzen: Gefühle auszudrücken und sie in den Dienst eines Ziels stellen zu können;

4. Empathie: zu wissen, was andere fühlen, sich in andere hineinversetzen zu können;

5. Umgang mit Beziehungen: mit den Emotionen anderer respektvoll umgehen zu können.

Die Summe dieser Fähigkeiten wird von manchen Menschen auch Intuition genannt, sich selbst und Impulse wahr- und ernstzunehmen, auf die eigenen inneren Stimmen, Bilder und Gefühle zu achten und ein inneres Übersetzungssystem zu haben, was es uns ermöglicht, angemessen zu reagieren.

Vertrauen in einen anderen bedeutet immer Vertrauen in sich selbst, Vertrauen darin, daß man seiner eigenen Einschätzung glaubt, seinem eigenen Gespür und Einfühlungsvermögen und seiner Menschenkenntnis.

In unserer Kultur haben wir unsere rationale Seite, den Verstand, sehr stark gefördert, während unsere Fähigkeit zum Erleben, Fühlen und Empfinden meist unentwickelt ist. Emotionale Intelligenz ist nicht mit dem Verstand zu erreichen, sondern durch gelebte Lebenslust, mit Bauch, Herz und Verstand, aus der eigenen ursprünglichen Erfahrung heraus.

Persönliches Wachstum, Selbstverwirklichung, Persönlichkeitsentfaltung, vor allem die Entwicklung und Förderung der emotionalen Potentiale des Menschen stehen im Mittelpunkt. Diese Potentiale sind in jedem Menschen enthalten und nicht nur eine Fähigkeit von Genies und Begabten.

Wir haben ein Recht darauf, alle unsere Fähigkeiten zu entwickeln, freier und glücklicher zu werden, an uns selbst Freude zu haben, an unserer Umwelt und anderen Menschen tiefen Anteil zu nehmen, unsere eigenen Wünsche und Bedürfnisse stärker zu entdecken und uns für das zu engagieren, was wir für wichtig halten.

Unsere innere Fülle kann wieder erweckt werden, um sich sicher, geborgen und wohl zu fühlen und um selbstverwirklicht zu leben.

Der natürliche Weg zur Selbstentfaltung lautet: mehr darauf zu hören, was wir empfinden und fühlen. Selbstverwirklichung bedeutet, zu erkennen, wo wir uns bisher etwas vorgemacht haben, unsere Schwächen und Stärken zu bejahen, zu akzeptieren, uns anzunehmen, unser Selbstbild zu vervollständigen und zu erweitern, so daß wir ehrlicher und authentischer werden. Dies führt dazu, daß andere Menschen sich uns näher fühlen, uns als echt empfinden, als menschlich. Gefühle von Ärger, Angst, Traurigkeit, Schmerz oder Lust, Lebendigkeit, Freude, Sehnsucht wollen wahrgenommen, ausgedrückt und losgelassen werden. Zur Entfaltung der emotionalen Intelligenz gehört neben der bewußten Wahrnehmung der eigenen Gefühle auch deren Ausdruck.

Dies heißt auch, scheinbare Gegensätze in uns auszusöhnen, unsere Vielfalt zu akzeptieren; den erwachsenen Teil ebenso wie den kindlichen; den abweisenden ebenso wie den liebenden; den weichen ebenso wie den harten; den männlichen ebenso wie den weiblichen; den bewußten ebenso wie den unbewußten.

„Das Unbewußte ist Dein Freund, Du kannst es nutzen und mit ihm einen freundschaftlichen Kontakt herstellen, um mit Dir im Einklang zu leben", sagt Milton Erickson, der Begründer der Hypnotherapie.

Es gibt eine Vielfalt von Erklärungen, was das Unbewußte ist. Seine Hauptfunktion ist das Gedächtnis, es kontrolliert die Ausführung aller Bewegungsabläufe des physischen Körpers. Es ist die Quelle aller Emotionen und Gefühle, es ist die Quelle aller geistigen und körperlichen Angewohnheiten und allen Verhaltens.

Das Unbewußte steht in ständiger Kommunikation mit dem Bewußtsein, und die meisten Menschen können aus dieser wertvollen Quelle keinen Nutzen ziehen. Unser Unbewußtes spricht durch Träume, Tagträume, Gefühle, körperliche Empfindungen und gelegentlich durch einen „Freudschen Versprecher" mit uns. Jeder Mensch hat bereits von diesem Wissen und der Erfahrung des Unbewußten profitiert.

Wenn wir diese Vielfalt innerer Anteile zulassen, erleben wir manchmal ein vermehrtes Gefühl von Glück und Liebe, das als größere Ruhe und als vermehrte Energie in unserem Körper fließen kann, und dieses Geschenk können wir dann in unseren Alltag mit hineinnehmen.

„Selbstbejahung bedeutet, Dich selbst und Deine Lebensführung anzunehmen und Dich als einmalige Persönlichkeit zu bejahen. Ja zu Dir selbst zu sagen, heißt, daß Du Dich und all Deine Teile annehmen kannst und alle Handlungen Kontakt zu Deinem eigenen Herzen haben und Du Dir selbst ein guter Freund bist." – Jane Roberts

Eine der großartigsten Eigenschaften der emotionalen Intelligenz ist unsere Fähigkeit zu lieben. Uns selbst, unser Leben, die Welt, die Natur, unseren Partner, unsere Kinder, unsere Freunde, unsere Tiere und sogar unsere Feinde.

Humberto Maturana hat gesagt, wir sind liebende Tiere, und das ist es, was den Unterschied macht: daß wir zur Liebe fähig sind und daß die Liebe uns befähigt, intelligent zu handeln und Intelligenz zu entwickeln.

Liebe ist ...

... Lachen, Vertrauen, Kenntnisnahme, Einfühlungsvermögen, wahrgenommen und gesehen werden, Licht und Fließen, Distanz und Nähe im gesunden Gleichgewicht zueinander, Akzeptanz, Toleranz, Glück, Zärtlichkeit, Klein-Sein – Groß-Sein, Sex, Zuverlässigkeit, Spaß, Veränderung, Anders-Werden, Lassen-Können, Verschmelzen, Sehnsucht, Ehe, Geborgenheit, Offenheit, innere Zufriedenheit, Ruhe, Sensibilität für den anderen, Konfliktbereitschaft, Kritikfähigkeit, dynamischer Kampf, Orgasmus, Verständnis, ein tiefes Gefühl von verstehen und verstanden werden, Erotik, gemeinsame Rituale praktizieren, gemeinsam miteinander atmen, den Partner einfühlsam untersuchen (Körper, Seele, Geist), Duft, Hautkontakt/Anfassen, tief in die Augen sehen, Haß, Einklang, Emotionen, Hingabe, Tiefe, zuhören, sich zeigen, ein erhabenes Gefühl, Unterschied: Eigenes (Selbstliebe) und Fremdes (Wesen eines anderen) lieben

und wahrnehmen, Anziehung – erotisch, seelisch, geistig, Zuneigung, Lebendigkeit, Bereicherung, sich mögen, sich auseinandersetzen, füreinander dasein, Gegensätze, Einengung, Austausch von körperlicher Nähe, Wohlwollen entwickeln, begleiten beim Öffnen, begehren, unterstützen, Angst, Erwartungen, Erfüllung, gemeinsame Höhepunkte, Freude, Lust, geben und nehmen, Ergänzung, gute Laune, Gefühl, Gemeinsamkeit, Wärme, Familie, Respekt, Fairness, Kommunikation, Aufopferung, Entgegenkommen, Zusammenhalt, Achtung, Sicherheit, Kreativität, Zusammengehörigkeitsgefühl, Zukunft, Entfaltung, Bauchkribbeln, Freundschaft, im Miteinander bei sich selbst bleiben können und dem Gegenüber helfen, dies auch zu empfinden, Enttäuschung, Zusammenleben, Eifersucht, Schmerz, Leid, Phantasie, Bündnis, gemeinsam alt werden, sich begreifen lernen (wollen), jeden Tag den anderen neu entdecken, aufeinander eingehen, gut miteinander reden, Zweisamkeit, neugierig und zugewandt sein, Raum geben, leuchtende Augen, Mitgefühl, toller Zustand, gemeinsam schwingen, Grenzen respektieren, Partnerschaft, Erlebnisse, Kinder.

Diese Antworten haben wir in einer offenen Gruppe im März 1998 gemeinsam mit den Teilnehmern erarbeitet.

Was haben uns berühmte Persönlichkeiten zum Thema Liebe zu sagen?

„Die Liebe lebt von liebenswürdigen Kleinigkeiten." – Th. Fontane

„Liebe besteht zu drei Vierteln aus Neugierde." – Casanova

„Welch Glück, geliebt zu werden, und zu lieben, Götter, welch ein Glück!"
– J. W. v. Goethe

„Der Wunder größtes ist die Liebe." – H. von Fallersleben

„Es ist kein Glück, geliebt zu werden. Jeder Mensch liebt sich selber, aber lieben, das ist Glück." – H. Hesse

„Ein Weiser wurde gefragt, welches die wichtigste Stunde sei, die der Mensch erlebt, welches der bedeutendste Mensch, der ihm begegnet und welches das notwendigste Werk sei. Die Antwort lautete: Die wichtigste Stunde ist immer die Gegenwart, der bedeutendste Mensch immer der, der Dir gerade gegenübersteht, und das notwendigste Werk ist immer die Liebe." – Meister Eckhardt

„Ihr müßt Euch erst selbst lieben, bevor Ihr einen anderen Menschen liebt. Wenn Ihr Euch selbst annehmt und froh seid, das zu sein, was Ihr seid, dann entfalten sich Eure Fähigkeiten, und Eure bloße Gegenwart kann andere Menschen schon beglücken." – Jane Roberts

„Man kann alles auf der Welt nachahmen und fälschen, nur die Liebe nicht: Liebe kann man nicht stehlen, nicht nachahmen, sie wohnt nur in dem Herzen, daß sich ganz zu geben weiß." – H. Hesse

Die Wissenschaft hat keine Möglichkeit, Liebe nachzuweisen. Selbst wenn Du ganz von Liebe erfüllt bist und man es sehen kann und Du es ausstrahlst und Dich die Menschen auf der Straße ansprechen und sich nach Dir umdrehen, dann können es die Wissenschaftler immer noch nicht beweisen, was Liebe ist. Der Lebensprozeß kann nur gefühlt werden.

Liebe ist ein aktiver Prozeß. Lieben bedeutet, dieses Gefühl in sich herstellen zu können. Emotionale Intelligenz heißt nicht zu warten, bis alle Umstände günstig zusammenpassen und uns die Liebe übermannt, sondern aktiv das Glück einzuladen, sich bei uns wohl zu fühlen.

Wütend zu sein wenn es angemessen ist, traurig zu sein, wenn wir etwas verloren haben und zu lieben wenn es stimmt, ist eine wunderbare Fähigkeit.

Die emotionale Intelligenz verhilft uns dazu, uns besser kennenzulernen und zu verstehen. Wilhelm Reich ging von der Idee aus, daß *„wir Teil des Universums sind, und wenn wir uns besser verstehen, dann verstehen wir das Universum"*.

Im Gegensatz zu „den Sinn außen suchen" „den Sinn innen suchen": Einen Sinn in unserem Leben zu sehen ist eine phantastische Angelegenheit, noch viel aufregender ist es, einen Sinn im Leben zu erleben, zu spüren und diesen Sinn mit allen Sinnen zu erfassen, und so kann eine persönliche Vision die Antwort sein, warum es sich gelohnt hat, jeden Tag aufzustehen, die Antwort, wofür es sich lohnt, die gesamte Energie einzusetzen, wofür es sich lohnt, aktiv und schöpferisch zu werden, und die persönliche Bestleistung zu erbringen.

Daniel Goleman bezeichnet die Fähigkeit, sich zu motivieren und über Krisen hinweg bei der Sache zu bleiben, als eine *Kernkompetenz*. Motivation ist die Kraft, die Menschen in Bewegung setzt, um etwas zu tun, zu bekommen oder zu erreichen.

Motivation ist ein innerer Prozeß, der von äußeren Umständen angeregt worden sein kann. Der eigentliche Impuls, uns in Bewegung zu setzen, entsteht von innen. Es sind unsere Bewertungsmaßstäbe, unsere Vorstellungen, unsere Werte, die in uns ein Gefühl von Motivation oder Demotivation hervorrufen, und wir sind es, die etwas verändern. Es ist gut zu wissen, wie wir das Leben bewerten und wie wir uns unterstützende Wertmaßstäbe entwickeln können.

Die emotionale Intelligenz ist eng verwoben mit der Kommunikativen Intelligenz. Gefühle verständlich auszudrücken bezieht sich auf ein Gegenüber, auf einen anderen, der verstehen soll. Dies setzt die Fähigkeit voraus, sich in den anderen einzufühlen, etwas über sein Erleben zu kennen. So ist das Vermögen, in die Welt eines anderen Menschen einzutauchen, eine entscheidende Fertigkeit im täglichen Miteinander.

Dazu öffnen wir unseren Wahrnehmungsraum und spüren, wie wir uns fühlen, in Verbindung mit dem Anderen. Grundsätzlich können wir nie etwas über andere sagen, sondern immer nur über uns und unser Gefühl mit ihnen.

Das Buch *Emotionale Intelligenz* von Daniel Goleman beschreibt in überschaubarer und anschaulicher Weise die Funktionen unseres Gehirns und die Abläufe beim Lernen. Darüber hinaus wird klar herausgearbeitet, daß nicht der IQ entscheidend ist für den Erfolg im Leben, sondern die emotionale Intelligenz entscheidend dazu beiträgt, ob ein Mensch erfolgreich wird.

Authentisch zu leben, sich in Balance mit allen seinen Anteilen zu bewegen, im Einklang mit den eigenen Gefühlen zu handeln, den Augenblick vertrauensvoll anzunehmen und von Innen heraus zu agieren, sich selbst liebevoll zu unterstützen und sich frei und gelöst zu zeigen, sich in seiner Einzigartigkeit auszudrücken, getragen von unbändigem Vertrauen in sich selbst und seine Verbindung mit dem Universum, all dies kann Ausdruck der emotionalen Intelligenz sein. Dann heißt Erfolgreichsein, erfolgreich Ich selbst Sein.

„*Als der junge Rabbi die Nachfolge seines Vaters antrat, lamentierten die Leute, wie ganz anders er doch sei. »Im Gegenteil«, antwortete der junge Mann, »ich bin genauso wie mein Vater. Er ahmte niemanden nach, und ich ahme niemanden nach.«* " – Anthony de Mello

Notizen:

Körperreise nach innen

Übung ☐   Spiel ☐   Phantasiereise ☒

Ziel:
Eigenwahrnehmung verfeinern; Gespür für das „im Körper sein" erhöhen

Weitere Anwendungsmöglichkeiten:
Entspannen; kreative Intelligenz erweitern; Imaginieren

Dauer:
25 Minuten

Material:
Decke, Musik: *Sophia:* „Hidden Waters Sacred Ground"

Anleitung:

Such Dir einen angenehmen Platz, wo es warm ist, wo Du Dich hinlegen kannst und in Kontakt mit Dir kommen kannst. Nimm wahr, wo Du sicher und geborgen auf dem Boden liegen kannst – wo Du weißt, daß Du einen Moment so liegen bleiben wirst – wo Du genug Raum für Dich hast – und erlaube Dir, die Schwerkraft wahrzunehmen – und Dir die Zeit zu nehmen, mit Deiner Aufmerksamkeit nach innen zu gehen. Beginne, mit dem Atem loszulassen – jeweils mit dem Ausatmen – loszulassen – erst die Füße in Deinem eigenen Rhythmus – dann die Beine – bis hinauf in die Hüften – Dein Becken – mit jedem Ausatmen loslassen – Rücken, Schultern und Arme – in Deinem Atemrhythmus den Kopf – um dann nach innen zu gehen mit Deiner Aufmerksamkeit – zu Deinen Knochen – und Deine Knochen – wahrnehmen – was Du hier loslassen kannst – wie sich das anfühlt, wenn Du mit der Aufmerksamkeit Deine Knochen entdeckst – dann nach einem Moment wieder loslassen – und Deine Gelenke wahrnehmen – Deine Aufmerksamkeit darauf lenken, Deine Gelenke zu entdecken – auch hier wieder loslassen, was Du loslassen möchtest – um dann Deine Muskeln zu erleben. – Spüre, wie sich Deine Muskeln heute anfühlen – wie Du sie wahrnimmst – und was im Moment wichtig für Dich ist – ob es so bleiben soll oder ob Du einfach loslassen kannst – um dann mit Deiner Aufmerksamkeit Dein Bindegewebe zu entdecken. Wie fühlt sich Dein Bindegewebe an – was ist es im Moment für Dich? Worauf richtest Du Deinen Focus? Was kannst Du auch hier noch loslassen? – um dann Dein Interesse auf Deine Zellen zu richten, wahrzunehmen, wie sich Deine Zellen anfühlen – und Dir eine Zelle auszuwählen, die Du jetzt im Moment ganz bewußt und ganz genau entdeckst. Nimm den Zellkern wahr – die Flüssigkeit – die Organellen, die in Deiner Zelle sind – all das, was für Dich zu Deiner Zelle dazugehört – auf welche Art kannst Du in Kontakt mit dieser Zelle sein? Laß Dich von dem Ozeanischen der Zelle inspirieren, um in Fluß zu kommen – in Bewegung zu kommen. Laß Dich von dem Ozeanischen mitnehmen – in Deine Vorstellung von Fließen – in Bewegung – wie eine Welle. Gib diesem Impuls des Fließenlassens, des Pulsierens, nach und finde eine Bewegung, die das Ozeanische in Dir ausdrückt – eine Bewegung, mit der Du dann wieder nach außen kommen kannst – auf Deine Art, von innen nach außen – so wie Du es jeden Tag hunderte Male tust. Nimm wahr, was Dich nach außen bringt, ob es das Sehen, Hören, Spüren oder Berühren ist – welcher Sinn Dich darin unterstützt. Schließe diese Erfahrung in Deiner Zeit für Dich ab und orientiere Dich wieder ganz hier im Raum.

Notizen:

Release-Stellung

Übung ☐   **Spiel** ☐   **Phantasiereise** ☒

Ziel:
Entspannen, Loslassen, ins Fließen kommen

Weitere Anwendungsmöglichkeiten:
Kreative Intelligenz erwecken

Dauer:
15 Minuten

Material:
Musik: *Deuter*: „Land of enchantment"

Anmerkung:
Diese Phantasiereise bietet sich auch an, wenn Du eine Frage nach innen stellen möchtest. Es ist günstig, die Frage möglichst genau zu formulieren und dann loszulassen. Reisen im Stehen sind besonders angebracht, wenn Menschen im Liegen oft einschlafen.

Anleitung:
Such Dir einen Platz im Raum und stell Dir vor, Du bist an einem Gummiband aufgehängt, so daß Du Dich ganz zentrieren kannst zur Decke, zum Himmel hin und zum Boden. Beginne jetzt zu wippen und laß das Becken locker.

Du kannst Deine eigene Mitte finden zwischen den Aufspannungspunkten, oben und unten. Eventuell nimm Deine Hände zur Hilfe, um es Dir besser vorstellen zu können. Stell Dir nun vor, Dein Körper besteht aus Wasser. Du bewegst Dich mit dem Bild einer mit Wasser gefüllten Zelle. Laß das Wasser in Dir schwappen, wie es in einem Ballon hin und her schwappt. Nimm wahr, wie sich das anfühlt, wenn das Wasser in Dir vor und zurück, auf und nieder, nach rechts und links schwappt. Folg Deinen inneren Schwappimpulsen und nimm Deine Arme zur Hilfe.

Laß diesen Impuls zu einer Welle werden und dann zu einem Strömen, zu einem Fließen.

Was kann ein Fluß Dich über das Leben lehren? Wie kann dieses Zusammenspiel von Sand, Wasser, Gras und Steinen Dir Antworten geben über diese beachtliche Fähigkeit, sich anzupassen **und** den eigenen Weg zu gehen? Es ist erstaunlich, wie sich der Fluß immer neu strukturieren, immer wieder verändern, verschieben, anders gewichten und neue Strukturen bilden kann und doch immer wieder der gleiche bleibt – immer wieder anders, immer wieder neu zusammengesetzt und doch immer wieder der gleiche Fluß. Dem zugrunde liegt das Bedürfnis des Wassers zu fließen. Es unterliegt der Schwerkraft und muß abwärts fließen. Es muß dem Ruf des Ozeans folgen. Welchem Ruf folgst Du? Was ist Dein Ozean?

Der Fluß verändert ständig seine Form und dennoch bleibt seine innere Berufung und die Aufgabe immer die gleiche. Die Strukturen verändern sich, sind flüchtig, setzen sich immer wieder neu zusammen, sind immer wieder auf die Aufgabe bezogen, lösen sich wieder auf, und dennoch bleibt der Fluß als solcher bestehen. Es gibt keine starre Ordnung, es gibt kein Beharren auf richtig und falsch, es gibt kein Bestehen darauf, es immer wieder so zu tun wie es schon immer war. Es gibt Traditionen, es gibt Flußbetten, aber sie werden verlassen, wenn die Umstände es erfordern. Jeder hat seine eigenen Möglichkeiten und viele Wege gefunden, um den eigenen inneren Weg zu gehen. Flüsse haben ihren eigenen Weg und ihr eigenes Verhältnis für den Umgang mit den Kräften der Natur. Sie kennen ihre Bestimmung, sie kennen ihre Vision, ihr Ziel, sie wissen um ihre Aufgabe, und sie haben das Vertrauen, daß die Natur nicht nur die Aufgabe stellt, sondern auch die Lösung kennt. Sie bleiben immer in ihrem eigenen selbstverständlichen Rhythmus und ihrer eigenen Schönheit.

Genieße noch für einen Augenblick Deine Erfahrung und komm dann hierher zurück; such Dir einen Partner und teile Deine Erlebnisse mit einem anderen Menschen.

Notizen:

Das Innerste nach außen kehren

Übung ☐   Spiel ☒   Phantasiereise ☐

Ziel:
Selbstwahrnehmung schärfen; Selbstwert erspüren

Weitere Anwendungsmöglichkeiten:
Körper-Intelligenz erwecken

Dauer:
15 Minuten

Material:
–

Anmerkung:
Diese Übung haben wir von Andrea Schmidt-Schulz aus der Tanztherapie geschenkt bekommen.

Anleitung:
Beginne mit einer kurzen Entspannungsphase. Geh dazu im Raum herum und spüre Deine Fußsohlen auf dem Boden. Nimm bewußt Deinen Körper wahr – wie er sich bewegt – von den Fußsohlen über Deine Fußgelenke – Waden – Knie – Oberschenkel – Hüfte – Rücken – Bauch – Brust – Schultern – Arme – Hals und Kopf – dann wieder hinunter – den Hals – die Brust bis zum Bauch. Spüre in Deinen Bauch hinein – in das Zentrum Deines Wissens über Dich und die Welt – den Ort, der für Dich Ganzheit oder Verbundenheit mit Dir selbst heißt. Nimm diesen Ort in Dir wahr – mit der Bezeichnung, wie Du ihn für Dich nennst. Vielleicht ist es der Ort der weisen Frau in Dir – oder der Ort, an dem Du in Verbindung mit dem Universum bist – oder an dem Du das Universum spürst. Beginne nun leise – innerlich – zu sagen: „Ich bin." Such Deinen eigenen Rhythmus – Deinen eigenen Ton – und laß es dann lauter werden. „Ich bin." Laß das übergehen in die Aussage: „Ich bin" und nenne Deinen Namen – „Ich bin – ... (Dein Name)" – erst leise – und dann lauter – und beginne, Dich mit diesem Rhythmus

durch den Raum zu bewegen. „Ich bin – ... (Dein Name)." Spür nach, ob es Dir lieber ist, die Augen offen oder geschlossen zu halten – und wechsle ab zwischen diesem „Ich bin" und „Ich bin ... (Dein Name)" – finde einen Rhythmus, der jetzt im Moment für Dich paßt. Öffne dann die Augen und sage: „Ich bin da, ich bin hier!" Beweg Dich mit diesem „Ich bin hier" im Raum. Spüre, wie sich das für Dich anfühlt – und was Du noch hinzugeben kannst – als Qualität – um ein freudiges „Ich bin hier" in Dir entstehen zu lassen – so, daß Du es gerne laut aussprichst. Wenn Du das genug entdeckt hast, dann laß es übergehen in ein „Wir sind" – indem Du die anderen wahrnimmst – nonverbal begrüßt – und in Dir ein „Wir sind" zu Deinem Rhythmus entstehen läßt. Setz dieses Gefühl in Bewegung um – vielleicht langsam oder vorsichtig – vielleicht auch mit Freude und Lust, vielleicht mit Behutsamkeit – oder mit Power – mit Energie. Benutze Deine Stimme und entwickle Deinen persönlichen Ton – und Deinen Tanz des Daseins – von „Ich bin" zu „Wir sind".

Notizen:

Maskenbau

Übung ☒   **Spiel** ☐   **Phantasiereise** ☐

Ziel:
Selbstwert entdecken und stärken; sich von übernommenen Rollenvorstellungen lösen

Weitere Anwendungsmöglichkeiten:
Kreative und kommunikative Intelligenz erschließen

Dauer:
3 Stunden

Material:
Gipsbinden, Vaseline, Wasser, Farben, Bastelmaterial, Kleber, Scheren, Pinsel, großer Spiegel

Musik:
Jean Claude Marat: „Gesang des Lebens mit der Panflöte" und *Loreena McKennitt:* „The mask and the mirror"; *Santa Esmeraldo:* „Don't let me be with understood"

Anmerkung:
Diese Übung kommt in abgewandelter Form aus der Tanztherapie. Als Erweiterung kann man in Gruppen die „große Offenheit" haben und einen Übungsteil einfügen (vor 11.), indem die einzelnen in der Gruppe laut sagen, was hinter der Maske ist, was sie verstecken.

Anleitung:
1. Such Dir einen Partner, eine Partnerin, die Dich darin unterstützt, Deine Maske herzustellen. Stelle Wasser bereit, um die Gipsbinden anzufeuchten, und Scheren, um die Gipsbinden in handliche Größe zu zerschneiden.

2. Leg Dich dann ganz entspannt auf den Boden, nimm die Vaseline und schmier Dir dick Vaseline ins Gesicht. Achte darauf, daß Dir warm und bequem ist. Deine Partnerin, Dein Partner beginnt dann, Dir die Maske aufzulegen.

3. Wenn Du die Maske herstellst, dann beginne damit, indem Du die Gipsbinden in handliche Stücke schneidest, anfeuchtest, auflegst und glattstreichst. Nimm wahr, wie viele Lagen Du brauchst. Spar die Rundung um die Augen aus und die Nasenlöcher – wenn Du magst, auch den Mund. Berühre Deinen Partner achtsam und mit Respekt.

4. Nimm wahr, welche Ideen, welche Gedanken Dir durch den Kopf gehen, welche Bilder aufsteigen, während Du ganz bewußt und entspannt daliegst und wahrnimmst, wie Deine Maske hergestellt wird. Fragen können sein: „Wer bin ich? – Gesicht oder Maske? – Will ich nur der sein, den die Maske widerspiegelt? – Welche Visionen – welchen Geburtsschmerz gibt es? – Tut es weh, sich selbst zu gebären? – Wozu zwinge ich mich? – Was wird mir übergestülpt? – Verändert sich etwas? – Wie wirkt es auf mich? – Was stelle ich mir vor? – Was spiegelt sich mir jetzt? – Was will ich jetzt?"

5. Wenn Ihr fertig seid, die Maske vorsichtig abheben, beiseite legen, sicherstellen und wechseln.

6. Nimm Dir Zeit und Muße um herauszufinden, mit welcher Frage Du weiterarbeiten willst und suche Dir dann die Materialien zusammen, die zu Deiner Maske gehören: die Farben und all das, was Du brauchst, um Deine Maske so fertigzustellen, daß sie für Dich jetzt paßt. Es können Materialien sein, die bereits hier sind, Du kannst aber auch in die Natur gehen und wichtige Bestandteile Deiner Maske in der Natur finden.

7. Stelle Deine Maske fertig, so wie sie im Moment für Dich stimmt.

8. Beginne nun die Reise zu Deiner Maske. (*Musik:* The Mask and the Mirror) Suche Dir einen Platz im Raum, wo Du es Dir ganz bequem machen kannst und wähle das Land, in das Du mit Deiner Maske reisen willst. Es ist ein bekanntes oder ganz neues, unbekanntes Land. Welche Stellen sind Dir vertraut – welche kennst Du noch nicht – welche sind Dir fremd? Was will Dir Deine Maske sagen – und wie kann Dich Deine Maske begleiten in dieses Land – in dieses neue Land – in dieses neue Abenteuer? Gehe in einen Dialog mit Deiner Maske – in Kontakt – so daß Du alle Fragen stellen kannst, die Du stellen möchtest – und alle Antworten bekommen kannst, die Dir jetzt wichtig sind. Nimm wahr, worin Dich Deine Maske unterstützt – wo sie Dich schützt – wo sie vielleicht einen Teil darstellt, den Du sonst nicht beachtest – oder wo

ein Teil stärker beachtet werden will – vielleicht ein Teil, der etwas braucht oder sucht – vielleicht entdeckst Du einen Teil, den Du gar nicht so gut kennst – oder auch einen ganz bekannten. Bleib ganz bei Dir – in der Begegnung – und koste das Gefühl aus, das gerade in Dir ist. Was wird es für Dich bedeuten, diese Maske zu tragen? Willst Du lieber auf der Bühne stehen oder im Publikum – was ist es, was im Moment wichtig ist – in der Beziehung zu Dir – zu Deiner Maske?

9. Schließe das auf Deine Art ab, mit einem Tanz – mit Deiner Bewegung – genieße es, mit Deiner Maske zu tanzen – in Bewegung zu kommen – Dich zu zeigen.

10. Auswertung mit einem Mitspieler: Wie ist es Dir ergangen, was ist passiert? Bist Du jemandem begegnet, gab es Offenheit, Nähe oder Distanz, Ängste, unterschiedliche Wahrnehmung von Macht und Schönheit? Was kannst Du annehmen, was gehört zu Dir, was willst Du annehmen, was willst Du ausdrücken, was willst Du zeigen?

11. Begegnung mit dem Spiegel
Stellt Euch als Gruppe an einer Seite des Raumes auf. Am anderen Ende des Raumes steht ein großer Spiegel. Geh nun allein mit Deiner Maske vor dem Gesicht – in Deiner Zeit – mit Deinen Bewegungen – in Deinem Rhythmus – auf den Spiegel zu, nimm die Maske ab, betrachte Dich und sage laut: „**Ich bin die, die ich bin!**" Geh dann zurück auf die Gruppe zu und präsentiere Dich mit und ohne Maske.

12. Tanz Dich frei zu Deiner Antwort und zu Deinem *ICH BIN DIE, DIE ICH BIN*.

Notizen:

Kundalini-Meditation

Übung ☒   **Spiel** ☐   **Phantasiereise** ☐

Ziel:
Blockaden lösen; Körpergefühl verfeinern, sich selbst wahr- und ernstnehmen

Weitere Anwendungsmöglichkeiten:
Körper-Intelligenz erweitern, Kreative Intelligenz lockern, Spirituelle Intelligenz erwecken

Dauer:
4 Phasen von jeweils 15 Minuten

Material:
Decke, Musik: Kundalini-Meditation (Tau Verlag).

Anmerkung:
Dies ist eine Bewegungsmeditation von Bhagwan. Das Wichtigste dabei ist, auf den eigenen Körper zu hören; sie ist anstrengend und geht an die Grenzen, und es ist gut, achtsam seine Grenzen zu respektieren. Je mehr Du Dich hineingibst, desto mehr kannst Du daraus mitnehmen; behutsam beginnen, warm werden und liebevoll mit dem eigenen Körper umgehen.

Beschreibung:
Erste Phase: Im Stehen, bei sich sein, Augen wahlweise geschlossen oder offen. Die Fußsohlen berühren immer den Boden, die Knie sind leicht gebeugt. Leichtes Schütteln, rhythmisch, beidseitig gleich. Der Kopf ist locker, die Wirbelsäule ist gerade. Alles loslassen, was Du loslassen kannst.

Zweite Phase: Bei sich sein. Die Augen wieder wahlweise geschlossen oder offen. Die Energie wird in Bewegung gebracht. Laß Dich von der Musik animieren, tanzen, ausflippen, gib alles, was Du kannst.

Dritte Phase: Komm ins Sitzen oder bleib stehen. Für 15 Minuten ganz ruhig, unbeweglich sitzen oder stehen, die Musik aufnehmen, innerer Zeuge sein von dem, was ist, nichts verändern wollen und zur Stille kommen.

Vierte Phase: Keine Musik. Leg Dich hin, laß die Augen geschlossen und öffne Dich für Dich selbst. Je intensiver und totaler Du Dich Dir selbst hingibst, desto mehr wirst Du mit dieser Übung für Dich erfahren.

Notizen:

Lebensbaum

Übung ☒ **Spiel** ☐ **Phantasiereise** ☐

Ziel:
Selbstentfaltung, Selbstliebe, Klärung und Annehmen der Bedürfnisse

Weitere Anwendungsmöglichkeiten:
Körper-Intelligenz anspornen, Kreative Intelligenz erhöhen

Dauer:
60-90 Minuten

Material:
Musik: *James Asher:* „Feet in the soil", *Enya:* „Memory of trees" (2. Stück), *Mike Oldfield:* „Earth moving" (7. Stück) und: Papier und Farben zum Malen, Schreibzeug

Anmerkung:
Eine wunderbare Übung aus der Tanztherapie, die Evelyne bei Arthur Dorsch und Julia Gerber kennengelernt hat.

Anleitung:
1. Stell Dir vor, Du bist ein Baum, Dein Lebensbaum. Wie stehst Du im Moment – wie stehst Du im Leben – wo bist Du verwurzelt – wie bist Du gewachsen? Wie ist Deine Rinde – wie ist Dein Schutz – wie sind Deine Blätter – Deine Krone – wie ist Deine Beweglichkeit – Deine Umgebung?

2. Tanze Deinen Baum – finde Deinen Platz, wo Du genügend Raum hast und Dich entfalten kannst – wo Du Dich tief verwurzeln kannst – Deinen Stamm ausbilden – Deine Rinde – Deine Umgebung – wo Du Dein Alter wahrnehmen kannst – und Deine Jahreszeit – wo Du weißt, wie Dein Wetter ist – und wie Deine Äste, Deine Blätter sind – wie Deine Umgebung ist – die Luft – alles das, was in der Nähe zu Dir ist. Nimm wahr, wie Du als Dein Lebensbaum heute

hier stehst – Deinen Platz gefunden hast – Deine ganz eigene Art, Dich zu verwurzeln – und so leben kannst.

3. Nimm Dir dann ein Blatt und male Deinen Baum.

4. Mach es Dir vor Deinem Baum ganz bequem und beantworte die 11 Fragen zu Dir und Deinem Baum:
   - Wo und wie verwurzele ich mich?
   - Wie steh ich in meinem Leben da?
   - Was nährt mich und was brauche ich, damit ich mich optimal entfalten und ausdehnen kann?
   - Wieviel Raum nehme ich mir?
   - Wie will ich wachsen?
   - Was trage ich auf meinen Schultern?
   - In welchem Bereich finden meine Kontakte statt und wie gestalte ich sie?
   - Welche Blüten und Früchte, welche Erträge bringt mein Leben?
   - Wie kann ich mich abgrenzen von den Außeneinflüssen, die mich bedrängen?
   - Welche Gäste nehme ich auf?
   - Was möchte ich verwandeln und wie?

5. Stell Dich oder setz Dich auf Dein Bild, auf die Stelle, die Dir Kraft gibt und spüre, wie die Kraft Dich ausfüllt, die Kraft in Dich strömen kann und sich ihren Platz in Deinem Körper sucht – Dich ausfüllt bis in die Ecken und Winkel – wo sie jetzt hingehört – genau das, was jetzt im Moment diese Kraft ausdrückt. Erspüre das Entstandene mit den Händen, mit geschlossenen Augen und finde eine Stelle an Dir, in Deinem Körper, wo Du diese Kraft integrieren kannst.

Notizen:

Den Atemraum erspüren

Übung ☒   Spiel ☐   Phantasiereise ☐

Ziel:
Atmung für „Wohlfühlen" anken

Weitere Anwendungsmöglichkeiten:
Alltags-Intelligenz durch positiven Zustand unterstützen

Dauer:
20 Minuten

Material:
-

Anmerkung:
Atembewegung, Körperhaltung und die Art, wie wir denken und fühlen, beeinflussen sich gegenseitig. Gerade in Situationen, wo wir einen ressourcevollen inneren Zustand gebrauchen könnten, ist man häufig so im Inhalt verstrickt, daß man auf seine eigene Atmung und seine Körperhaltung nicht achtet. In welchen Atemräumen atmen wir ganz selbstverständlich, wenn es uns gut geht? Mit dem Handauflegen auf die entsprechende Stelle ankern wir uns selbst und erinnern uns damit daran, in welchem Bereich wir in der jeweiligen Situation atmen können, um einem ressourcevollen Zustand näherzukommen.

Anleitung:
Stell Dich so hin, daß Du das Gefühl hast, sicher und gleichzeitig fest und bequem dazustehen. Wippe in den Knien ein klein wenig nach, so daß Du die Schwerkraft und den Kontakt zur Erde spüren kannst. Überprüfe, wie weit Du Deine Füße auseinanderstellen möchtest, um das Gefühl von Stabilität und gleichzeitiger Beweglichkeit in Dir zu verstärken. Nimm wahr, wie Du jetzt dastehst und was Du noch tun oder verändern kannst, um Dich in dieser Position wohlzufühlen, um die jetzt eingenommene Haltung zu genießen, damit Du mit Deiner Aufmerksamkeit nach innen gehen kannst.

Und Du kannst Dich entscheiden, ob Du die Augen geöffnet läßt und Dir einen Punkt aussuchst, den Du anschauen kannst, oder ob Du die Augen für einen Moment schließt, um mit Deiner Aufmerksamkeit nach innen zu gehen und Dich zu erinnern an eine Zeit, in der Du Dich richtig wohl gefühlt hast. Laß in Deinen Gedanken und in Deiner Phantasie die Erinnerungen kommen, wo es Dir richtig gut ging und Du Dich in und mit Deinem Körper vereint gefühlt hast. Und dann laß in Gedanken eine Situation präsent werden, an die Du Dich jetzt erinnern kannst, wo es Dir ganz besonders gut ging. Erinnere Dich an diese Situation, indem Du innerlich einen Tonfilm entstehen lassen kannst und Dir anschaust, welche Situation Dir jetzt gegenwärtig ist. Erinnere Dich daran, wie Du in dieser Situation aussahst – welche Körperhaltung, welchen Gesichtsausdruck Du hast, wenn Du Dich wohlfühlst? Wie sehen Deine Bewegungen aus und Deine Augen – wie hört sich Deine Stimme an – was sagst Du Dir innerlich, wenn es Dir richtig gut geht und Du Dich mit Dir verbunden fühlst? Was sagst Du Dir und wie sagst Du es Dir, wenn Du in einem ressourcevollen Zustand bist? Und während Du diese Situation vollständig in Dir präsent haben kannst, mit der Vorstellung, wie Du aussahst – was Du hörtest und was Du Dir innerlich sagtest – nimm jetzt auch das Gefühl wahr, was zu diesem angenehmen Zustand paßt. Wie erkennst Du diesen angenehmen Zustand in Dir? Wie erspürst Du ihn? Woher weißt Du, daß das angenehme Gefühl jetzt in Dir präsent ist? Nimm wahr, wo in Deinem Körper Du „Wohlfühlen" spüren kannst. Wo fängt das Gefühl an und welche Qualität hat es für Dich? Ist es ein Kribbeln – ein Fließen oder ein Strömen? Welche Richtung hat dieses Gefühl? Was für eine Temperatur kannst Du spüren? Wo in Deinem Körper fängt es an und wie breitet es sich aus? Und dann laß dieses Gefühl von Wohlbefinden sich intensiver in Deinem Körper ausbreiten, so daß jede Zelle in Deinem Körper von dieser Qualität weiß und diesen Zustand erfahren und erleben kann. Und während sich dieser Zustand mehr und mehr in Dir ausbreiten kann, richte Deine Aufmerksamkeit auf Deinen Atem.

Nimm wahr, wo Du Deine Atembewegungen erleben kannst, wenn Du ganz intensiv diesen Zustand von Wohlbefinden und gut fühlen in Dir spürst. Beobachte Deinen Atem und nimm wahr, wann der Atem kommt und geht – und wann er ganz selbstverständlich wiederkommt – und ob er sich eher im unteren Atemraum ausbreitet, im Bereich des Beckens, der Beine, bis hin zum Nabel – oder im mittleren Atemraum, der vom Nabel bis zur Mitte des Brustkorbs reicht – oder ob es der obere Atemraum ist im oberen Teil des Brustkorbes und des Schultergürtels. Während Du vollständig im Zustand von Wohlbefinden bist, spüre, in welchem Bereich Deine Atembewegung am intensivsten ist, und lege dann Deine Hände auf den Atemraum, den Du jetzt am intensivsten spüren kannst. Laß Deine Hände dort einen Augenblick ruhen und spüre, wie sich die Atmung ganz selbstverständlich in Deine Hände hinein bewegt.

Bringe diese Übung dann in Deinem Tempo für Dich zum Abschluß mit dem Wissen, daß Du jederzeit in diesen Zustand von Wohlfühlen kommen kannst, indem Du Dich an die Situation erinnerst und Deinen Körper daran erinnerst, in welchem Bereich Du atmest, wenn es Dir richtig gut geht. Und Du kannst als Unterstützung im Alltag, wenn Du es benötigst, die Hände auf die Stelle legen, die Dich daran erinnert, in welchem Atemraum es Dir besonders leicht fällt, in einen angenehmen Zustand zu kommen.

Notizen:

Dein Ich tanzen

Übung ☒   Spiel ☒   Phantasiereise ☐

Ziel:
Selbstausdruck, Selbstwahrnehmung und Fremdwahrnehmung erleben und annehmen

Weitere Anwendungsmöglichkeiten:
Körper-Intelligenz schulen, Kommunikative Intelligenz weiterentwickeln, Kreative Intelligenz verfeinern

Dauer:
45 Minuten

Material:
Papier, Farben

Musik:
Bolero, *Anno Gama:* „Shamanic Dream", *Sophia:* „Temple of Love"

Anmerkung:
Diese Übung kennen wir von Utsavo Wiesmann und wir haben sie oft in unseren *NLP nonverbal*-Seminaren eingesetzt.

Anleitung:

1. Beweg Dich durch den Raum und sage laut: „Ich ..." und Deinen Namen, laut und leise – variiere – nimm wahr, was bei Dir passiert – wo in Deinem Körper ist dieses „Ich"? Laß es stärker und lauter werden – sanfter und leiser – leg die Hand dahin, wenn Du magst – spüre es, genieße es einen Moment. (Musik dazu: Bolero)

2. Male dann ein intuitives Bild von Dir, mit Deinen Farben. Laß Dich einfach leiten, ein Bild über Dich.

3. Auf die Rückseite schreibe dann „Ich ..." und Deinen Namen.

Darunter beantwortest Du die nun folgenden 4 Fragen:

➤ Welches Wort sagt Dein Gefühl zu diesem Bild? Schreib das Wort auf und vertraue Deinem ersten Gedanken.
➤ Stell Dir vor, Dein Körper würde sprechen. Finde einen Begriff, den Dein Körper zu diesem Bild sagen würde.
➤ Was sagt Dein Verstand?
➤ Was sagt Deine Phantasie?

4. Stelle Dich im Kreis vor, indem Du Dein Bild zeigst und den anderen vorliest – zum Beispiel: „Ich ... Evelyne – Lichtspender – Wirbelsturm – Struktur – weise Vielfalt"

5. Finde dann einen Partner/eine Partnerin.

➤ Dein Partner hält Dein Bild und Du tanzt es ihm vor. Tanz ihm vor, wie Du Dein Bild gemalt hast, was Du erlebt hast und wie Du es jetzt erlebst.
➤ Du hältst Dein Bild, und Dein Partner tanzt Dir vor, was er darin sieht, spiegelt Dir, wie er Dein Bild heute erlebt – ohne Musik. Wechselt dann.

6. Finde einen Platz im Raum, wo Du dieses Bild jetzt plazieren möchtest, einen Platz, der für Dich in der Gruppe und in diesem Raum stimmt, und bewege Dich durch den Raum. (Musik: *Anno Gama* „Shamanic Dream")

7. Nimm wahr, wie Du Dich fühlst, wenn Du Dich von Deinem Ich entfernst. Vielleicht fallen Dir auch Situationen Deiner Vergangenheit ein, an die Du Dich erinnert fühlst. Situationen, in denen Du Dich von Dir selbst entfernt hast – vielleicht kommen dazu Bilder – ein Ton – ein Geräusch – eine Stimme – ein Geschmack – etwas, was Du gespürt oder gerochen hast. Nimm wahr, ob Du Dich lieber zu Deinem Ich hinwenden oder abwenden möchtest – was passiert, wenn Du ganz weit entfernt bist – oder ganz nah? Wenn Du weit weg bist, möchtest Du das? Und was kannst Du ändern, um Deinem Ich wieder näher zu kommen?

8. Finde Deinen Weg, wie Du zu Deinem Ich zurückfindest, laß Dich von Deinem Ich wieder anziehen – zurücklocken und setze oder stelle Dich dann auf das Bild. Laß die Kraft in Dir hochsteigen und spüre sie. Spüre, was es bedeutet, wenn Du ganz nah mit Deinem Ich verbunden bist – wenn Du Dich erlebst – wenn Du Dich lebst. Nimm Dir Deine Zeit, genau das zu erleben – das zu erfühlen – zu erspüren, was jetzt für Dich wichtig ist – wahrzunehmen, wo in Deinem Körper Du dies erleben kannst – und laß dazu Bilder – Töne – Klänge – Gerüche kommen – vielleicht ein Wort oder ein Symbol, was dazu paßt.

9. Komm mit diesem Wort in die Gruppe, suche Kontakt und bleibe dabei bei Dir. Bleibe bei Deinem Wort – verbinde es mit Deinem Ich und sage es immer wieder in verschiedenen Variationen – laut – und leise. Nimm wahr, was passiert, wenn Du in Kontakt kommst. Nimm wahr, was Dich darin unterstützt, bei Deinem Ich zu bleiben – nimm wahr, was Dich davon weiter wegbringt. Geh in Verbindung und Resonanz und bilde dann mit der Gruppe eine Skulptur, die jetzt Dein Hiersein ausdrückt. (Musik: *Sophia* „Temple of Love")

Notizen:

Schattenspiel

Übung ☒   **Spiel** ☐   **Phantasiereise** ☐

Ziel:
Ungeliebte Anteile integrieren, Selbstbefreiung

Weitere Anwendungsmöglichkeiten:
Kreative und Körper-Intelligenz erweitern

Dauer:
1 Stunde

Material:
Schreibzeug, Kartei- bzw. Metaplankarten

Anmerkung:
Diese Übung ist besonders wirkungsvoll, wenn Du sie in einer Gruppe mit Menschen machst, die Lust haben, miteinander zu wachsen und sich gegenseitig zu unterstützen.

Anleitung:
1. Erstelle eine Liste mit allem, was Dir peinlich ist, was Du lieber nicht wahrhaben und annehmen möchtest an Dir.

2. Fertige aus diesem Pool Karten an, auf denen Du kurz und präzise beschreibst, was die wesentlichen Elemente dabei sind. Finde die positive Absicht.

3. Um diese ungeliebte Seite annehmen zu können, wähle eine Karte aus und nutze jede Gelegenheit, dieses Thema auszudrücken.

Würdige diesen Teil von Dir und laß ihn nach Hause kommen.

Notizen:

Teile-Tanz mit Bildern

Übung ☒   Spiel ☐   Phantasiereise ☐

Ziel:
Alle Teilpersönlichkeiten annehmen und ausdrücken, Gefühle wahr- und ernstnehmen, Mut, sich darzustellen

Weitere Anwendungsmöglichkeiten:
Körper-Intelligenz schulen, Alltags-Intelligenz unterstützen

Dauer:
45 Minuten

Material:
Musik: *Philip Glass:* „Dance Pieces"

Anmerkung:
Diese Übung kennen wir von Utsavo Wiesmann und nutzen sie oft in Gruppen, wenn das Eis noch nicht geschmolzen ist und der schüchterne Teil der Gruppenmitglieder gewürdigt werden möchte.

Anleitung:
1. Male ein intuitives Bild von Dir und markiere den Teil auf dem Ich-Bild, der Lust hat auf Kontakt – der Lust hat auf Nähe – der Lust hat auf Experimentieren – der hier sein will.

2. Von diesem Teil mach eine Vergrößerung auf ein kleines Blatt, und tanze dann zu Trommelmusik Dein kleines Bild.

3. Markiere den Gegenpart auf Deinem Ich-Bild, den Gegenspieler – der Angst und Scheu verkörpert – der Teil, der sich nicht traut, der vielleicht nicht will – und vergrößere wieder, indem Du dieses Mal das kleine Bild mit der linken Hand malst. Dann tanze dieses kleine Bild, mit dem Rücken zur Gruppenmitte. Nimm wahr, wie es ist, wenn Du mit dem Rücken zur Gruppe stehst und tanzt. Laß

diesen Teil zu Wort kommen und finde heraus, was er will. Geh in Kontakt mit diesem Teil und finde heraus, welches seine positive Absicht ist. Was will er für Dich – Positives – wofür setzt er seine Energie ein, und wofür sorgt er in Deinem Leben. Nimm wahr, was dieser Teil für Dich tut, was er vielleicht auf andere Art noch nie getan hat und bedanke Dich, daß er soviel Energie und soviel Zeit darin investiert, genau diese positive Absicht für Dich zu erreichen. Schließe das in Deiner Zeit ab.

4. Bringe nun diese beiden kleinen Bildausschnitte zusammen mit Deinem Ich-Bild an einen Platz, wo Du es Dir ganz bequem machen kannst. Meditiere einen Moment darüber, wie sich diese Teile in Balance befinden können – wie diese beiden Teile in Dir ihre Berechtigung haben können – beide ihre Zeit bekommen – beide ernst- und wahrgenommen werden können mit ihrer Aufgabe – mit dem, was sie für Dich tun. Laß sie miteinander verhandeln und einen Weg finden, so daß jeder zu seinem Recht kommt – so daß sie beide wertvolle Anteile Deines Ichs sein können. Und finde dann Deine Bewegung, um diese Integration für Dich zu erleben. Wie können diese beiden Teile in Dir zu ihrem Recht kommen – zu Deinem Recht kommen? Laß es in Bewegung kommen – laß es ein Teil Deines Tanzes werden – ein Teil Deines Ichs werden – ein Teil dessen, was Deine Schönheit und Anmut und Deine Beweglichkeit ausmacht – Deine Variationen und Deine Möglichkeiten, mehr als nur eine klare Linie zu leben.

Notizen:

Bioenergetische Übung

Übung ☒   Spiel ☐   Phantasiereise ☐

Ziel:
Energieblockaden lösen, Lebenslust spüren, in Fluß kommen

Weitere Anwendungsmöglichkeiten:
Körper-Intelligenz üben,
Bewegungsmuster erkennen und verändern

Dauer:
20 Minuten

Material:
-

Anmerkung:
Alexander Lowen hat uns diese Übungen persönlich vorgemacht, mit 87 Jahren auf einem Kongreß, wo der alte Herr 2 Stunden ohne Skript frei gesprochen hat – die gesamte Zeit im Stehen. Uns hat er in jedem Fall begeistert, und wir danken dafür, ihn erlebt zu haben.

Anleitung:
1. Fingerspitzen aneinanderlegen und die Finger aneinanderdrücken, Druck auf die Fingerkuppen geben und die Spitzen in Richtung Brust drehen. Durch den Mund tief bis in den Beckenboden ein- und ausatmen, dann die Hände lösen und weiteratmen und in Brusthöhe vor dem Körper leicht mit der Handfläche nach unten, locker in den Schultern weiteratmen und die Hände spüren. Dann die Handflächen zueinanderkehren und die Hände aufeinanderzubewegen, bis Du etwas zwischen den Handflächen spürst – die Energie – Deine Energie.

2. Tief durch den Mund ein- und ausatmen bis in den Beckenboden, einen mittleren Ton kommen lassen und „A" singen und kurz vor dem Ende „Ach, Ach, Ach", wie Husten, ausatmen, bis Du Deinen Atem ganz vollständig ausgeatmet hast, und dann langsam wieder durch den Mund einatmen. (3mal)

3. Fingerspitzen auf den Boden, die Füße ungefähr zehn Zentimeter auseinander und dann in den Knien variieren, bis die Vibration kommt, Vibration wahrnehmen und geschehen lassen. „Wenn Du vibrierst, bist Du lebendig, und wenn Du so vibrierst, wird man Dich auf gar keinen Fall beerdigen." (Alexander Lowen während des Kongresses).

Notizen:

Der Steckbrief

Übung ☒ **Spiel** ☐ **Phantasiereise** ☐

Ziel:
Selbsterkenntnis, Selbstbild und das eigene Profil klären

Weitere Anwendungsmöglichkeiten:
Kommunikative Intelligenz bereichern

Dauer:
40 Minuten

Material:
Schreibzeug

Anmerkung:
Diese Fragen verstehen sich als Anregung, um mehr Klarheit über sich und sein Leben zu erhalten. Wenn Du Lust hast, kannst Du die Übung auch mit Freunden oder Partnern durchführen und die Fragen einmal für Dich und einmal für den anderen beantworten, und Ihr könnt Euch gegenseitig beschenken.

Anleitung:
Nimm Dir ein Blatt Papier, einen Stift und Zeit für Dich, um mehr über Dich zu erfahren und Dein Profil zu klären. Du kannst zu jedem Punkt mehrere Antworten geben. Du kannst Dich entscheiden, ob Du die Antworten spontan auf das Papier „fließen läßt" oder Dir die Zeit nimmst, über jede Frage und Anregung nachzudenken.

➤ *Mein Profil*

Meine Stärken sind:

Meine Schwächen sind:

Meine Hobbies:

Meine Ausbildungen:

Meine Fortbildungen:

Ich lehne ab:

Ich bin stolz auf:

Ich freue mich über:

Ich mag nicht:

Ich verschenke gerne:

Ich bekomme gern geschenkt:

Arbeit ist für mich:

Mich motiviert:

Freundschaft ist für mich:

Partnerschaft ist für mich:

Menschen sind:

Die Welt ist:

Ich glaube an:

➤ Meine Aufgaben

Ich stehe für ...
Ich gehe für ...
Ich setze mich ein für ...

➤ Meine Werte

Wofür lohnt es sich morgens aufzustehen? Wofür setze ich mich ein? Was ist mir in meinem Leben wichtig?

➤ Meine persönliche Sinn-Ebene

Welche Vision verfolge ich? Was ist mein großes Lebensziel? Welche Lebensaufgabe habe ich mir gesetzt?

➤ Die allgemeine Sinn-Ebene

Was ist für mich der Sinn des Lebens? Warum das alles? Welchen Zweck verfolgt das Leben? Welchen übergeordneten Sinn hat die gesamte Entwicklung?

➤ Meine Mission

Welche Botschaft habe ich an andere? Was würde ich gerne meinen Mitmenschen mitteilen und vermitteln?

Notizen:

Eigenwerbung

Übung ☐   Spiel ☒   Phantasiereise ☐

Ziel:
Selbsterkenntnis

Weitere Anwendungsmöglichkeiten:
Alltags-Intelligenz schulen

Dauer:
5 Minuten

Material:
Schreibzeug

Anleitung:
Du hast 30 Sekunden Zeit, all Deine Stärken, Fähigkeiten, Talente aufzuschreiben. Hast Du mehr als 10, mehr als 7 oder 4?

Wie willst Du Deine Stärken einsetzen, wenn Du sie nicht auf Fingerschnippen parat hast, und gerade dann, wenn Du im Streß bist? Dann benötigst Du sie doch am dringendsten – also üben, bis es aus dem Schlaf heraus klappt.

Suche Gelegenheiten, wo Du für Dich Werbung machen kannst. Nimm jede Chance wahr, Dich zu präsentieren.

Notizen:

Der Pantomimentanz

Übung ☐   Spiel ☒   Phantasiereise ☐

Ziel:
Kongruentes Spielen von Rollen und inneren Zuständen

Weitere Anwendungsmöglichkeiten:
Kommuniative Intelligenz anregen, Körper-Sprache schulen

Dauer:
30 Minuten

Material:
Metaplankarten, Musik

Beschreibung:
Die Gruppe und der Raum werden in zwei Hälften eingeteilt. Jede Kleingruppe erhält ihre eigene „Bühne". Beide Gruppen tanzen zur Musik, schütteln ihre Arme und Beine aus, lockern sich und ihr „Handwerkszeug" für diese Übung. Der Übungsleiter legt die vorbereiteten, durchnumerierten Karten verdeckt für jede Gruppe aus. Auf den Karten steht das Thema, die Szene oder der Gegenstand, den die Gruppen pantomimisch darstellen sollen. Jede Gruppe bekommt unterschiedliche Aufgaben. Ziel ist es, das Thema der Karten pantomimisch so eindeutig als Gruppe zu präsentieren, daß die andere Gruppe das Thema erraten kann. Wenn der Spielleiter die Musik ausblendet, haben beide Gruppen zehn bis zwanzig Sekunden Zeit, sich auf das Thema einzustimmen, dann beginnt die erste Gruppe mit der Präsentation. Geräusche, Töne und Klänge sind erlaubt, auf Unterhaltungen und das gesprochene Wort sollte verzichtet werden. Die Gruppen wechseln dann, so daß beide einmal Darsteller und Zuschauer waren. Anschließend wird die Musik wieder eingespielt. Das bedeutet, daß alle wieder zu tanzen beginnen, sich ausschütteln und vielleicht schon gespannt und neugierig sind, was ihnen die nächste Karte bringt. Wenn der Übungsleiter die Musik wieder ausblendet, nehmen beide die Karte mit der Nummer zwei auf und präsentieren das neue Thema wie gehabt. Mögliche Szenen oder Themen können sein: donnerndes Gewitter – startendes

Flugzeug – Tenniszuschauer – eine Rockband live auf der Bühne – eine Lottogemeinschaft, die gerade sechs Millionen Mark gewonnen hat – eine Modenschau in Paris – Urlaub auf Mallorca ...

Variation: Das Standbild

Die Teilnehmer verteilen sich in kleinen Gruppen zu 4 bis 5 Personen. Jede Gruppe zieht aus der „Lostrommel" das Thema ihres Standbildes und hat nun zehn Minuten Zeit, sich auf die Darstellungsform zu einigen. Ziel ist es, ohne Worte möglichst eindeutig die Szene darzustellen, so daß die anderen Teilnehmer sie erraten können. Beispiele für Standbilder: eine Familie hat sechs Richtige im Lotto – eine Mondfähre/der erste Mensch landet auf dem Mond – Achtung, Achtung, das Flugzeug stürzt ab – ein Mann bittet um Gehaltserhöhung – eine Familie mit Hund möchte in ein Restaurant, wo Hunde verboten sind – Einblicke in die Halbzeitpause der deutschen Fußballnationalmannschaft bei einem Rückstand von 0:2 während der Fußballweltmeisterschaft.

Notizen:

Sound-Check

Übung ☐   Spiel ☒   Phantasiereise ☐

Ziel:
Emotionale Befindlichkeit hörbar machen, Rapport

Weitere Anwendungsmöglichkeiten:
Musikalische Intelligenz anregen

Dauer:
20 Minuten

Material:
–

Anmerkung:
Beim Ausatmen ist darauf zu achten, daß man sich nicht „verausgabt", sondern mit seinem Atem einen „ausgeglichenen Haushalt führt". Das bedeutet, nicht vollständig auszuatmen, sondern noch ca. 20 Prozent Atemreserve zu behalten, bevor man wieder einatmet.

Beschreibung:
Jeder in der Gruppe läßt mit dem Ausatmen innen einen Ton entstehen. Dieser Laut wird mehrmals innerlich gesungen. Auf ein vereinbartes Zeichen hin lassen alle Teilnehmer mit dem Ausatmen diesen Ton nach außen klingen. Wer seinen Ton gefunden hat, wiederholt ihn mehrfach und hält mit einem Ohr den Kontakt zur Gruppe, so daß jeder den gemeinsamen Gruppensound, die gemeinsame Gruppenschwingung erkennen kann, sich erinnern und beim nächsten Sound-Check wiedererkennen kann, ob sich etwas verändert hat.

Notizen:

Das Geldspiel

Übung ☒   Spiel ☒   Phantasiereise ☐

Ziel:
Unbewußte Muster kennenlernen, Gefühle beim Geben und Nehmen respektvoll annehmen

Weitere Anwendungsmöglichkeiten:
Kommunikative Muster in Gruppen offenlegen

Dauer:
60 Minuten

Material:
Möglichst viel Kleingeld

Anmerkung:
Dieses Spiel eignet sich für Gruppen, in denen sich die Teilnehmer bereits gut kennen und „einen Draht zueinander" gefunden haben. Die Gruppenmitglieder sollten sich innerhalb der Gruppe bereits positioniert haben und in einer Atmosphäre von Vertrauen und Nähe diese Übung durchführen. Das Spiel zeigt Verhaltens- und Gedankenmuster zum Thema Geben und Nehmen, zu Geld und Reichtum und zu Beziehungsgeflechten innerhalb der Gruppe.

Die Höhe des eingesetzten Geldes bestimmt in der Regel die Intensität der Emotionen. Der Spielleiter achtet auf die Höhe des Einsatzes und weist die Teilnehmer darauf hin, daß sie diesen Betrag auch real verlieren können.

Anleitung:
1. Stellt Euch bitte so im Kreis auf, daß jeder den anderen sehen kann. Für das folgende Spiel benötigt Ihr Kleingeld. Schaut deshalb bitte in Eurem Portemonnaie oder in Euren Taschen nach, wieviel Kleingeld Ihr jetzt zur Verfügung habt und legt es bitte vor Euch hin.

2. Im folgenden Spiel geht es um Geben und Nehmen, und es kann sein, daß Du gewinnst oder aber Dein eingesetztes Kapital real verlierst. Wähle deshalb jetzt die Höhe Deines Geldbetrages aus, den Du für dieses Spiel einsetzen möchtest und auch ggf. verkraften kannst, wenn Du diese Summe verlierst. Lege den Spieleinsatz vor Dich hin und packe den Rest des Geldes wieder in Dein Portemonnaie. Zähle das Spielgeld und laß es vor Dir liegen.

3. Ihr habt jetzt fünf Minuten Zeit, Erfahrungen mit dem Geben zu machen: Jeder von Euch kann in dieser Zeit einer anderen Person im Kreis einen Geldbetrag von sich geben. Um dem Prozeß des Gebens größtmögliche Aufmerksamkeit zu schenken, achtet darauf, daß immer *nur eine Person* einer anderen Person etwas schenkt, also hintereinander. Jeder kann sich entscheiden, welcher Person und in welcher Höhe er oder sie gibt – immer nur einer Person in einer Spielrunde.
Nach mehreren Runden darf jede Person noch *einmal* einer anderen Person einen Betrag als Abschluß schenken oder geben.

4. Nehmt wahr, was Ihr nach der bisherigen Phase bekommen oder gegeben habt, und stellt Euch innerlich darauf ein, eine Erfahrung für das Nehmen zu machen. Diese Phase hat mehrere Spielrunden. Jeder von Euch kann *einer* anderen Person einen beliebigen Betrag in der jeweiligen Spielrunde nehmen.

   Achtet auch in dieser Phase darauf, daß nur eine Person den Prozeß des Nehmens in der Gruppe durchführt. Beobachtet den Geldfluß in der Gruppe und handelt so, wie es Euch in der Situation angemessen, richtig oder angenehm erscheint.

   Schließt auch diese Phase damit ab, daß jede Person noch *einmal* einer anderen Person einen Betrag nehmen darf.

5. Diese Phase ist eine Steigerung der beiden vorherigen. Ihr habt zwei Minuten Zeit für den gleichzeitigen Prozeß des Gebens und Nehmens: Jede Person kann *einer* anderen Person etwas geben und gleichzeitig derselben oder *einer* anderen Person etwas nehmen.

6. Auswertung: Nimm wahr, welcher Geldbetrag jetzt vor Deinen Füßen liegt – ob Du dazugewonnen oder verloren hast. Wie erging es Dir während der Phase des Gebens und während der Phase des Nehmens? Was ist Dir besonders leicht gefallen? Was war neu? Was war ungewohnt? Wie hast Du Dich gefühlt, als Du ganz viel Geld bekommen hast? Wie war es, als Dir andere alles genommen haben? Hast Du für Ausgleich gesorgt und Gerechtigkeit? Hast Du Macht genossen? Konntest Du damit umgehen, daß Du zum Schluß mehr hattest, als

Du eingesetzt hast? Konntest Du es genießen? Wie war es für Dich, wenn Du zum Schluß des Spieles weniger hattest, als Du eingesetzt hast?

Variation:
Behaltet das Geld in der Hand.

Notizen:

2. Kommunikative Intelligenz

Wegweiser

Die stillen Diener	85
Der blinde Erzähler	86
Die 13 Karten	87
Der Bildertanz	88
Die Kopie	90
Die Botschaft	91
Das Rollenspiel	92
Machtspiele	93
Wünsche	94
Opfer, Retter, Täter	95
Die Börse	96
Das großzügige Geschäft	97
Die fünf Stufen des Erkennens	98
Soziales Panorama	101
Liebesstrategie	103
Die Kommunikationsweste	105
Chronos: der Körper	107

Einstimmung – Kommunikative Intelligenz

Zu dem griechischen Philosophen Sokrates kam eines Tages eiligst ein Bekannter gelaufen. „Höre, Sokrates, was muß ich Dir berichten, wie Dein Freund ..." „Halt ein", unterbrach ihn der Philosoph. „Hast Du das, was Du mir sagen willst, durch die drei Siebe gesiebt?" „Drei Siebe?", fragte der andere verwundert. „Ja, die drei Siebe. Das erste ist das Sieb der Wahrheit. Hast Du alles, was Du mir berichten willst, geprüft, ob es auch wahr ist?" „Nein, ich hörte es erzählen, und ..." „Nun, so hast Du es sicher mit dem zweiten Sieb, dem Sieb der Güte geprüft. Ist das, was Du mir erzählen willst, wenn es schon nicht wahr ist, wenigstens gut?" Der andere zögerte: „Nein, das ist es nicht. Ganz im Gegenteil ..." „Nun", unterbracht ihn Sokrates, „so wollen wir noch das dritte Sieb nehmen und uns fragen, ob es notwendig ist, mir das zu erzählen, was Dich so zu erregen scheint." „Notwendig gerade nicht ..." Also lächelte der Weise: „Wenn das, was Du mir sagen willst, weder wahr noch gut noch notwendig ist, so laß es begraben sein und belaste weder Dich noch mich damit."

Die Kommunikative Intelligenz beschreibt die Fähigkeit, andere Menschen wahrzunehmen und mit ihnen in effektiver Weise umzugehen. Wir beschreiben damit einen Pool an Kernfähigkeiten, die eine erfolgreiche Kommunikation unterstützen.

Dies sind:

- alle zur Verfügung stehenden Informationen des Gesprächspartners wahrnehmen,
- sich in die Rolle des anderen versetzen,
- Kommunikationssituationen aus einer Metaposition heraus betrachten,
- verbale und nonverbale Signale in der Situation respektvoll deuten,
- Nähe und Vertrauen in Kommunikationsprozessen herstellen,
- Wissen über Funktionsweisen der Wahrnehmung und der Informationsverarbeitung,
- aufmerksam zuhören.

Die Kommunikative Intelligenz ist eine nach außen gerichtete Fähigkeit, obwohl sie im permanenten Wechselspiel zur Wahrnehmung der eigenen Person, der eigenen Gedanken und des eigenen Gefühlslebens steht. Sie wird unterstützt von der Sprachlichen und der Emotionalen Intelligenz. Beide bedingen sie nicht, aber ergänzen, unterstützen und fördern sie.

Die Entwicklung der Kommunikativen Intelligenz beginnt sehr früh im Leben. Schon als Kleinkind entwickeln wir die Fähigkeit, unterschiedliche gefühlsmäßige

Mimik zu unterscheiden. Das Kind reagiert auf verschiedene Personen, unterschiedliche Gefühle und Erfahrungen. Es weint z.B., wenn es das Weinen eines anderen Kindes hört. In der weiteren Entwicklung lernt das Kind verschiedene Symbole – wie z.B. Wörter, Gesten und Zahlen – kennen, die es in die Lage versetzen, die Umwelt differenzierter wahrzunehmen, zu beschreiben und sich selbst auszudrücken. Mit dem Beginn der Schule wird der soziale Kontakt und die Lebenswelt erweitert, und es beginnt ein weiteres Lernen innerhalb von Beziehungen: das Kennenlernen anderer, das Respektieren von neuen Regeln, das Einnehmen anderer Perspektiven. Mit dem Einsetzen der Pubertät sind in der Regel schon Erfahrungen von innigen und engen Freundschaften, von intensiven Beziehungen, aber auch von Trennungen vorhanden. Beim Finden der eigenen Position innerhalb einer Gruppe werden kommunikative Fähigkeiten weiterentwickelt.

Die Verhaltensweisen und kommunikativen Strategien werden durch die gemachten Erfahrungen, durch das Mitteilen der eigenen Wünsche und Befürchtungen flexibler und differenzierter. Mit zunehmendem Alter werden Sensibilität, Verständnis, Einfühlungsvermögen und Beziehungsfähigkeit wichtige Werte bei der Beziehungsentwicklung.

Obwohl jeder weiß, wie wichtig vertrauensvolle Beziehungen und funktionierende „Herz zu Herz-Kommunikation" sind, werden sie nicht gezielt gelehrt.

Oder kannst Du Dich an das klärende Gespräch mit Deinen Eltern oder Deinen Lehrern erinnern, in dem sie Dich darüber informiert haben, wie Du erfolgreiche Kommunikation mit Partnern, Freunden oder Eltern gestalten kannst, wie Du mit Konflikten umgehen und verschiedene Gesprächspositionen einnehmen kannst?

Die Eltern sind oft überfordert - ihnen wurde dieses Wissen auch nicht vermittelt. In den Schulen wird es nicht gelehrt, weil Unterrichtspläne anderen Inhalten den Vorzug geben. In der Ausbildung oder der Universität wird es noch immer selten als Baustein der sozialen Kompetenz geschult. Im Alltag und im Beruf wird es dann allerdings selbstverständlich vorausgesetzt.

Viele Firmen und Unternehmen fördern heute gezielt die Entwicklung der Kommunikativen Intelligenz im Rahmen von Kooperations-, Motivations- und Teamentwicklungs-Seminaren. Sie kennen die Bedeutung und den Nutzen von Fertigkeiten wie dem aktiven Zuhören, dem klaren Mitteilen eigener Standpunkte, dem Umgang in Konflikt-Situationen und sie wissen um die Kunst, die eigenen Gefühle und die des Gesprächspartners zu verstehen.

Nicht alle Kulturen dieser Welt haben dieselben Fertigkeiten und Fähigkeiten für wichtig, nützlich und brauchbar erachtet. Jede Kultur pflegt ihre eigenen Rituale,

Kommunikationsgewohnheiten, verbalen und nonverbalen Muster. So pflegen die Japaner z.B. die „minimum-message-communication", in der ganz besonders auf die nonverbalen Hinweise und Botschaften des anderen geachtet wird. Die Navajos erachten das Zuhören als besonders wichtige Fähigkeit. Wer gut zuhören kann, gilt dort als besonders begabt.

Wir leben in einer Zeit, in der der technische Informationsfluß es ermöglicht, riesige Datenmengen zu bewegen. Wie aber ist es um den zwischenmenschlichen Informationsfluß bestellt? Wie können wir andere Menschen in unserem engeren Umfeld dazu einladen, lustvolle, respektvolle und liebevolle Beziehungen zu leben? Wie können wir andere Menschen an unseren Ideen, Zielen und Visionen teilhaben lassen und sie zu einem schöpferischen Leben inspirieren? Wie können wir klar und deutlich unsere Meinungen anderen mitteilen und dabei neugierig und aufmerksam zuhören, wie andere Menschen darüber denken? Wie können wir im Beruf miteinander reden, um eine Atmosphäre entstehen zu lassen, wo arbeiten Spaß macht, effektiv ist und sich Mitarbeiter gegenseitig unterstützen? Wie können wir generell unsere Fertigkeiten der Kommunikation einsetzen, um eine Atmosphäre von Vertrauen und Respekt entstehen zu lassen?

Die Entwicklung der Kommunikativen Intelligenz bietet uns die Chance, uns auszutauschen, mit anderen im Kontakt zu sein, uns mitzuteilen, zu informieren und aktiver Teil einer Beziehung, einer Gruppe, einer Gesellschaft zu sein.

Notizen:

Die stillen Diener

Übung ☐   **Spiel** ☒   **Phantasiereise** ☐

Ziel:
Wahrnehmungsfähigkeit steigern, kleinste Signale wahrnehmen

Weitere Anwendungsmöglichkeiten:
Emotionale und Körper-Intelligenz bereichern

Dauer:
20 Minuten

Material:
Stühle

Beschreibung:

Für diese Übung benötigt Ihr Dreiergruppen, die sich mit ihren Stühlen in eine Reihe setzen. Ausgangssituation ist, daß alle drei Personen auf den Stühlen sitzen. Das Ziel des Spieles ist es, daß die Gruppe gemeinsam Bewegungen ausführt, ohne daß für die Zuschauer offensichtlich erkennbar ist, daß eine Person führt, die Bewegung vorgibt oder das Tempo bestimmt.

Die Vorgabe für den Bewegungsablauf ist einfach: Alle Gruppenmitglieder sollen gemeinsam zum Stehen kommen und sich anschließend vorbeugen. Danach wird der Oberkörper in die aufrechte Position gebracht und die Sitzposition wieder eingenommen.

Die Gruppenmitglieder achten dabei darauf, daß die Bewegung wie von einer Person durchgeführt wird. Während dieser Übung sollte nicht miteinander gesprochen werden und auch auf möglicherweise vereinbarte nonverbale Zeichen sollte verzichtet werden. Die Gruppe wiederholt den Bewegungsablauf zwei- bis dreimal, um sich danach über die gemachten Erfahrungen, wahrgenommenen Signale und das subjektiv empfundene Tempo der Durchführung auszutauschen.

Der blinde Erzähler

Übung ☐ Spiel ☒ Phantasiereise ☐

Ziel:
Kennenlernen, der Intuition vertrauen

Weitere Anwendungsmöglichkeiten:
Emotionaler Intelligenz vertrauen

Dauer:
25 Minuten

Material:
Musik: *Dan Gibson's Solitudes:* „Appalachian mountain suite"

Anmerkung:
Dieses Spiel eignet sich besonders gut in der Kennenlernphase von Gruppen und bei einer Gruppengröße ab 16 Personen.

Beschreibung:
Der Raum wird so eingerichtet, daß in der Mitte möglichst viel Platz ist und sich die Teilnehmer frei im Raum bewegen können. Jeder Teilnehmer bindet sich ein Tuch um, so daß er nichts mehr sehen kann (eventuell noch zusätzlich die Augen schließen). Anschließend bewegen sich alle zum Rhythmus der Musik im Raum. Wenn die Musik aufhört, findet jeder einen Gesprächspartner. Beide tauschen sich zwei Minuten über folgende Themen aus: Was mache ich besonders gerne? Was mache ich besonders gut, und was möchte ich in Zukunft gerne erreichen? Nach ca. zwei Minuten setzt die Musik wieder ein und die Gesprächspartner verabschieden sich voneinander. Die Gruppe „mischt" sich wieder.

Alle Teilnehmer werden gebeten innezuhalten, sich zweimal um ihre Achse zu drehen, um dann das Tuch abzunehmen und zu raten, zu welchem Gesprächspartner oder welcher Gesprächspartnerin sie während dieser Übung gesprochen haben.

Die 13 Karten

Übung ☒ **Spiel** ☐ **Phantasiereise** ☐

Ziel:
Spaß am Verhandeln, Konflikte lösen

Weitere Anwendungsmöglichkeiten:
Emotionale, Sprachliche, Kreative und Alltags-Intelligenz steigern

Dauer:
20 Minuten

Material:
1 abgebrochenen Bleistift, 1 Bleistiftanspitzer, 13 Metaplankarten

Anmerkung:
Eine Lösung dieser Übung könnte so aussehen, daß beide Gruppen die 13 Karten mit ihrem Namen beschriften, nachdem sie gemeinsam den Stift angespitzt haben oder sich einigen, die 13. Karte nicht zu beschriften, so daß beide Gruppen gleich viel Karten haben.

Beschreibung:
Die Gruppe wird in zwei Hälften geteilt. Jede Gruppe hat einen Augenblick Zeit, sich einen Gruppennamen zu geben und ihn den anderen mitzuteilen. Eine Gruppe erhält einen abgebrochenen Bleistift und die andere Gruppe einen Bleistiftanspitzer. In der Mitte liegen 13 Metaplankarten.

Aufgabe ist es nun, mit dem vorhandenen Material möglichst viele Karten mit dem eigenen Gruppennamen zu beschriften. Gewonnen hat die Gruppe, die nach zehn Minuten die meisten Karten mit ihrem Gruppennamen beschriftet hat.

Es ist natürlich untersagt, eigene Bleistifte, Kugelschreiber oder Anspitzer einzusetzen, sondern es wird eine Lösung verlangt, die im Austausch, in der Kommunikation und im Verhandeln mit der anderen Gruppe liegt.

Der Bildertanz

Übung ☐   Spiel ☒   Phantasiereise ☐

Ziel:
Austausch über Selbst- und Fremdbild

Weitere Anwendungsmöglichkeiten:
Kreative, Emotionale und Körper-Intelligenz steigern

Dauer:
1 Stunde

Material:
Papier und Buntstifte

Anmerkung:
„Was Paul über Paula sagt, sagt mehr über Paul, als über Paula."

Wie bei allen Rückmeldungen zur eigenen Person entscheidet jeder selbst, was er annehmen und für Veränderungen nutzen möchte. Manchmal sagt die Rückmeldung an die andere Person mehr über die eigene Person, Situation, Wahrnehmung und Lebenswelt aus.

Beschreibung:
1. Jeder Teilnehmer nimmt sich ein Blatt Papier und einige Buntstifte und sucht sich einen ruhigen Platz, wo er für die nächsten 15 Minuten in Ruhe für sich sein und seiner Kreativität freien Lauf lassen kann. Aufgabe ist es, ein intuitives Bild von sich zu malen. Jeder hat dabei die freie Wahl, was er von sich malt, welche Farben er bevorzugt und wie er sich am liebsten als ein Bild ausdrücken möchte. Es kann ein abstraktes Bild sein oder ein ganz gegenständliches.

2. Anschließend werden die Bilder mit dem Partner wortlos ausgetauscht. Jeder Teilnehmer nimmt das Bild des anderen schweigend an und sich einen Augenblick Zeit, um es zu betrachten und auf sich wirken zu lassen. Danach drückt jeder Teilnehmer das Bild des anderen tänzerisch aus, d.h. mit Bewegungen, die er oder sie in dem Bild des anderen entdeckt bzw. mit dem Bild des anderen

verbindet. Beide Partner einigen sich darauf, wer zuerst den Tanz darstellen und durchführen und wer zuschauen möchte, danach wird gewechselt.

3. Jeder Mitspieler tanzt dem Partner seine Interpretation des eigenen Bildes vor. Erst nachdem beide getanzt haben, können sie sich gemeinsam die Zeit nehmen, um sich auszutauschen, was sie in dem Bild gesehen, welche Bewegungen sie ausgeführt und gespürt haben und wie es war, das eigene Bild tänzerisch präsentiert zu bekommen und sein Bild zu tanzen.

Notizen:

Die Kopie

Übung ☒ **Spiel** ☐ **Phantasiereise** ☐

Ziel:
Wahrnehmung verfeinern, Informationsverluste deutlich machen

Weitere Anwendungsmöglichkeiten:
Kreative, Logische und Sprachliche Intelligenz erweitern

Dauer:
30 Minuten

Material:
Flip-Chart, Stifte

Anmerkung:
In der Kommunikation lassen wir der Verständlichkeit und Übersichtlichkeit willen Informationen weg, verallgemeinern, verändern oder verknüpfen sie. Dieser Prozeß der Tilgung, Generalisierung und Verzerrung beeinflußt jeden Kommunikationsfluß und wird in dieser Übung besonders deutlich.

Beschreibung:
Ausgangspunkt für diese Übung sind zwei Flip-Charts, die entweder in verschiedenen Ecken des Raumes oder – soweit vorhanden – in unterschiedlichen Räumen aufgestellt werden. Alle Teilnehmer bilden nun eine Kette von dem einen Flip-Chart zum anderen. Auf dem einen Flip-Chart wird eine Originalzeichnung angefertigt, auf dem anderen wird versucht, eine möglichst getreue Kopie herzustellen. Informationsträger sind die Teilnehmer, die in einer Art „Stillen Post" die Informationen weitergeben, die sie von ihrem Vordermann erhalten. So schaut sich nur der zweite Teilnehmer das Originalbild an und versucht, es möglichst umfassend und originalgetreu dem dritten Teilnehmer zu erzählen, der es wiederum dem vierten erzählt usw. Der Zeichner am zweiten Flip-Chart malt das Bild so, wie es ihm zugetragen wird.

Am Anfang ist es günstig, einfache geometrische Figuren wie Kreise, Dreiecke, Rechtecke usw. als Kombination im Original zu zeichnen, später sind komplexere Zeichnungen sicherlich eine gute Herausforderung.

Variation: Die Botschaft

Falls nur ein Flip-Chart zur Verfügung steht, können sieben Personen den Raum verlassen, während im Raum die Originalzeichnung angefertigt wird. Nun wird der erste Teilnehmer gebeten, in den Raum zu kommen, um sich die Zeichnung anzuschauen und sich möglichst viele Details zu merken, um sie dann dem zweiten Teilnehmer zu erzählen. Anschließend wird der dritte Teilnehmer hereingebeten und der zweite Teilnehmer erzählt ihm, wie das Originalbild aussieht. Der wiederum erzählt es dem nächsten hereinkommenden Teilnehmer usw. Der siebente Teilnehmer hört sich die Beschreibung an und fertigt anschließend eine Kopie der Zeichnung. Auch in dieser Übung wird deutlich, welche Informationen bei der Beschreibung von Ereignissen, Situationen oder Sachen getilgt, verzerrt oder generalisiert werden.

Notizen:

Das Rollenspiel

Übung ☐　　　Spiel ☒　　　Phantasiereise ☐

Ziel:
Position von anderen einnehmen können

Weitere Anwendungsmöglichkeiten:
Alltags-, Körper- und Kreative Intelligenz anregen

Dauer:
30 Minuten

Material:
–

Anmerkung:
Im Anschluß an diese Übung bietet sich eine Körper-Übung an, bei der die Rolle „abgeschüttelt" und das Spiel beendet wird. Ein gemeinsamer Tanz, wo die Arme in Richtung Boden geschüttelt werden, kann die Vorstellung vom Loslassen unterstützen. Anschließend kann man mit einer gegenseitigen Rückenmassage wieder bewußt in seinen Körper spüren und sich für den Wahrnehmungsfilter entscheiden, den man jetzt aufsetzen möchte.

Beschreibung:
Jeder Teilnehmer zieht aus einer vorbereiteten Lostrommel seine Rolle. Mögliche Rollen können sein: Politiker, Kleinkind, Auszubildender, eine alte Frau, Ärztin, ein Briefträger, ein prominenter Schlagersänger, eine Psychologiestudentin, ein Computerprogrammierer, ein Bettler, ein Künstler, ein Millionär, eine Apothekerin usw.

Jeder hat nun einen Augenblick Zeit, sich in die gezogene Rolle hineinzuversetzen und aus dieser Rolle heraus die Welt zu beobachten. Nun können alle zusammen sich entweder einen Film anschauen, ein Gedicht anhören, gemeinsam die Straße beobachten und wahrnehmen, was die Person in der Rolle wahrnehmen würde. Im Anschluß daran gibt jeder einen kurzen Bericht darüber, wie die Perspektive aus dieser Rolle war, wie die Welt aus den Augen dieser Rolle heraus aussieht und sich anfühlt.

Machtspiele

Übung ☐   Spiel ☒   Phantasiereise ☐

Ziel:
Macht und Ohnmacht in einer Beziehung spüren

Weitere Anwendungsmöglichkeiten:
Emotionale Intelligenz erweitern

Dauer:
10 Minuten

Material:
–

Anmerkung:
In diesem Rollenspiel verhalten sich die Beteiligten, als ob sie Vater, Mutter oder Kind seien. Um diese Besetzungen nur für die Zeit des Spieles zu erleben, ist es hilfreich, zum Abschluß einen Tanz durchzuführen und die gespielten Rollen wieder „abzuschütteln".

Beschreibung:
Such Dir einen Partner, eine Partnerin und klärt, wer Vater oder Mutter ist und wer das Kind spielt. Wählt eine Situation aus der Kindheit, einen Zahnarztbesuch, Friseurtermin oder etwas, was Du als Kind nicht gerne wolltest. Und das Kind bleibt bei Nein, es mag nicht, es haßt es, dahin zu gehen und wehrt sich. Vater oder Mutter versuchen, das Kind zur anderen Seite des Raumes zu bewegen, zu ziehen, zu überzeugen, zu schieben. Nimm wahr, wie es sich anfühlt, wenn Vater oder Mutter „gewinnen" oder wenn das Kind „gewinnt".

Wechsel der Rollen.

Dann Tanzen, um einen Separator zu haben. Nimm nach dem Tanz Dein Kraftzentrum wahr, Deinen Herzschlag, Deinen Rhythmus, nimm Dich wahr, wie Du Dich jetzt fühlst und zentriere Dich in Deiner Mitte. Geh mit Deinem Partner Rücken an Rücken und nimm die Beziehung, die Berührung, die Resonanz zwischen Euch wahr. Nimm wahr, wie Ihr Po an Po seid, wie Ihr Kopf an Kopf seid, wie Ihr Seite an Seite seid und verabschiede Dich dann von Deinem Partner. Finde ein Wort für Deinen Körperraum und für Dich in Beziehung.

Variation: Wünsche

Such Dir einen Mitspieler. Wer beginnt, hält dem Mitspieler eine Süßigkeit vor die Nase. Der andere muß nun versuchen, diese Süßigkeit zu bekommen – alle sozial akzeptablen Versuche sind erlaubt, außer einer direkten Frage oder Bitte. Der Partner gibt es Dir nicht. Mindestens fünf Minuten durchhalten.

Dann macht eine kleine Pause und beginnt von vorne. Diesmal sind direkte Fragen und Bitten in allen Tonvariationen erlaubt. Schöpfe Deine Modulationsvielfalt aus. Der Partner gibt es diesmal heraus, wenn Du die richtige Bitte im richtigen Ton vorbringst.

Nachdem beide dieses Spiel umgesetzt haben, wertet gemeinsam aus, was Ihr dabei erlebt habt und bedankt Euch beieinander, daß Ihr etwas so Privates miteinander austesten konntet.

Notizen:

Opfer, Retter, Täter

Übung ☐   Spiel ☒   Phantasiereise ☐

Ziel:
Eigene Lieblingsrollen entdecken, unterschiedliche Rollen testen

Weitere Anwendungsmöglichkeiten:
Emotionale Intelligenz erweitern

Dauer:
20 Minuten

Material:
Ein roter Schal

Beschreibung:

1. Fangen spielen. Wer das rote Tuch hat, ist der Teufel. Der versucht, das Tuch einem anderen überzuhängen. Rettung für in die Ecke getriebene Mitspieler ist möglich durch einen Schutzengel. Das bedeutet Körperkontakt mit dem Retter. So sind sie sicher, aber der Teufel kann dann zählen: „22, 23, 24" – dann müssen sich die beiden trennen.

2. Später kann man Regeln einführen, was die beiden tun müssen, damit sie gerettet sind.

3. Auswertung: Was hast Du erlebt bei diesem Spiel? Welche Rollen haben Dir gelegen? Was passiert, wenn Regeln da sind? Welche Rollen gibt es: Täter, Opfer, Retter; Beute, Jäger, Helfer? Welche Rolle hast Du am liebsten gespielt, welche sind die Grundrollen Deines Lebens, welche Rollen kannst Du noch entdecken, was ist neu oder was ist vertraut?

4. Entscheide Dich bewußt für eine Rolle und halte sie während einer gesamten Phase durch; spielt in mehreren Phasen.

Die Börse

Übung ☒   Spiel ☒   Phantasiereise ☐

Ziel:
Phantasievolle Kommunikation, sich schnell auf neue Gesprächspartner und Argumente einstellen

Weitere Anwendungsmöglichkeiten:
Sprachliche und Kreative Intelligenz üben

Dauer:
20 Minuten

Material:
Soviel 10 DM (bzw. Euro)-Scheine wie Teilnehmer

Anmerkung:
Dieses Spiel ermöglicht nicht nur Erfahrungen über kommunikative Fertigkeiten, sondern es macht auch die Werte des einzelnen deutlich, Glaubenssätze zum Thema Geld und mögliche Strategien auf dem Weg zum Reichtum.

Beschreibung:
Jeder Teilnehmer erhält einen Zehn-Mark-Schein. Mit diesem Geld kann er sich durch den Raum bewegen und andere Leute treffen. In diesem kurzen Treffen nennt jeder seine Gründe:

a) Warum man der anderen Person das Geld geben möchte, oder:

b) Warum man sich wünscht, daß der andere einem das Geld geben möge.

Jeder Teilnehmer handelt dann nach den besprochenen Gründen und Motiven und entscheidet sich, ob und wieviel er dem anderen Teilnehmer geben möchte, um sich dann einem neuen Gesprächspartner zuzuwenden. Nach 15 Minuten wird das Spiel unterbrochen und jeder Teilnehmer stellt kurz vor, wieviel Geld er am Ende dieses Spiels übrig oder erhalten hat und wie es ihm dabei ergangen ist.

Variation: Das großzügige Geschäft

Jeder Teilnehmer erhält ein Fünf-Mark-Stück (bzw. Euro) und wird angewiesen, im Hotel, im Park oder in einer Einkaufsstraße fremde Personen anzusprechen und dieses Fünf-Mark-Stück für vier DM (oder Euro) zu verkaufen. Während dieses besonderen Verkaufsgesprächs ist es allerdings nicht gestattet, darauf hinzuweisen, daß dies eine Übung aus einem Seminar ist oder ein Spiel für ein Kommunikationstraining. Jeder Teilnehmer muß sich eine eigene Geschichte und Ansprache ausdenken, um dem anderen ein Fünf-Mark-Stück für vier DM zu verkaufen. In der Auswertungsrunde stellt jeder Teilnehmer seine Erlebnisse und Erfahrungen vor. Oftmals müssen sich Teilnehmer etwas wirklich Gutes einfallen lassen, um dieses Geschäft erfolgreich abzuschließen. Manchmal ist es jedoch auch ganz leicht. In der Auswertungsrunde können Aspekte wie der eigene innere Zustand, „was braucht man, um auf andere Menschen zuzugehen", Verhaltensweisen während des Gesprächs, eigene Kommunikationsmuster, Schwierigkeiten und Aha-Erlebnisse auftauchen. Jedes Gespräch sollte ein Geschenk für den Gesprächspartner sein, den die Teilnehmer treffen.

Notizen:

Die fünf Stufen des Erkennens

Übung ☒ Spiel ☐ Phantasiereise ☐

Ziel:
Sympathie erkunden,
Beziehungen klären

Weitere Anwendungsmöglichkeiten:
Emotionale und Alltags-Intelligenz erweitern

Dauer:
20 Minuten

Material:
-

Anmerkung:

Dies sind die fünf Stufen des Erkennens eines anderen Menschen:

1. die Verpackung, die äußere Hülle;

2. die körperliche Verpackung, Muskeln und Form, die Silhouette;

3. die Talente und Fähigkeiten, die Qualitäten;

4. die Beziehung, das Sich-miteinander-fühlen und

5. das Eins-sein.

Das Ich des anderen ist nicht das, was ich sehe. Das Ich eines anderen Menschen kann ich nur über das, was ich im Zusammensein mit dem anderen fühle, kennenlernen. Es ist die Beziehung, die wir miteinander erleben können.

Anleitung:

1. Schau Dich hier im Raum um, wer da ist und achte darauf, was Dich besonders anspricht: die Farben, die Kleidung, die Aufmachung, die Verpackung jedes einzelnen, die Form, die Bewegung, die Silhouette, das körperliche Aussehen, und dann schau Dich um und laß mal Deine Phantasie spielen, was Du glaubst, was jeder hier im Raum besonders gut kann. Was ist es, was jeder einzelne hier

an Talenten, Qualitäten, Fähigkeiten hat – was kannst Du entdecken, was an Möglichkeiten hier in diesem Raum schlummert? Und nimm wahr, wer Dich besonders anzieht, was Dich besonders berührt und anspricht. Und dann wähle Dir einen Partner/eine Partnerin – entweder jemand, der Dir besonders gefällt – jemand, dessen Geschmack Du bewunderst oder dessen Aussehen – oder von dem Du meinst, etwas Neues lernen zu können – jemand, der Dir sofort sympathisch ist. Oder umgekehrt – wähle jemand, der ganz anders ist, dessen Geschmack Dir unvertraut ist, unbekannt, dessen Aussehen Dich auf den ersten Blick nicht anzieht oder wo Du normalerweise nicht hinschauen würdest – oder jemand, von dem Du denken würdest: „Nein, mit dem möchte ich eigentlich lieber eher keinen Kontakt."

2. Sucht Euch einen gemütlichen Platz und setzt Euch gegenüber, so daß Ihr gut Blickkontakt halten und Euch berühren könnt. Berührt Euch – entweder am Knie, mit einer Hand oder mit beiden Händen – und beginnt, Euch auszutauschen – jeder eine Minute.

- ➤ Sag dem anderen, was es ist, was Dir an ihm *äußerlich* an der Verpackung *gut gefallen* hat – die Kleidung – die Farben – die Art, sich zurecht zu machen – was ist es, was Du da ungewöhnlich, neu, anders oder ähnlich, schön, angenehm empfunden hast.
- ➤ Nach einer Minute wechselt und geht dann in die zweite Phase über. Nach der Verpackung folgt jetzt die Phase der Formen – sag dem anderen, was Dir an seinem *Körper*, an seinem körperlichen Ausdruck besonders *gut gefällt* – was ist es, was Du am anderen schätzt, schön findest – interessant – bemerkenswert – wieder eine Minute und dann wechselt.
- ➤ Und dann geht in die dritte Phase über. Sag dem anderen, was Du an ihm *bemerkenswert*, bewundernswert, *an Qualitäten*, an Fähigkeiten, an Ausdrucksformen, an Talenten *wahrnimmst* oder vermutest – was Du Dir vorstellen kannst, was der andere gut kann – eine Minute – und dann tauscht, um in die vierte Stufe zu gehen.
- ➤ Sag dem anderen, *wie Du Dich fühlst in seiner Gegenwart* – das ist die Stufe der Beziehung – wie fühlst Du Dich mit dem anderen – mit Deinem Partner/Deiner Partnerin. Sei dabei so ehrlich wie möglich, um ein Feedback zu geben und dem anderen darüber Mitteilung zu machen, wie es Dir geht mit ihm – wieder eine Minute – und dann wechselt und dann geht in die fünfte Stufe.
- ➤ Faßt Euch mit beiden Händen und schaut Euch nur in die Augen – zwei Minuten lang – und versuch *im anderen den Buddha*, die Schönheit, die

Großartigkeit zu *entdecken* und Euch beide als eine Einheit zu erleben. Gewährt Euch über die Augen gegenseitig Eintritt in Euer Leben, in Euer Empfinden, in Euer Selbst, in Euer Ganzsein, und verbindet Euch zu einem komplementären Ganzen.

Notizen:

Soziales Panomara

Übung ☒ **Spiel** ☐ **Phantasiereise** ☐

Ziel:
Beziehung über den inneren Bezug klären und verändern, Autorität, Sympathie und Antipathie bewußt machen

Weitere Anwendungsmöglichkeiten:
Emotionale und Alltags-Intelligenz erweitern

Dauer:
30 Minuten

Material:
–

Anmerkung:
Das soziale Panorama ist die innere Grundlage der Familienaufstellungen.

Dahinter steht der Gedanke, daß jede Beziehung durch die Position im inneren Panorama bestimmt ist. Jeder Mensch hat ein inneres Panorama und sieht sich selbst an einem ganz eigenen Platz. Dieses Positionieren geschieht in der Kindheit, und niemand lehrt es uns. Diese Untereigenschaft ist ganz entscheidend für unsere Beziehungen und wird intuitiv durch unsere eigenen Erfahrungen in unserer Biographie erlernt. Für unterschiedliche Menschen und Beziehungsqualitäten stehen unterschiedliche Positionen.

Damit lassen sich Beziehungsprobleme verändern, lösen, Einstellungen zu Partnern lockern, möglicherweise Autoritätsprobleme lösen, indem man wahrnimmmt, in welche Position man den anderen innerlich gesetzt hat, und manchmal ist es nur notwendig, diese Position ein klein wenig zu verändern, nach unten, nach oben oder zur anderen Seite, und die innere Beziehung ändert sich und damit auch die Reaktion auf die reale Person. Dieses soziale innere Panorama hat eine wesentliche Auswirkung auf unser Verhalten und unsere Kommunikation.

Anleitung:

Übung I:

1. Schließe die Augen und denke an alle Menschen der Welt. Überprüfe, wo Du in bezug zu diesen Menschen stehst.

2. Denke an Deinen Partner und stelle fest, wo in Bezug auf Dich Dein Partner positioniert ist. Vor, hinter, neben Dir; oben, unten, nah, fern etc.

3. Zeig mir hier im Raum die Richtung, wo Deine geliebte Person ist.

4. Nutze einmal die Position eines anderen, um Deinen Partner in einer solchen Relation zu Dir zu sehen. Nimm wahr, wie sich Eure Beziehung verändert, wenn die Position sich ändert, und bring Deinen Partner dann wieder in diese Position zurück, die für Dich stimmt.

Übung II:

1. Kennst Du eine Gruppe oder Menschen, die Dir Angst machen?

2. Schließ die Augen – wo würdest Du diese Personen innerlich positionieren? Zeig mir, wo die Personen zu positionieren sind, in welche Richtung – Höhe, Weite, etc.

3. Kennst Du Gruppen oder Menschen, mit denen Du eine angenehme Beziehung hast? Wie ist deren Position?

4. Verschiebe die problematische Gruppe, die problematischen Menschen in die Position der angenehmen Gruppe – *fünfmal* – dazwischen jeweils eine Unterbrechung machen und an etwas anderes denken.

5. Nutze Deine Phantasie, daß die Personen in der neuen Position ihren Platz finden und dort innerlich bleiben.

Notizen:

Liebesstrategie

Übung ☒ **Spiel** ☐ **Phantasiereise** ☐

Ziel:
Liebe erleben und täglich neu erschaffen, Selbstliebe entdecken

Weitere Anwendungsmöglichkeiten:
Emotionale und Alltags-Intelligenz erhöhen

Dauer:
10 Minuten

Material:
Evtl. Schreibzeug

Anmerkung:
Manche Menschen meinen, Liebe sei ein Gefühl, das man hat oder nicht. Sie wissen nicht mehr, daß Liebe ein aktiver Prozeß ist, den es lohnt, jeden Tag neu zu initiieren. Die Regeln, die wir aufgestellt haben, um uns geliebt zu fühlen und zu lieben, sind in unserem Leben erlernt worden und wenn sie nicht hilfreich sind, können wir sie wieder verlernen und neue entwerfen, die es uns ermöglichen, uns gut und liebenswert zu erleben.

Beschreibung:
1. Versetze Dich in den richtigen Zustand:
   Kannst Du Dich an eine Zeit erinnern, in der Du Dich total geliebt gefühlt hast, vollständig, innig geliebt? Erinnere Dich an diesen Zeitpunkt und alles, was für Dich wichtig war.

2. Wenn Du an diese Zeit zurückdenkst und sie jetzt erfährst, mit all dem, was für Dich dazugehört, nimm wahr, was dazu führt, daß Du Dich geliebt fühlst. Was ist es, was diese Gefühle der innigen Liebe auslöst? Was muß Dein Partner tun, damit Du das erfährst? Muß er Dich ausführen, Dir Sachen kaufen, Dich auf

eine ganz spezielle Weise anblicken, Dich auf eine ganz bestimmte Art berühren? Ist es die Stimme? Was ist es, was passieren muß, damit Du Dich auf diese Art geliebt fühlst?

3. Finde all die Untereigenschaften heraus, die dazugehören. Wie genau muß er Dich anschauen, wie genau muß sich die Stimme anhören? Wie genau ist dieser Blick oder diese Berührung? Zeig es mir, mach es mir vor oder beschreibe es mir.

4. Strategie anwenden auf den aktuellen Lebenspartner.
Zustand halten und an Deinen aktuellen Lebenspartner denken. Stell Dir vor, daß Dein Partner alles genauso macht, wie Du es magst.

5. Erinnere Dich an eine Zeit, in der Du vollständig und glücklich geliebt hast und an alles, was damals für Dich wichtig war.

6. Finde die wichtigen Untereigenschaften dieses Zustandes heraus.

7. Halte diesen Zustand, erlebe diese Liebe jetzt hier mit Dir und denke an Deinen aktuellen Lebenspartner.

8. Spür die Liebe in Dir und das Wissen, daß Du geliebt wirst und liebst und nimm wahr, daß Du dies in Dir herstellen, verstärken und erleben kannst. Genieße diese Macht der Liebe in dem Wissen, daß Du der Schöpfer, die Schöpferin bist.

Notizen:

Die Kommunikationsweste

Übung ☐   Spiel ☒   Phantasiereise ☐

Ziel:
Austausch über wichtige Persönlichkeitsbereiche, sich transparent machen

Weitere Anwendungsmöglichkeiten:
Kreative Intelligenz fördern, Emotionale Intelligenz erweitern

Dauer:
30 Minuten

Material:
Flip-Chart-Bogen, Stifte, Kleber, Bastelzeug

Beschreibung:
Jeder Teilnehmer bekommt einen Flip-Chart-Bogen, Schere, Wachsmalstifte und kann sich daraus seine individuelle Kommunikationsweste basteln. Die Weste ist einmalig und paßgenau zugeschnitten auf den jeweiligen Träger oder die Trägerin. Die Kommunikationsweste zeigt unseren Gesprächspartnern deutlich, was wir an Fertigkeiten, Fähigkeiten und Verhaltensweisen erleben oder uns mehr wünschen. Jeder Teilnehmer kann seiner Phantasie Flügel wachsen lassen und seine Weste nach seinem persönlichen Geschmack herstellen. Beim Basteln kann jeder auf folgende Dinge achten:

1. Form: Mit der Form Deiner Weste kannst Du die Form Deiner Kommunikation deutlich machen. Je nachdem, ob Du einen offenen, einen geschlossenen, einen energievollen, einen kurzen oder ausführlichen Kommunikationsstil darstellen möchtest.

2. Muster: Mit den Mustern kannst Du die Muster Deiner Kommunikation hervorheben. Je nachdem, was Dir wichtig ist, worauf Du Wert legst und welche Abläufe der Kommunikation Du besonders magst.

3. Verzierungen: Was sind die Besonderheiten Deiner Kommunikation? Ist Deine Kommunikation mit viel Lächeln und Humor oder mit Provokation verbunden?

4. Die Taschen: Mit ihnen kannst Du beschreiben, womit Du Deine Taschen gefüllt haben möchtest – wovon Du mehr in Deiner Kommunikation erleben möchtest.

5. Die Knöpfe und Reißverschlüsse: Sie symbolisieren die Verbindung zum anderen. Sie halten alles zusammen. Die Knöpfe und Reißverschlüsse stehen symbolisch für Deine Lieblings-Kommunikationspartner: Partner, Freunde oder Kollegen.

6. Die Nähte sind Deine Grundsätze und Überzeugungen, die alles zusammenhalten. Welche Werte Dir wichtig sind und wofür Du Dich einsetzt, kannst Du hiermit ausdrücken.

➤ Die Weste füttern: Die Weste wird mit dem kostbarsten Material gefüttert, das es gibt.
  Feedback: Tragt die Weste nach innen gekehrt und schreibt Euch gegenseitig Rückmeldungen auf die Innenseite: Was ich an Dir besonders mag ...; Was ich an Dir schätze ...; Du bist ...; Du kannst besonders toll ...
➤ Nachdem jeder seine Weste fertiggestellt hat, könnt Ihr eine kleine Modenschau veranstalten, in der jeder sein Modell mit seinen Besonderheiten vorstellt.

Notizen:

Chronos: der Körper

Übung ☒   **Spiel** ☒   **Phantasiereise** ☐

Ziel:
Gruppenbeziehungen klären, eigene Position und Rolle im Team entdecken und entschlüsseln

Weitere Anwendungsmöglichkeiten:
Emotionale, Kreative und Alltags-Intelligenz erhöhen

Dauer:
1 Stunde

Material:
Große Bögen Packpapier, Klebeband, dicke, bunte Filzstifte und dicke schwarze Filzer

Anmerkung:
Diese Übung ist ähnlich wie „Skulpturen stellen", eröffnet jedoch leichter Zugang zum Unbewußten durch die Metapher des Körpers und der Organe. Wenn alle spontan reagieren und ohne Zensur arbeiten, ist es möglich, verdeckte Funktionen zu erfassen.

Beschreibung:
Wir legen auf dem Boden Papier aus und wählen, in welche Richtung der Körper zeigt, wo oben und unten ist. Jeder in der Gruppe überlegt sich, welches Organ, welches Körperteil er/sie darstellen möchte oder ist, und zeichnet dann mit einem schwarzen Stift ein Porträt seines Organs oder Körperteils auf die Position am Boden. Er schreibt dazu, welches Körperteil dies ist und was die Aufgabe ist. Danach sammeln und vorstellen, was die wichtigsten Funktionen sind, wofür Dein Organ steht und was die Leidenschaft dieses Organs ist, was das Wichtigste ist. Einen Ton finden, der zu diesem Organ, zu dieser Aufgabe, zu dieser Funktion paßt und einen Sound-Check für den gesamten Organismus durchführen, um herauszufinden, welche Schwingung er hat.

Auswertung: Ist der Organismus lebensfähig mit dem, was er hat? Oder was bedeutet es, wenn bestimmte Organe mehrfach und andere überhaupt nicht vorhanden sind? Wie kann man den Organismus lebensfähig machen und in Balance bringen?

Welche Positionen sind noch frei? Welche würdest Du gerne übernehmen?

Wenn Du eine Bewegung machen könntest, in welche Richtung möchtest Du Dich dann bewegen?

Einen Schritt in Deine Bewegungsrichtung machen und wahrnehmen, in welchem Organ Du dann landest, was Du wirst, was dann Deine Bestimmung ist, Deine Funktion, Deine Aufgabe, Deine Leidenschaft. Mit bunten Stiften einzeichnen, welches Organ Du dann bist, einen Ton finden, einen Sound-Check machen.

Auswertung: Ist der Organismus lebensfähig mit dem, was er jetzt hat?

Was könnt Ihr gemeinsam tun, um den Gruppenkörper zu pflegen, zu versorgen und ihn in einen Zustand zu bringen, in dem er sich in Balance befindet und sich wohl fühlt?

Notizen:

3. Körper-Intelligenz

Wegweiser

Lebenslinien	114
Bewegungsvielfalt	115
Die Choreographie des Erfolgs	117
Jonglieren mit drei Bällen	120
Rhythmus des Universums	125
Tanz der Elemente	128
Rondo-Performance	131
Fische im Wasser	132
Schwert des Samurai	134
Flugformation	135
Kontakt-Improvisation	137
Surfen	137

Einstimmung – Körper-Intelligenz

„Mein Lebensgefühl resultiert aus meinem Körper und nicht aus meinem Geist."
(Alexander Lowen auf dem Kongreß »Visionen« 1997)

Durch den Körper sind wir mit der Welt verbunden. Er ist unsere Chance, uns zu spüren, uns auszudrücken und lebendig zu fühlen. Unser Ziel ist es, mit dem Körper zusammenzuarbeiten, ihn wahrzunehmen, wieder zu spüren und seine Lebendigkeit zu genießen.

Bewegungs-Intelligenz oder Körper-Intelligenz ist die Fähigkeit, sich mit seinem Körper auszudrücken und mit seinem Körper auf die Umwelt Einfluß zu nehmen. Als Beispiel für Körper-Intelligenz dienen der Schauspieler, der Pantomime, aber auch der Ingenieur, Erfinder, Techniker und der Tänzer.

Körper-Intelligenz oder Körperweisheit bezeichnet die Fähigkeit, sich geschickt, expressiv für zielgerichtete Zwecke einzusetzen. Sie bezeichnet aber auch die geschickte Feinmotorik und Grobmotorik des Körpers und die geschickte Handhabung von Dingen.

Im Alltag hat Körper-Intelligenz Ihren Wert im Zusammenspiel und der eleganten Abstimmung von Bewegungsabläufen. Dies kann sich in einer lustvollen Freizeitgestaltung zeigen oder in einer gut koordinierten Zusammenarbeit in einem Team. Überall, wo Koordination und praktische Kooperation gefragt sind, kann Körper-Intelligenz das Leben vereinfachen.

Innere Befindlichkeit, Selbstbewußtsein, Stolz, Zuversicht etc. drücken sich durch den Körper aus. Jeder von uns kennt ausdrucksstarke Menschen, die mit kraftvollen Gesten eindeutige Zeichen geben, was sie wollen und was sie meinen. Dieses Talent können wir bewundern oder beneiden, wir können uns aber auch entschließen, unsere Fähigkeiten zu erweitern und selbst ausdrucksstark und authentisch zu sein.

In der Kindheit haben wir Bewegungsabläufe gelernt, indem wir sie immer und immer wiederholt haben. Wenn ein Kind etwas Neues gelernt hat, dann freut es sich, es bewegt sich und ist bewegt. Die meisten Kinder sind noch zu Hause in Ihrem Körper, sie sind ungekünstelt präsent und geben sich dem Leben hin. Sie wissen, daß freie fließende Bewegungen zu Ekstase führen, zu einem prickelnden Lebendigsein, zu einem wunderbaren Gefühl des Gewahrseins seiner selbst.

Kannst Du Dich an die Zeit erinnern, als Deine Bewegungen sich noch ganz ungehemmt und unzensiert entfalten durften? Was war Dein Lieblingsspiel, das

Du lustvoll wieder und wieder gespielt hast? Welche Bewegungen und Berührungen haben Dir am meisten Spaß gemacht? Vielleicht wußtest Du damals noch, daß etwas nur dann wirklich gut ist, wenn es sich gut anfühlt in Deinem Körper. Das Erwecken der Körper-Intelligenz bedeutet, diese unbändige Lebenslust wiederzuentdecken.

Was ist das wichtigste in Deinem Leben? Was es auch ist, nimm wahr, wie es sich *anfühlt* daran zu denken; ohne Deinen Körper, der Dein Leben fühlen kann, wären es nur Worte.

Alle heilenden Reisen beginnen und enden mit dem Körper.

Älteste Hinweise auf Körper-Intelligenz und den Körpereinsatz gibt es in den Höhlenmalereien, und es gibt Zeichen, daß Tanz in allen Kulturen entwickelt worden ist. Es scheint sich hier um eine wichtige, menschliche Fähigkeit zu handeln, denn Tanz und Jagd wurden zum Teil aufeinander bezogen dargestellt und auch in den allerfrühesten Zeichnungen von Menschen gefunden.

Tanz kann ganz unterschiedliche Funktionen haben. Tanz ist Körperausdruck, ist Bewegung, ist Kommunikation mit der Welt. Seit Anbeginn der Menschheit gibt es Tänze für jede Gelegenheit, Rituale und Tanzdramen für die Fruchtbarkeit, die Geburt, die Übergänge der einzelnen Lebensphasen, für den Alltag, den Regen, die Nahrungsbeschaffung, die Jahreszeiten, die Jagd, die Liebe, die Heilung, die Toten, die Verbindung mit dem Universum, den Kontakt mit den Göttern, die Versöhnung, den Krieg und den Frieden.

Tanz ist ein Urereignis, das das Leben ausdrückt. Die Teilnahme an Tänzen schenkte den Menschen, den Tanzenden und den Zeugen Verschmelzung mit Ihrer sozialen Gruppe. Ihre lebendige Verwurzelung in Ihrer eigenen Identität stärkte den Gemeinschaftssinn, gab ihnen eine tiefes Gefühl für Dazugehören und Wertvollsein in Ihrer Gruppe. Das gemeinsame Erlebnis stärkte Ihr Selbstvertrauen, auch große Lebenskrisen zu meistern und zu überwinden und erfolgreich mit einem Quantensprung in eine andere Ebene zu gelangen. Tanzen fördert die Harmonie, die Resonanz in einer Gruppe. Das gemeinsame Bewegen schafft die Ausrichtung, die Kohärenz, die notwendig ist, um ein gemeinsames Feld zu erschaffen, das Zugang zu neuen Lösungen und anderen neuen Wegen erschafft. Wenn wir an Shivas Tanz denken, so tanzt das Leben selbst.

Indem ein Mensch sich ausdrückt, sich selbst tanzt, die Choreographie seiner Lebensgeschichte deutlich macht und sie der Umwelt zeigt und mit seinem Körper lebt, macht er eine Mitteilung über seine Landkarte der Welt. Jenseits aller Sprachen ist uns die Sprache des Körpers existentiell gemeinsam und innerhalb eines Kulturkreises verständlich.

„Alles Leben ist elementarer Ausdruck von Lebensenergie." – Anna Halprin

Wir drücken uns immer überall aus. Wir können nicht nicht kommunizieren, wir können uns nicht nicht ausdrücken. Ausdruck ist Auskunft über mich und was mir wichtig ist. Tanz ist mehr als nur Tanz.

Der Einsatz von Tanz und die Entwicklung von Körper-Intelligenz schaffen Raum für kreative, konstruktive, heilsame Erlebnisse und für neue Bewußtseinsebenen, die dann im Alltag genutzt werden können.

„Manche sagen, daß die Seele den Körper mit Informationen versorgt. Aber wie wäre es, wenn wir uns jetzt einen Moment lang vorstellen, daß der Körper die Seele informiert und ihr bei der Bewältigung des irdischen Daseins behilflich ist? Ist es nicht ebenso einleuchtend, daß der Körper sinnliche Informationen für die Seele sammelt und ihr dann den Federhalter reicht, damit sie unseren Lebensweg unter Berücksichtigung dieser Informationen vorzeichnen kann? Wie wenn man den Körper als ein Gottwesen begreift, als einen Lehrer, Mentor, einen Seelenführer? Ist es dann noch ratsam, diesen Lehrer, der uns so viel geben und mitteilen kann, ein Leben lang zu züchtigen? Können wir dann noch zulassen, daß andere unseren Körper verdammen, verhöhnen und seine vermeintlichen Mängel verkünden? Sind wir stark genug, um der gesamten tendenziösen Meinungsmache zu widerstehen und statt dessen auf den Körper zu hören? Die Vorstellung vom Körper als reine Skulptur ist falsch und ignorant, auch wenn sie im Abendland weithin verbreitet ist. Der Körper ist keine Masse, die zurechtgeschnitzt, behämmert und bearbeitet werden muß, damit tun wir ihm Unrecht. Er ist nur dazu da, uns zu schützen, uns zu unterstützen, dem Geist und der Seele eine irdische Form zu verleihen und uns mit Gefühlen zu erfüllen - der Nahrung jeder Psyche. Er ist dazu da, uns zu bewegen und Substanz und Gewicht zu verleihen. Er ist kein Fleischklumpen, den wir hinter uns lassen müssen, um uns auf geistige Höhenflüge begeben zu können. Im Gegenteil. Der Körper ist der fliegende Teppich, der uns solche Erfahrungen der Grenzüberschreitung überhaupt erst möglich macht. Er ist die Abschußrampe und die Rakete zugleich, durch deren Sichtfenster die Seele in Welträume blickt und ihre Schönheit und Größe bestaunt." – Clarissa Pincola Estes „Die Wolfsfrau".

Auf dem Kongreß „Visionen" 1997 war zu sehen, daß die Menschen, die sich mit Atmung, Bewegung, Tanzen und Lebenslust beschäftigt haben, Ihr Leben lang, auch im Alter, vital und schön sind. Ilse Middendorf ist um die 90 Jahre alt, und mit ihr im Fahrstuhl gemeinsam zu atmen, war ein Hochgenuß. Sie ist ein Vorbild, das Lust macht, alt zu werden. Alexander Lowen, wenn man ihm in seine blitzenden, blauen, strahlenden Augen schaut und sieht, wie dieser Mann sich mit 87 Jahren bewegt, dann lohnt es sich, Bioenergetik kennenzulernen. Chuan Al Luang, der Tai-Chi-Meister, ist ein Fest fürs Auge und vor allen Dingen ein Erlebnis für den Körper – ein Genuß war es, Tai-Chi mit ihm gemeinsam zu machen. Diese Menschen „verkörpern" ihr Lebenswerk, und es erfüllte uns mit Freude, ihre gelebte Kongruenz zu sehen und zu spüren.

Bewegungs-Intelligenz verhilft uns täglich dazu, den Geist der Bewegung einzufangen.

In der Tanztherapie gibt es die wichtigen Kombinationen der Eigenschaften: *Geschwindigkeit, Richtung, Distanz, Intensität, räumliche Beziehung* und *Kraft*, die jeweils variiert werden können und ein Tanzvokabular ergeben, das auch zu graphischen Darstellungen herangezogen werden kann. Die Vielfalt der Bewegungen und die unendliche Kombinierbarkeit ermöglichen uns allen, unsere ganz persönliche Einzigartigkeit zu entfalten. So wie jeder Mensch seinen eigenen Fingerabdruck hat, so hat jeder Mensch auch seinen ganz persönlichen Gang und seine eigene Bewegungschoreographie.

„Tanz, das sind immer wieder neue Sprachen, die die Flexibilität und die Palette der Ausdrucksmöglichkeiten vergrößern. Der Tänzer braucht davon soviel wie möglich, ebenso wie der Sprachen Lernende. Es ist nie genug." – Michael Baryschnikow

Die leichteste Art zu lernen besteht in der Imitation, im Nachahmen, im Spiegeln, im Modellieren bereits vorhandener Fähigkeiten und Talente.

Diese Fähigkeit gibt uns die Chance, sehr komplexe Handlungssequenzen leicht und spielerisch zu erlernen. Der Körper merkt sich das Gelernte auf seine Weise und behält diese Gabe ein Leben lang.

Wer einmal Walzer tanzen lernt, kann ein Leben lang tanzen.

Notizen:

Körper-Intelligenz

Lebenslinien

Übung ☒   Spiel ☐   Phantasiereise ☐

Ziel:
Bewegte Bestandsaufnahme, Gespür für die eigenen Lebensphasen und Rhythmen entwickeln

Weitere Anwendungsmöglichkeiten:
Emotionale Intelligenz sensibilisieren

Dauer:
30 Minuten

Material:
Musik: *Burundi*
bunte Klebestreifen

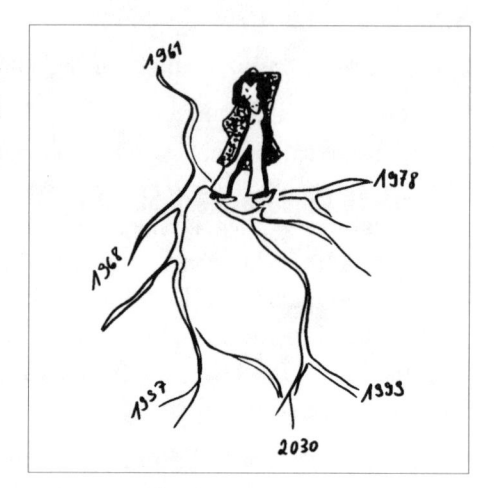

Anleitung:

1. Markiert Eure Lebenslinien auf dem Boden mit bunten Klebestreifen. Wie könnte Deine Lebenslinie hier im Raum verlaufen?

2. Schau, welche Lebenslinien sich kreuzen, wo Deine Linie beginnt und wo sie endet.

3. Tanze Deine Biographie, Deinen eigenen Mythos entlang Deiner Lebenslinie bis zur Gegenwart. Schau nach vorn in Deine Zukunft und bringe sie in Bewegung und verleihe all dem Ausdruck, was Du noch erleben möchtest. Laß alle wichtigen Werte und Qualitäten dort mit hineinfließen.

4. Finde einen Partner, eine Partnerin und tauscht Euch über Eure Erlebnisse aus.

Notizen:

Bewegungsvielfalt

Übung ☒ **Spiel** ☒ **Phantasiereise** ☐

Ziel:
Bewegungsqualitäten entfalten, Spectrum erweitern, neue Impulse erhalten und integrieren

Weitere Anwendungsmöglichkeiten:
Emotionale und kreative Intelligenz erhöhen

Dauer:
1 Stunde

Material:
Musik: *Maire Brennan:* „Inspiration"

Anmerkung:
Eine Idee aus der klassischen Tanztherapie.

Anleitung:
1. Tanze und finde eine stimmige Bewegung. Wiederhole sie, bis Du das Gefühl hast, dies ist die Bewegung, die jetzt in diesem Moment paßt, die kraftvoll und authentisch ist. Laß Bilder und Filme, Farben dazukommen, die Dir einfallen – die zu dieser Bewegung gehören – laß Sätze entstehen und das Gefühl, in der Welt zu sein. Nimm wahr, was dazugehört – an Worten – Werten – und was es ist, was diese Bewegung als „in der Welt Sein" ausdrückt. Nimm Dir dann ein Blatt und schreibe Deinen Satz, Dein Wort auf.

2. Du kannst nun nacheinander die grundlegenden Bewegungsimpulse testen – Peitschen – Tupfen – Gleiten – Schieben – Stoßen – Ziehen – Wringen.

3. Finde eine Gegenbewegung, die Deiner ersten Bewegung entgegengesetzt ist, eine Bewegung, die Du normalerweise seltener machst. Die jetzt eine ganz andere Qualität darstellt als die vorherige, eine gegensätzliche Qualität. Wiederhole die Bewegung, bis sie stimmig ist. Verstärke sie mehr und mehr – wiederhole – und

laß dazu Bilder kommen – Farben – Elemente – Symbole – die dazugehören, Sätze – Worte – und das dazugehörige Gefühl, in der Welt zu sein – diese bestimmte Art, in der Welt zu sein – und schreibe diesen Satz wieder auf – das Wort – oder das, was Du gefunden hast.

4. Tanze nun Deine Integration der beiden Qualitäten: Verbinde diese beiden gefundenen Bewegungen – indem Du die ganze Bandbreite tanzen kannst – im Ausprobieren, wie diese zwei Bewegungen ineinander fließen – sich ergänzen können oder zu einem Ganzen werden. Und laß hierzu wieder Bilder kommen – Farben – Symbole. Nimm wahr, welche Sätze – welche Worte – welche Werte dazugehören und welches „in der Welt Sein" – welches Gefühl dazu paßt – welches Lebensgefühl diese Integration dieser beiden gegensätzlichen Bewegungen in Dir bewirkt. Schreib die neue Qualität für Dich auf.

5. Mache einen Future-pace, indem Du Dich auf den Boden legst, und tanze noch einmal zu der gleichen Musik – innerlich – Deinen Tanz – die eine Bewegung – und die andere Bewegung – und die Integration, das Zusammenfinden der beiden – mit all den Bildern – Farben – Tönen – Sätzen – Worten – mit diesem Gefühl – mit diesen Ressourcen – mit diesen Qualitäten – mit dem, was es für Dich heißt, so in der Welt zu sein.
Finde bereits jetzt Wege, wo und wie Du diese Ressourcen im Alltag einsetzen kannst. Laß all diese Qualitäten, die Du jetzt entdeckt hast, Ihren Platz in Deinem Alltag finden, indem Du Erinnerungen, Ideen entwickelst, wo Du sie im Alltag gebrauchen kannst.

6. Such Dir einen Partner, tausch Dich darüber aus und entwickle Fragen und Ideen, wie Du das in Deinen Alltag integrieren kannst.

Notizen:

Die Choreographie des Erfolges

Übung ☒   Spiel ☐   Phantasiereise ☐

Ziel:
Integration von erfolgversprechenden Bewegungsabläufen, Ausrichtung und Balance von Erfolg auf allen Persönlichkeitsebenen

Weitere Anwendungsmöglichkeiten:
Emotionale und Alltags-Intelligenz erhöhen

Dauer:
45 Minuten

Material:
Bodenanker (farbige Metaplankarten)

Anmerkung:
Mit dieser Übung kannst Du Deinen persönlichen Tanz für Erfolg entwerfen. In den Kampfsportarten gibt es bestimmte Choreographien, die als Kata ausgeführt werden und als Rituale große Energien enthalten und freisetzen.

Klärt vorher ab – vielleicht durch die Übung „Wort-Pyramide" –, was persönlicher Erfolg, persönliche Bestleistung für Euch bedeuten.

Anleitung:
1. Such Dir einen Partner/eine Partnerin und wählt Euch einen Platz, auf dem Ihr die Spirale mit Bodenankern auslegen könnt – die Spirale nach den Ebenen von Dilts: Umwelt, Verhalten, Fähigkeiten, Überzeugungen, Werte, Identität, Quelle, Sinn.

2. Führe dann von der Umweltebene ausgehend Deinen Partner durch alle Ebenen mit den Fragen: Woran in Deiner **Umwelt** kannst Du erkennen, daß Du Deine persönliche Bestleistung, Deinen persönlichen Erfolg lebst – wo bist Du – mit wem bist Du und wann wird das stattfinden? Finde dazu eine passende Bewegung, die diesen Zustand des In-der-Welt-seins ausdrückt – und gehe dann auf die Ebene von **Verhalten** mit der Frage: Wie verhältst Du Dich, wenn Du Deine

persönliche Bestleistung, Deinen persönlichen Erfolg, Dein persönliches Du-sein lebst? Finde auch hier wieder eine Bewegung, die genau dieses Verhalten, diesen Zustand für Dich ausdrückt, und geh dann auf die Ebene von Fähigkeiten mit der Frage: Welche Fähigkeiten lebst Du, drückst Du aus – welche Fähigkeiten sind dann automatisch da, wenn Du Deine persönliche Bestleistung, Deinen persönlichen Erfolg lebst – welche Fähigkeiten unterstützen genau dieses Leben des Du-seins oder des Erfolgreich-seins? Finde hier eine Bewegung, die zu diesem Zustand paßt, die zu diesen Fähigkeiten paßt, die diese Fähigkeiten darstellt und ausdrückt – und gehe dann weiter zu **Überzeugungen, Glauben, Werten** mit der Frage: Welche Überzeugungen gehören zu Deiner persönlichen Bestleistung, die das unterstützen – welche Vorstellungen von der Welt, von den Menschen sind automatisch mitbeteiligt an Deinem persönlichen Erfolg. Finde eine Bewegung, die diese Überzeugung darstellt oder dieser Überzeugung Leben verleiht und gehe weiter zur Ebene der **Identität** mit der Frage: Was glaubst Du über Dich, wenn Du Deinen persönlichen Erfolg lebst – was gehört dazu – was für ein Selbstwertgefühl – was für ein Selbstbild – welche Vorstellung von Dir stützt genau dieses So-in-der-Welt-sein, dieses Du-sein – und welche Bewegung gehört dazu, die das vollständig ausdrückt? Von hier aus geh dann auf die Ebene **Sinn, Quelle** mit der Frage: Welcher Sinn oder übergeordnete Gedanke oder welche Verbindung mit einem übergeordneten Prinzip oder dem Universum, der Quelle, unterstützt Dein persönliches Erfolgreich-in-der-Welt-sein, Erfolg-reich-Du-sein, Deine persönliche Bestleistung? – Und welche Bewegung gehört hierzu, die diese Verbindung, dieses Eingebundensein, dieses Teil-eines-größe-ren-Ganzen-sein darstellt, ausdrückt, sichtbar macht – und mit dieser Bewegung und diesem Gefühl geh den Weg durch Deine Spirale mit Deiner persönlichen Choreographie des Erfolges – mit diesem Gefühl – mit dieser Bewegung auf die Ebene der Identität und nimm die Bewegung der Identitätsebene auf – mit all dem, was dazugehört, wenn Du Dich und Deinen Erfolg lebst – um dann weiterzugehen auf die Ebene des Glaubens, der Werte, des Erfolges – um wahrzunehmen, wie diese dazugehörige Bewegung Deine Choreographie des Erfolges erweitert, komplexer macht und wie Du sie mitnehmen kannst auf die Ebene von Fähigkeiten – und auch hier die gefundene Bewegung mit einfließen lassen kannst – in Deinen ganz persönlichen Tanz des Erfolges – um diese Bewegung mitzunehmen auf die Ebene von Verhalten und die gefundene Bewegung der Ebene Verhalten miteinzuweben in Deine Choreographie, in Deinen Erfolg, in Deinen Tanz – den Du mitnehmen kannst auf die Ebene von Umwelt – hierher ins Jetzt – in den Kontext, in dem Du Deinen Erfolg leben willst, leben wirst und Deinen ganz persönlichen Tanz, Deine ganz persönliche

Choreographie des Erfolges ausdrücken und zeigen kannst. Schließ das ab mit einem Blick in die Zukunft – mit einer Idee – mit einer Brücke in die Zukunft, wohin Du diese Choreographie mitnehmen kannst und wie Dein Körper sich erinnern kann an die Bewegung Deines persönlichen Erfolges.

Notizen:

Jonglieren mit drei Bällen

Übung ☒   Spiel ☒   Phantasiereise ☐

Ziel:
Den Körper ein Muster lernen lassen, neue Bahnen im Gehirn

Weitere Anwendungsmöglichkeiten:
Emotionale und Spirituelle Intelligenz sensibilisieren

Dauer:
Jeden Tag 10-15 Minuten

Material:
3 Jonglierbälle

Anmerkung:

„Jonglieren ist weit mehr als das Hochwerfen von Bällen. ... Es ist die Bewegung von Gegenständen, menschlichen Körpern, ja selbst Worten, Ideen, Träumen und Emotionen durch Raum und Zeit unter Einsatz menschlicher Kraft." – Dave Finnigan: Zen in der Kunst des Jonglierens

Das Jonglieren bietet auch eine Anregung für die eigenen Lernprozesse, das eigene Leben. Jonglieren ist eine wunderschöne Metapher für Lern- und Lebensprinzipien. So lehrt uns das Jonglieren, daß es auf die Haltung ankommt, sowohl auf die Körper- als auch auf die Geisteshaltung. Was denke ich über mich, meine Fähigkeiten und das Jonglieren? Es lehrt uns, mit allen Sinnen wahrzunehmen, mit allen Sinnen beim Leben zu sein, beim Jonglieren zu sein, die Bälle zu sehen, zu hören und zu fühlen. Jonglieren lehrt uns, unsere starken und schwachen Seiten zu spüren und anzunehmen, sowohl seine linke als auch seine rechte Seite zu üben und zu trainieren und weiterzuentwickeln. Jonglieren lehrt uns, den eigenen Rhythmus wahrzunehmen und zu finden, anzunehmen und zu akzeptieren – einen Rhythmus in Körperbewegungen zu verinnerlichen. Jonglieren lehrt uns, daß es für jeden Wurf einen Fang gibt, ja die Wurfbewegung bestimmt das leichte Fangen. Viele konzentrieren sich beim Werfen auf das Fangen. Doch was ich hochwerfe, kommt auch runter.

Also: Richte Deine Aufmerksamkeit darauf, was Du von Dir wirfst, denn später wirst Du es fangen müssen. Wenn Du einen Ball aus der Hand gibst, hast Du eine Hand frei für einen neuen Ball.

Jonglieren lehrt uns, vollständig im Hier und Jetzt zu sein, nicht über Vergangenheit oder Zukunft nachzudenken, sondern vollkommen im Jetzt zu leben, Lebensqualität zu genießen und wahrzunehmen. Jonglieren lehrt uns wahrzunehmen, daß wir die Macht haben, vollkommene Muster zu schaffen. Beim Jonglieren und im Leben: Indem Du Deiner inneren Stimme zuhörst, Deinem Herzen traust und Kontakt zu Deiner Intuition hast, übernimmst Du Verantwortung für Dein Leben. Jonglieren lehrt uns, daß Konzentration, Motivation und Entspannung wichtige innere Zustände sind, um innezuhalten, zu schauen und sich erst dann zu bewegen.

Auswertungsfragen fürs Jonglieren: Wie hast Du Dich während des Übens wahrgenommen? Wie bist Du mit Grenzen und Mißerfolgen umgegangen? Wie hast Du gelernt – kontrolliert, locker, verbissen, mit Spaß und Leichtigkeit, allein, mit anderen, in Kommunikation, intuitiv? Was willst Du aus dieser Erfahrung mit in Dein Leben nehmen? Was willst Du verändern, was intensiver und öfter erleben? Welche Glaubenssätze sind in bezug auf das Leben oder das Jonglieren aufgekommen? Tauscht Euch in Zweiergruppen kurz darüber aus.

Anleitung:

Erinnere Dich an eine Zeit, in der Du gerne und mit Freude gelernt hast und erfolgreich Fortschritte gemacht hast. Wie sahst Du aus, als Dir Lernen Spaß gemacht hat, als Du ganz selbstverständlich Neues in Dein Leben integriert hast? Welche Körperhaltung, welcher Gesichtsausdruck gehört für Dich zu lustvollem Lernen, und wie hast Du Dich angehört, was hast Du Dir innerlich gesagt, wenn Du neugierig auf Neues zugehst und erfolgreich lernst? Und wie fühlt es sich an, wenn Du die Freude des Lernens und Wachsens spüren kannst, wenn Du Neues an bereits Bekanntes und Bewährtes anknüpfen kannst? Wie fühlt es sich an, etwas erfolgreich gelernt zu haben und ganz selbstverständlich anzuwenden?

Menschen, die das Jongliermuster fließend erleben, sind in einem euphorischen Zustand, d.h. sie haben einen erhöhten Ausstoß am Botenstoff Dopamin, und es findet bei der ganzheitlichen Mustererkennung des Jonglierens eine Anregung, eine Erregung der rechten Gehirnhälfte statt.

Nimm Dir drei Bälle und such Dir einen Platz im Raum, wo Du Dich frei bewegen kannst. Ich werde Dir das Jonglieren in vier Phasen vorstellen, und ich bitte Dich zu überprüfen, welche Phase Dir leichtfällt, was praktisch leicht von der Hand geht und welche Übungen noch eher Abstimmung, Koordination, Dosierung, einen eigenen Rhythmus oder einfach nur Übung benötigen. Jeder, der seine Arme bewegen kann, kann auch das Jonglieren mit drei Bällen erlernen. Es gibt drei günstige Voraussetzungen, die Dir das Lernen in allen vier Phasen wesentlich erleichtern:

1. Motivation. In Dir sollte ein Wunsch, eine Idee vorhanden sein, Jonglieren zu lernen. Eine unterstützende Frage könnte sein: Welche guten Gründe gibt es für mich, das Jonglieren zu lernen?

2. Entspannung. Aus einem entspannten und gelösten körperlichen und mentalen Zustand sind Bewegungsabläufe flüssiger, leichter und selbstverständlicher. Eine begleitende Frage, die Dich in einen entspannten Zustand führt, könnte sein: Wann habe ich mich das letzte Mal richtig entspannt gefühlt? Oder: Was kann ich tun, um jetzt einen gelösten und angenehmen Zustand zu erleben?

3. Konzentration. Die Konzentration ist die Fokussierung der eigenen Wahrnehmung. Wenn Du die Bälle wirfst, dann sei mit all Deinen Sinnen bei dieser Tätigkeit. Sieh, wie die Bälle sich bewegen; höre, wie es klingt, wenn der Ball gefangen wird, und spüre Deinen Rhythmus und den Bewegungsablauf des Werfens und Fangens. Bevor Du den ersten Ball wirfst, halte einen Augenblick inne und stimme alle Deine Sinne auf das Joglieren ein, vielleicht mit der begleitenden Frage: Wie kann ich vollständig im Hier und Jetzt mich auf das Werfen von Bällen einlassen?

Alle drei genannten Voraussetzungen sind nicht einmal hergestellt und dann für immer da, sondern sie sind während der einzelnen Phasen und Trainingseinheiten immer wieder neu zu kreieren.

Beginne mit Phase eins: Nimm zunächst nur einen Ball. Stell Dich bequem hin, Deine Beine etwa schulterbreit auseinander und nicht ganz durchgestreckt, wippe ein klein wenig in den Knien nach und überprüfe, ob Du motiviert, konzentriert und entspannt bist. Strecke beide Unterarme fast waagerecht aus, so daß die Oberarme mit den Unterarmen zusammen einen nicht ganz rechten Winkel ergeben. Stell Dir dann vor, ca. 10 cm über Deinem Kopf und 30 cm vor Dir gibt es einen imaginären Punkt, ein Lichtei, das Du mit dem Ball treffen sollst. Nimm dazu einen Ball in die rechte Hand, wirf ihn an den gedachten Punkt und fang ihn mit der linken Hand auf. Anders herum: Wirf den Ball mit der linken Hand, berühre den imaginären Punkt in der Luft und fange den Ball in der rechten Hand auf. Die Wurfbewegung kommt aus dem Unterarm und wird mit einer lockeren Bewegung aus dem Handgelenk unterstützt. Übe nun das abwechselnde Werfen von der einen zur anderen Hand solange, bis Du ein sicheres Gefühl für das Werfen und Fangen entwickelt hast.

Phase zwei: In dieser Phase wird bereits mit zwei Bällen gearbeitet. Nimm in jede Hand einen Ball. Wirf den Ball aus der rechten über den imaginären Punkt in die linke Hand. Wenn dieser Ball seinen höchsten Punkt (das Lichtei) erreicht, dann wirfst Du den zweiten Ball aus der linken in die rechte Hand. Übe das einige Male und versuche das gleiche dann auch umgekehrt, d.h. beginne mit der linken Hand. Achte in dieser Phase auf den Zeitpunkt, wann Du den zweiten Ball loswirfst. Visuelle sehen den Zeitpunkt daran, daß der erste geworfene Ball seinen höchsten Punkt erreicht hat. Auditive Lerntypen können sich innerlich „1-2" sagen und bei 1 den ersten Ball werfen und bei 2 den zweiten. Übe mit beiden Händen gleichmäßig, so daß die linke und die rechte Hand gleichgut fangen bzw. werfen können.

Phase drei: Als Ausgangsstellung nimm zwei Bälle in die rechte und einen Ball in die linke Hand. Loslassen und Werfen ist der eine Aspekt des Jonglierens, Fangen der andere. In Phase drei üben wir ganz bewußt das Werfen und Loslassen. Wirf als erstes Ball 1 von der rechten zur linken Hand. Wenn Ball 1 seinen höchsten Punkt erreicht hat, wirf Ball 2 von links nach rechts mit der linken Hand. Sobald Ball 2 seinen höchsten Punkt erreicht hat, wirf den 3. Ball von der rechten Hand los Richtung linke Hand. Du brauchst die Bälle noch nicht zu fangen, sondern laß sie alle auf den Boden fallen. Wenn Du die Bälle in einem gleichmäßigen Rhythmus geworfen hast, dann kannst Du auch hören, wie sie in einem gleichmäßigen Rhythmus den Boden berühren. Wenn die Bälle im Umkreis von zwei Metern zum Liegen kommen und sie gleichmäßig (klack-klack-klack) auftreffen, dann kannst Du zu Phase vier übergehen. Wechsle auch in dieser Phase die Hände und beginne auch mit der linken Hand.

Phase vier: In dieser Phase wird die Aufmerksamkeit nicht nur auf Werfen, sondern auch auf das Fangen gelegt. Als Ausgangsposition nimm wieder zwei Bälle in die rechte und einen Ball in die linke Hand. Wirf dann Ball 1 von der rechten zur linken Hand. Wenn Ball 1 seinen höchsten Punkt erreicht hat, dann wirf Ball 2 von links nach rechts. Mit der nun freien linken Hand fängst Du Ball 1, und sobald Ball 2 seinen höchsten Punkt erreicht hat, wirfst Du Ball 3 mit der rechten Hand. Mit der nun freien rechten Hand fängst Du Ball 2, und sobald Ball 3 seinen höchsten Punkt erreicht hat, wirfst Du Ball 1 aus der linken Hand wieder los usw. Auch in dieser Phase ist es wichtig, seinen Rythmus zu finden. Wenn es Dich unterstützt, kannst Du innerlich „1-2-3" zählen. Phase vier ist das immer wiederkehrende Muster, daß ein Ball in der Luft ist und wenn er seinen höchsten Punkt erreicht hat, der Ball geworfen wird, in dessen Hand der Ball in der Luft landen soll. Innerlich ist in Phase vier nicht nur bis 3, sondern weiter zu zählen und die Anzahl der Wiederholungen zu steigern bis es ein lebendiger, fließender Prozeß wird. Nimm den Rhythmus wahr, der entsteht, und sei mit Deiner ganzen Aufmerksamkeit in der Bewegung, in diesem lebendigen Spiel der Bälle.

Notizen:

Rhythmus des Universums

Übung ☒   Spiel ☒   Phantasiereise ☐

Ziel:
Die eigenen Rhythmen kennen und liebenlernen, ins Fließen kommen und Blockaden lösen, Gefühlsspectrum erweitern

Weitere Anwendungsmöglichkeiten:
Emotionale und Kreative Intelligenz verstärken

Dauer:
20 Minuten

Material:
Musik: 1. *Oliver Shanti und Friends:* „Tai Chi"; *2. DJ Quicksilver:* „I have a Dream" (Techno); 3. *Burundi:* „The Drummer of Burundi"; 4. *Narada Collection:* „Faces of the Harp", Stück 10 oder: *Loreena McKennitt:* „Book of Secrets"; 5. *Jabrane Mohamed Sebnat:* „Meditation der Himmelsrichtungen", Stück 9 oder: *Merlin's Magic:* „Reiki II: The light touch"

Anmerkung:
Diese Übung ist entstanden aus der Anregung der grundlegenden Rhythmen von Gabriele Roth: Fließen, Staccato, Chaos, Romantik, Ruhe.

Anleitung:
Bewege Dich durch den Raum in fließenden, gleitenden Bewegungen, als ob Du Tai Chi improvisieren möchtest: runde, weiche, glatte Bewegungen.

Nutze die Musik als Inspiration für Deine Bewegungen und stell Dir vor, daß Du Dich durch Honig bewegst – gelben, süßen, duftenden Honig, der Deine Bewegungsqualität bestimmt. Nun fällt in diesen Honig Sonnenlicht – gelbe, goldgelbe Lichtstrahlen, die Dir als Orientierung für Deine Bewegungen dienen können. Stell

Dir vor, daß Du durch diesen sonnenlichtdurchfluteten Honig gleitest, der durch die Wärme immer flüssiger wird und der es Dir erlaubt, mehr und mehr runde Bewegungen – glatte, fließende Bewegungen zu machen. Durch die Wärme wird der Honig immer flüssiger, bis er so flüssig ist, daß er in die Qualität von Wasser übergeht. Stell Dir vor, wie Du jetzt in kühles, erfrischendes Wasser gleitest und in diesem Wasser schwimmen kannst, spielen, Dich bewegen, Dich von diesem Wasser tragen lassen kannst, Dich umspülen lassen kannst, eintauchen und wieder auftauchen. Stell Dir vor, daß Du ganz eins wirst mit diesem Wasser, mit dieser Qualität und laß Dich auch hier wieder davon inspirieren, wie das Sonnenlicht das Wasser durchflutet und Dir Lichtlinien bietet für die Orientierung Deiner Bewegung. Laß Dich überraschen, welche Farbe entsteht, wenn Sonnenlicht in Wasser taucht, und welches die Farbe ist, die Deine Bewegungen leitet: welche Farbe Deine Farbe ist, die Dich inspiriert, die Dich begleitet.

Und dann schließe das in Deiner Zeit für Dich ab. Und wenn der Rhythmus wechselt in ein Staccato, dann wechsel die Bewegung in klare, präzise, kurze, knappe, geradlinige Bewegungen: ein Staccato. Nimm wahr, was die Qualität eines Staccato ist, laß Dich von der Musik inspirieren. Und wenn Du magst, kannst Du Dir ein Stroboskoplicht vorstellen, das die Bewegungen kurz und knapp, gehackt und präzise aufleuchten läßt. Laß Dich inspirieren vom Licht und von der Musik und finde die Bewegungen, die für Dich dazu passen, und nimm wahr, ob Dir das ungewohnt oder neu ist oder ob Du das als gewohnt und vertraut empfindest. Laß Dich eine Weile mit dem Staccato improvisieren, Dich ganz hineingeben in diese Bewegungsqualität und schließe das dann wieder ab, um beim Rhythmuswechsel einzutauchen in die Trommeln, in das Chaos, in das Loslassen, in das völlige Sich-hingeben. Laß Bewegungen entstehen, die dieser Qualität des Chaos entsprechen, gib Dich dem Wirbel, dem Sturm, der völligen Unvorhersagbarkeit dieser Bewegungsqualität hin. Laß Dich völlig hineingeben in dieses Unberechenbare. Hingeben und die Kontrolle loslassen. Einfach sein, Musik sein, Trommel sein, Wirbel sein. Stell Dir vor, Du bist eine Windhose oder ein Blitz. Laß Dich von der Musik unterstützen, inspirieren, mitnehmen in diese Bewegungsqualität des Sich-Loslassens. Schließ das dann ab, um mit dem Rhythmuswechsel, mit dem Musikwechsel einzutauchen in die lyrische Qualität, die Qualität des Tupfens, des Leichtseins wie Luft, wie eine Feder.

Laß Deine Füße kaum den Boden berühren und Dich von der Musik inspirieren, so daß Du von der Musik mitgenommen wirst wie eine kleine Feder, die der Wind bewegt. Laß Dich von der Musik inspirieren zu dieser Bewegungsqualität der Leichtigkeit, der spielerischen Grazie. So wie ein Lichtstrahl, der auf mehrere

Spiegelfacetten fällt, sich in buntes Licht bricht und hierhin und dorthin tanzt mit Leichtigkeit und Schönheit. Laß einfach die Anmut Deine Bewegungen bestimmen und genieße diese Schönheit und Zartheit. Lyrisch, tupfend, laß Dich von der Harfe mitnehmen in diese Qualität.

Schließe das dann für Dich ab, mit dem Rhythmuswechsel, komm zur Ruhe, laß Dich auf den Boden gleiten, die Bewegungen zur Ruhe kommen, sanft und behutsam, Bewegung nachspüren, atmen, innehalten, Ruhe erleben, eine sanfte Bewegung machen – innehalten, spüren, atmen, zur Ruhe kommen – noch eine Bewegung erleben, sanft und behutsam, langsam – innehalten, spüren, atmen und zur Ruhe kommen.

Nimm Dir noch einen Moment Zeit, auf dem Boden nachzuspüren, welche Rhythmen Dir vertraut sind, welche Bewegungen Dir bekannt vorkommen, welche Bewegungen Du ganz automatisch und natürlich jeden Tag in Deinem Leben nutzt, welche Bewegungen Dir unvertraut sind, welche Du eher selten machst. Nimm wahr, daß dies alles Qualitäten, Bewegungsqualitäten und Gefühlsqualitäten in unserem Leben sind. Wenn Dir eine davon eher unvertraut ist, hast Du die Möglichkeit, diese Qualität über die Bewegung zu üben und sie in Dein Leben zu integrieren. Nur wenn Du alle Qualitäten leicht erleben kannst, dann hast Du die Freiheit zu wählen.

Notizen:

Tanz der Elemente

Übung ☒   Spiel ☒   Phantasiereise ☐

Ziel:
Atem und Bewegung koordinieren, Bewußtsein in der Bewegung erleben

Weitere Anwendungsmöglichkeiten:
Kreative und Emotionale Intelligenz erweitern

Dauer:
10 Minuten

Material:
–

Anmerkung:
Dies ist eine Qi-Gong-Übung für Kinder, bei der es darauf ankommt, die Bewegungen mit dem Atem zu koordinieren und ganz bewußt auszuführen.

Anleitung:

1. Vorhang auf, öffne Deinen Horizont
Die Füße stehen ca. 20 cm auseinander, die Wirbelsäule aufgerichtet und der Atem fließt lang und tief. Mit dem nächsten Einatmen hebe die Arme, ungefähr auf Schulterhöhe, und mit dem Ausatmen mache einen halben Schritt nach hinten mit dem rechten Fuß. Der linke bleibt vorne stehen. Und öffne die Arme, als ob Du eine Gardine beiseite schieben wolltest. Schau von rechts nach links, langsam, behutsam, bewußt.

2. Himmel und Erde verbinden
Nimm den linken Fuß nun parallel neben den rechten, ca. 30 cm voneinander entfernt. Die linke Hand mit der Handfläche zum Himmel. Den Arm ausgestreckt nach oben. Die rechte mit der Handfläche zum Boden ausgestreckt nach unten. Atme in dieser Position.

3. Energie einsammeln
Aus der Hüfte vorbeugen und mit den Armen runde, weiche Bewegungen machen, als ob Du die Luft zu Deinem Bauch schaufeln wolltest.

4. Mit dem Wind tanzen
Aufrichten und um die eigene Achse drehen, dreimal, und dabei mit den Armen eine spiralförmige Bewegung über dem Kopf machen. Mit dem Wind tanzen.

5. Das Holz
Stell Dir vor, daß Du einen großen Balken Holz nach links wegschieben sollst, d.h. aus der Grundstellung heraus den linken Fuß 90 Grad drehen, etwa 30 cm nach links stellen, den Körper mitdrehen, mit beiden Armen, ungefähr auf Brusthöhe, diesen imaginären Balken wegschieben – mit dem Ausatmen. Mit dem Einatmen wieder zur Mitte kommen, mit dem Ausatmen nach rechts. Ausfallschritt und wegschieben.

6. Metall
Die Hände auf den unteren Bauch legen. Mit dem Einatmen den rechten Arm nach hinten in einem Kreis über den Kopf führen, vorne am Körper vorbei sinken lassen und wieder auf den Bauch legen. Mit dem nächsten Einatmen mit dem linken Arm einen Kreis nach hinten über den Kopf, vorne am Körper sinken lassen und dann wieder auf den Bauch legen. Nachspüren.

7. Aussäen
Aus der Hüfte nach vorn beugen und die Bewegung, als ob Du etwas ausstreuen möchtest, aus dem Bauch heraus in beide Richtungen mit beiden Armen, weitläufige, große, runde, weite Bewegungen.

8. Ein Geschenk an den Himmel
Gerade stehen und vom Bauch aus die Fäuste locker ungefähr in einem Abstand von 10 cm umeinander kreisen lassen, dabei die Arme heben, so daß es aussieht, als ob Du etwas aufwickelst, bis über Deinen Kopf. Die Hände nach oben strecken.

9. Rund machen

Die Arme seitwärts, in einem Kreis zu einer Rundung zusammenführen, so daß sie unten über den Handgelenken gekreuzt wie eine kleine Blume vor dem Bauch hängen.

10. Auf dem Gipfel

Hände beide seitlich führen, ungefähr auf Schulterhöhe und dann in den Handgelenken so klappen, daß die Handflächen nach außen zeigen, in die Knie gehen, Ellenbogen locker und auf dem Gipfel die Aussicht genießen.

Notizen:

Rondo-Performance

Übung ☐   Spiel ☒   Phantasiereise ☐

Ziel:
Gemeinsam einen Tanz kreieren, Zusammenspiel, Rapport

Weitere Anwendungsmöglichkeiten:
Kommunikative Intelligenz fördern

Dauer:
30 Minuten

Material:
Musik: *Bill Miller:* „Raven in the snow", *Helge Schneider:* „Fitze Fatze", *Hundsbuam:* „Miserablige Stadtuarap"

Anmerkung:
In unseren *NLP nonverbal-Seminaren* nennen wir dies ein Reframing des Körpers.

Anleitung:
1. Jeder geht durch den Raum und findet genau seine Bewegung. Finde Deine Bewegung, die im Moment zu Dir paßt, die Dein Jetzt-in-der-Welt-dasein ausdrückt.

2. Begib Dich mit einer Gruppe von sechs anderen zusammen in einen Kreis. Findet eine gemeinsame Bewegung, die die Resonanz zwischen Euch ausdrückt.

3. Es zeigt jeder nacheinander seine ganz eigene, spezielle, einzigartige Bewegung in dieser Gruppe. Aus der gemeinsamen Bewegung und diesen einzelnen Bewegungen stellt nun einen Rund-Tanz zusammen, ein Rondo, in dem die einzelnen Bewegungen hintereinandergeschaltet und durch die gemeinsame Bewegung verbunden werden.

4. Dieses Rondo tanzt nun zu unterschiedlichen Musikstücken und nimm wahr, wie sich die Bewegungen an die unterschiedlichen Kontexte anpassen und Deine ganz persönliche Qualität erhalten bleibt.

Fische im Wasser

Übung ☒   Spiel ☐   Phantasiereise ☐

Ziel:
Ausdruck von Nähe und Distanz

Weitere Anwendungsmöglichkeiten:
Kommunikative Intelligenz erweitern, Rapport, gemeinsam schwingen

Dauer:
30 Minuten

Material:
Musik: Meeresrauschen, Rondo Veniziano, *Gabriele Roth:* „Ritual", *Gila:* „Fly like an eagle"

Anleitung:

1. Finde einen Partner/eine Partnerin und bewegt Euch gemeinsam durch den Raum. Ihr seid Fische im Wasser und der ganze Raum ist Euer Lebensraum, den Ihr nutzen könnt, in dem Ihr Euch miteinander oder in bezug aufeinander bewegen könnt. Ihr könnt den ganzen Raum nutzen, und Du weißt, daß Dein Partner oder Deine Partnerin da ist und Ihr miteinander in Beziehung seid, auch wenn Ihr Euch an ganz unterschiedlichen Orten in diesem Raum bewegt. Haltet den Kontakt, seid in Resonanz miteinander. Bei jedem Musikwechsel wird der Lebens-Raum sich verändern.

2. Es ist ein Meer (Musik: Meeresrauschen), dann wird es ein See (Musik: Rondo Veniziano), dann wird es ein Teich (Musik: Gabriele Roth „Ritual"), dann wird es eine Pfütze, dann wird es der Weltengauklertanz, dann bringt der Regen wieder Wasser, da kommt Waldesrauschen dazu und der Raum wird wieder größer. Und dann verabschiede Dich von Deinem Partner zu der Musik „Fly like an eagle".

3. Reflektiere darüber, wie es Dir ergangen ist. Tauscht Euch aus: Was war wichtig bei der Übung, wie war es, wenn der Raum immer kleiner wurde, was hat sich

verändert und wie war es, wenn er dann wieder größer wurde? Was machst Du in Momenten, wo der Kontakt nicht mehr aufrechterhalten worden ist? Bringt es Dir Streß, im Kontakt sein zu müssen, was wolltest Du überhaupt für einen Kontakt usw.? Stellt Euch die für Euch wichtigen Fragen, um dieses Erlebnis auszuwerten.

Notizen:

Schwert des Samurai

Übung ☒   Spiel ☒   Phantasiereise ☐

Ziel:
Zentrierung, Kontakt mit der Erde, die eigene Kraft spüren und handeln

Weitere Anwendungsmöglichkeiten:
Emotionale und Kommunikative Intelligenz verfeinern

Dauer:
5 Minuten

Material:
–

Anmerkung:

Eine wunderbare Übung, um wieder in seine Mitte zu finden und den Kraftpunkt zu spüren.

Beschreibung:
Such Dir einen Partner, eine Partnerin. Stellt Euch ungefähr anderthalb Meter voneinander entfernt gegenüber, so daß es für Euch beide stimmt. Stell Dir vor, daß Du ein Schwert in Nabelhöhe mit beiden Händen hältst. Stell Dich breitbeinig hin mit einem festen Kontakt zum Boden. Laß die Knie leicht gebeugt. Konzentriere Dich nur auf Deine eigene Energie. Führe das Schwert blitzschnell nach oben und von oben nach unten in die Erde, indem Du mit einem kraftvollen Schwung nach unten stößt und gleichzeitig laut „ha" ausrufst. Wechsel Dich ab mit Deinem Kraftpartner und führt diese Bewegung abwechselnd durch, jeweils mit der vollen Energie.

Notizen:

Flugformation

Übung ☒   **Spiel** ☐   **Phantasiereise** ☐

Ziel:
Rapport, einfühlen in fremde Bewegungswelten, Wahrnehmung schärfen, Führen und Geführtwerden

Weitere Anwendungsmöglichkeiten:
Kommunikative, Emotionale und Kreative Intelligenz erweitern

Dauer:
10 Minuten

Material:
Musik: *Heathhunter:* „Revolution in Paradise"; *Black box:* „Ride on Time"; *Loreena McKennit:* „Book of Secrets"

Anleitung:
Findet Euch zu zwei Paaren zusammen und stellt Euch dann zu viert in der Flugentenformation auf – alle mit dem Gesicht in eine Richtung – in Form einer Raute. Die vordere „Flugente" ist die vordere Person und führt so lange, wie sie dazu Lust hat. Wenn Du vorne bist, dann erinnere Dich an Deine Bewegungen, und wenn Du Lust hast zu tanzen, dann laß die Bewegungen in die Musik und in Deinen Tanz mit einfließen. Laß die anderen an Deinen Bewegungen, an Deinen Ressourcen teilhaben. Die hinter Dir fliegenden „Flugenten" nehmen die Bewegung so genau wie möglich auf und lassen sie in ihren persönlichen Tanz mit einfließen. Wenn Du genug geführt hast, dann mach eine Drehung zur Seite um 90 oder um 180 Grad, und die dann vorn befindliche „Flugente" ist die nächste, die führt. Genau wie in einem Flugentenschwarm wechselt die Führung je nach Lust, nach Ausdauer und Befindlichkeit der vorderen, der führenden Ente. Wenn Du in der Führung bist, gib Dich Deiner persönlichen Bewegung mit Lust hin und zeige Deine persönliche Bestleistung, so daß die anderen in Deiner Gruppe, in Deinem Team davon profitieren können. Und wenn eine andere Flugente vorne ist und ihre persönliche Bestleistung und ihre persönlichen Ressourcen weitergibt, dann nimm

soviel als möglich von den angebotenen Bewegungen an und spüre Dich hinein in die Choreographie eines anderen Menschen – in die Lust an der Bewegung – in die Befindlichkeit eines anderen. Wann immer Du merkst, daß Dein Kopf sich einschaltet und die Führung übernehmen will, dann laß los und laß Deinen Körper tanzen – und Deinen Körper sich erinnern an die Bewegung und an die Befindlichkeit, die Dich am allerschnellsten in den Zustand von Energie, Lebenslust und Mut, Dich zu zeigen, bringt.

Notizen:

Kontakt-Improvisation

Übung ☒   Spiel ☒   Phantasiereise ☐

Ziel:
Mit Nähe und Distanz experimentieren

Weitere Anwendungsmöglichkeiten:
Kommunikative, Kreative und Emotionale Intelligenz erweitern

Dauer:
20 Minuten

Material:
Luftballons, Musik

Beschreibung:
1. A steht mit beiden Beinen fest auf dem Boden, B dreht sich um A, zwischen den beiden befindet sich ein aufgeblasener Luftballon. Alle Ebenen mit einbeziehen, ca. 5-10 Minuten, um in Fluß zu kommen.

2. Dann dreht A sich um B.

3. Dann beide umeinander. Nehmt auch die Bodenebene mit zu Hilfe und kombiniert. Wichtig: Loslassen, Kopf und Schönheit vergessen. Versucht so ins Fließen zu kommen, daß der Impuls immer weitergeht und der Luftballon als Hilfsmittel das Rollen ermöglicht.

Variation: Surfen
Einer liegt auf dem Bauch, der andere liegt in Hüfthöhe mit dem Po darüber. Dann rollt sich der unten Liegende weiter, so daß der oben Liegende über ihn hinwegsurft. Die Kippunkte und Drehpunkte helfen dabei, den geringsten Widerstand zu finden. Erst rollt der eine, dann schwingt er seine Beine über den Po und der andere rollt, immer abwechselnd.

4. Musikalische Intelligenz

Wegweiser

Rhythmische Pyramide	145
Ho-Bolo-Bolo	147
Ho-Bolo-Bolo Wola-Wola	148
Dirigieren	150
Der Lautstärkeregler	152
Improvisiertes Dirigieren	152
Musikalische Geschichten	153
Die Geschichtenerzähler	155
Der Rhythmustanz	156
Die Versammlung	158
Meine Stimme und ich	160
Der Klangraum	161
Klang-Identität	163
Phantasiereise zum inneren Musiker	166

Einstimmung – Musikalische Intelligenz

An allen Orten der Welt, wo Menschen leben, finden wir Musik. Entweder live gesungen oder mit den verschiedensten Instrumenten gespielt – als aktiver Musiker oder als aufmerksamer Zuhörer. Alle Völker haben ihre musikalischen Entwicklungen, Vorlieben und Vorstellungen von Musik.

Musik wird genutzt, um Spaß zu haben und zu feiern, sich spielend auszuprobieren, seine Meinung zu sagen, einen feierlichen Rahmen herzustellen, heilend einzuwirken, angenehme Zustände zu kreieren, eine gemeinsame Atmosphäre herzustellen usw.

Die Anerkennung von Musik und deren alltäglicher Einsatz ist von Kultur zu Kultur unterschiedlich. Während z.B. die Entwicklung der musikalischen Kompetenz in China, Japan und Ungarn hoch angesehen wird, wird in anderen Ländern musikalisches Analphabetentum gesellschaftlich akzeptiert.

Dabei lohnt es sich, die Musikalische Intelligenz weiterzuentwickeln und sich auf die Reise zu seinem inneren Musiker zu begeben. Der Reisende wird belohnt mit dem Zauber von Klängen, dem Pulsieren von Rhythmus und den Wellen von Melodien. Auf dieser Reise wird Musik aktiv erlebt – als Medium zur Bewußtseinserweiterung, als Meditation zum Selbstausdruck und zum „Sich-Kennenlernen".

„Auch den Sufis gilt die Musik als Quelle ihrer Meditation, denn sie spüren, wie die Seele sich entfaltet, wie die intuitiven Fähigkeiten sich erschließen. Ihr Herz öffnet sich gleichsam allen Schönheiten der inneren und äußeren Welt, es hebt sie empor und bringt ihnen gleichzeitig die Vollendung, nach der jede Seele sich sehnt." – Hazrad Innajad Khan

Jeder erwachsene Mensch ist bereits einen Großteil der Entwicklung seiner Musikalischen Intelligenz gegangen.

Als Fötus sind wir in der Lage, den Rhythmus des Herzschlages der Mutter spürend zu hören. Mit sieben Wochen sind die Ohren bereits so ausgebildet, daß wir die ersten Geräusche aufnehmen können.

Zwei Monate nach der Geburt sind Kinder bereits in der Lage, die Tonhöhe, Lautstärke und melodischen Eigenschaften der Lieder ihrer Mutter zu treffen und sich kreativ an musikalischen Spielen zu beteiligen. Im Alter von drei oder vier Jahren nimmt die Phase spontanen und kreativen Ausprobierens ab und das

Nachahmen von Melodien zu. Mit Eintritt in die Schule haben Kinder in der Regel eine Vorstellung davon, wie ein Lied richtig und wie es falsch klingt. Auf dieser Entwicklungsstufe haben wir bereits eine Idee von der Struktur der Musik. Je nach Unterrichtsform nehmen in der Schulzeit die musikalischen Fähigkeiten weiter zu. Es entwickelt sich mehr Bewußtheit über die Struktur der Musik.

Die Entwicklung der Musikalischen Intelligenz beinhaltet nicht nur eine Entwicklung der auditiven, sondern auch der kinästhetischen (Spielen von Instrumenten, Tanzen) und visuellen Wahrnehmungskanäle (Noten lesen, Zuschauer bei Konzerten).

Die Musikalische Intelligenz steht in Beziehung zu anderen Intelligenzen. Das wird deutlich bei einigen Rhythmus-Schulen, die die musische und die Bewegungs-Intelligenz gleichzeitig fördern, indem sie Gesang, Bewegung und Klatschen integrieren. Musik fördert auch die Emotionale Intelligenz, weil sie Zugang zu den eigenen Gefühlen ermöglicht und Ausdrucksmittel für Stimmungen ist. Ein Zusammenhang zwischen Musikalischer und Mathematisch-logischer Intelligenz wird über die Zusammenhänge und Regeln in der Musik deutlich. Es gibt übereinstimmende Muster, Beziehungen und Strukturen, die sich gegenseitig ergänzen.

Drei wesentliche Bausteine der Musik sind Rhythmus, Melodie und Klang.

1. Rhythmus

Wenn Du an afrikanische Trommeln denkst, welche Rhythmen fallen Dir jetzt dazu ein? Wenn Du Deinen Herzschlag jetzt hörbar machen könntest für Dich und andere, wie würde sich Dein Herz anhören? Welche Rhythmen begleiten Dich, wenn Du in einem schnellfahrenden Zug sitzt? In welchem Rhythmus zeigt die Uhr Dir eine Sekunde an?

Der Rhythmus in der Musik ist etwas Lebendiges, etwas Kraftspendendes und Richtunggebendes. Durch die Wiederholung von Schwingungen oder Schwingungsimpulsen entstehen in der Musik Orientierungen und Strukturen, die einen lebendigen Groove, einen aufregenden Swing, einen beruhigenden Puls oder einen konstanten Beat entstehen lassen.

2. Melodie

Welche Melodie paßt zu den folgenden Worten: „Nichts ist unmöglich ..."? Welche Melodie fällt Dir zur Langnese-Werbung ein? Wie würdest Du den Satz „Hoch auf dem gelben Wagen" innerlich singen? Welche Melodie hat Deine Nationalhymne, wenn Du sie ohne Text innerlich summen würdest?

Wenn wir Töne auf eine bestimmte Art und Weise aneinanderreihen, entsteht eine Melodie. Die Melodie ergibt die Aussage in der Musik, die Meinung oder die Botschaft. Allein dadurch, daß wir bestimmte Töne hervorheben und andere weglassen, den einen Ton lauter und den anderen Ton leiser spielen, den einen Ton länger und den anderen etwas kürzer, den einen etwas höher spielen und den anderen etwas tiefer, entstehen musikalische Geschichten, die unsere Phantasie anregen, Erinnerungen wachrufen, uns provozieren oder zustimmen lassen oder uns innerlich berühren.

3. Klang

Wie klingt es, wenn Du Deinen eigenen Namen aussprichst? Erinnerst Du Dich daran, wie es klingt, wenn zwei Sektgläser sich berühren? Weißt Du, wie es tönt, wenn jemand einen großen Gong spielt? Wie klingen die Stimmen Deiner Freunde, wenn sie sich gut fühlen? Welchen Klang hat Dein Telefon? Wie hört es sich an, wenn ein Streichholz entzündet wird?

Ein Klang ist das Zusammenschwingen verschiedener Töne. Jedes Instrument und jede Stimme hat einen ganz eigenen Klang, eine ganz individuelle und besondere Klangfarbe. So klingt derselbe Ton auf einer Harfe, einer Trompete und einem Holzxylophon unterschiedlich, da jedes Instrument seine ganz charakteristische Klangfarbe hat. Ein Klang entsteht, schwillt an, hält an, schwingt aus und geht wieder, wie er gekommen ist oder fällt in andere neue Klänge hinein. Jeder Klang ist einzigartig und nur im Hier und Jetzt zu erleben, zu erfahren, zu empfinden und zu spüren. Der Klang spricht unser Gefühl an.

Warum sollte man seine Musikalische Intelligenz weiterentwickeln? Warum das Zusammenspiel zwischen Melodie, Rhythmus und Klang bewußt wahrnehmen? Warum seinen eigenen musikalischen Geist – oder den anderer – kennenlernen und entdecken? Warum musikalische Fähigkeiten ausprobieren? Warum mal allein und mal mit anderen gemeinsam musizieren?

Die Musik bietet einen lustvollen Erfahrungsraum, um die eigenen Rhythmen kennen- und schätzenzulernen. Der eigene Rhythmus ist Quelle und Ausgangspunkt des eigenen Lebens. Sind wir zu schnell, überfordern wir uns leicht. Sind wir zu langsam, fühlen wir uns unterfordert. Die Kunst besteht darin, seinen Rhythmus zu leben und ihn mit den anderen Rhythmen, die uns umgeben und uns im Alltag herausfordern, in Einklang zu bringen. Erst wenn wir unsere und die uns umgebenden Rhythmen wahrnehmen, können wir darauf reagieren. In welchem Rhythmus lebst Du und welche Rhythmen umgeben Dich? Wie ist Dein Arbeitsrhythmus, Dein Rhythmus von Aktivität und Ruhe, von Nähe und Distanz, von Wachsein und Schlaf? Rhythmus ist Leben und erinnert an die eigene Lebendigkeit.

Musik kann Dich darin unterstützen, Deine eigene Melodie zu finden oder wiederzuentdecken. Das Finden der eigenen Melodie unterstützt Dich darin herauszufinden, wie Du Dich anderen Menschen und Dir selbst mitteilen möchtest. Es ist Deine Botschaft, und wenn Du Deine Melodie einmal gefunden hast, dann hast Du bereits einen treuen Begleiter beim Alleinsein. Sie unterstützt Dich darin, Dich ohne Worte auszudrücken, Dich mitzuteilen, anderen von Dir auf eine andere Art und Weise zu erzählen und Dich neu auszutauschen. Sie läßt Phantasien und Visionen entstehen und Träume hörbar werden.

Wenn Du die Melodie von anderen Menschen kennengelernt hast und Du möchtest sie unterstützen, dann kannst Du ihnen Ihre Melodie einmal vorspielen, wenn sie sie im Alltag vergessen haben.

Das Erleben von Klängen bringt Dich in Kontakt mit Deinem Gefühl. Der Klang ist das Transportmittel zu unseren inneren Tiefen. Er kann Ausdruck und gleichzeitig Einstieg in emotionale Befindlichkeiten sein. Klänge sind wie wir selbst manchmal stimmig und manchmal weniger oder nicht stimmig. Die Musik bietet hier einen Raum, um sich in „Einklang" zu erleben.

„Unter der Tonkunst schwillt das Meer unseres Herzens auf wie unter dem Mond die Flut." – Jean Paul

Die Musik bietet ein kreatives Spielfeld, um sich auszudrücken, auszuprobieren und kennenzulernen. Die Vorteile dieses Spielfeldes liegen auf der Hand: Es wird eine eigene Wirklichkeit geschaffen mit neuen Ausdrucksmitteln, in der eigene Muster und Verhaltensweisen entdeckt, neue Fähigkeiten und Fertigkeiten ausprobiert, Grenzen erfahren und Qualitäten entdeckt werden können, die in die „normale" Wirklichkeit als Erfahrung zurücktransportiert werden können. So wie die „normale" Wirklichkeit auch, bieten die musikalischen Übungen ein Spielfeld, in dem Regeln gelten. Das Spiel mit diesen Regeln, das Einhalten oder Überschreiten, der Umgang der einzelnen Teilnehmer untereinander bieten genügend Anregungen, um Neues zu lernen und sich weiterzuentwickeln.

Im lustvollen Zusammenspiel von Rhythmus, Klang und Melodie können sich neue Verhaltens- und Denkmuster entwickeln und damit kann größere Flexibilität entstehen.

Notizen:

Rhythmische Pyramide

Übung ☒   **Spiel** ☐   **Phantasiereise** ☐

Ziel:
Rhythmische Koordination, Rapport

Weitere Anwendungsmöglichkeiten:
Kommunikative Intelligenz anregen

Dauer:
15 Minuten

Material:
–

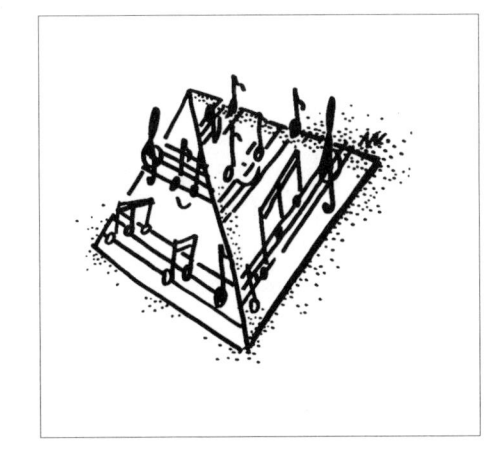

Anmerkung:
Die Übung besteht aus zwei Teilen. Im ersten Teil wird der gemeinsame Rhythmus kennengelernt und ausprobiert. Für die Präsentation der Übung ist es hilfreich, wenn er für die auditiven Lerntypen hörbar, für die kinästhetischen beim gemeinsamen Ausprobieren spürbar und für die visuellen sichtbar gemacht wird, z.B. auf einem Flip-Chart.

Anleitung:
Für diese Rhythmusübung stellen sich alle im Kreis auf, so daß jeder jeden sehen kann. Damit der Rhythmus nicht nur hörbar, sondern auch spürbar wird, machen alle gleichzeitig folgende Fußbewegungen im gleichen Tempo: Als Ausgangsposition stehen beide Füße eng beieinander. Nimm den rechten Fuß und setze ihn nach rechts und sage beim Aufsetzen „Ta". Zieh den linken Fuß nach und setze ihn zum rechten Fuß und sage „Ke", um dann den linken Fuß wieder nach links zu setzen und dabei „Di" zu sagen und dann den rechten Fuß an den linken Fuß ranzuziehen und „Mi" zu sagen, so daß diese seitliche Fußbewegung von dem Wort „Ta-Ke-Di-Mi" begleitet wird. Dies ist unser gemeinsamer Rhythmus.

Während Du diesen Grundrhythmus mit Deinen Füßen im gleichmäßigen Tempo ausführst und dabei „Ta-Ke-Di-Mi" wiederholend singst, kommt nun ein neues Element hinzu: das Klatschen mit den Händen. Klatsche bei den ersten vier Runden

„**Ta**-Ke-Di-Mi" nur das „Ta", dann bei den nächsten vier Runden „**Ta**-Ke-**Di**-Mi" bei „Ta" und „Di". Bei den nächsten vier Runden „**Ta-Ke-Di-Mi**" klatsche bei „Ta", „Ke", „Di" und „Mi". Fang dann wieder mit der Betonung auf „Ta" an und wiederhole diese Abfolge. Übt die Verdopplung jetzt gemeinsam, damit jeder ein Gefühl für den Ablauf dieser rhythmischen Pyramide bekommt.

4x <u>Ta</u> Ke Di Mi, dann:

4x <u>Ta</u> Ke <u>Di</u> Mi, dann:

4x <u>Ta</u> <u>Ke</u> <u>Di</u> <u>Mi</u>, dann wieder von vorne beginnen.

Findet Euch jetzt in drei Gruppen zusammen. Jede Gruppe wird jetzt die Rhythmuspyramide durchführen, nur werden wir sie dieses Mal zeitversetzt beginnen, so daß ein Kanon entsteht. Nach den ersten vier Mal „Ta-Ke-Di-Mi" der ersten Gruppe setzt die zweite Gruppe mit dem „Ta-Ke-Di-Mi" und der Betonung auf „Ta" ein, damit danach die dritte Gruppe mit ihrer rhythmischen Pyramide beginnen kann.

Stellt Euch als Kleingruppe im Kreis auf, so daß wir drei Kreise im Raum haben. Nehmt gemeinsam den Grundrhythmus auf, bevor die erste Gruppe mit dem Einsatz beginnt. Zum Abschluß trommelt der Leiter vier Mal bei „Ta-Ke-Di-Mi" und die Rhythmuspyramide schließt gemeinsam ab.

Notizen:

Ho-Bolo-Bolo

Übung ☐   Spiel ☒   Phantasiereise ☐

Ziel:
Experimentieren mit Klang, Melodie und Rhythmus, den Körperrhythmus spüren, einen „Groove" halten

Weitere Anwendungsmöglichkeiten:
Emotionale und Kommunikative Intelligenz anregen

Dauer:
30 Minuten

Material:
–

Anleitung:
Alle stellen sich so im Kreis auf, daß jeder seinen Platz hat und jeder jeden Mitspieler gut sehen kann. Nimm wahr, wie Du gerade stehst und verändere eventuell Deine Haltung, so daß Du das Gefühl hast, sicher und fest in Kontakt mit dem Boden zu sein. Während Du Deine Arme locker hängen läßt, kannst Du in den Knien nachwippen und die Füße direkt nebeneinanderstellen und vielleicht schon etwas neugierig sein, mit welchem Teil die Übung jetzt beginnt.

1. Um einen gemeinsamen Grundrhythmus, eine gemeinsame Schwingung und einen „Groove" entstehen zu lassen, singen alle eine gemeinsame Melodie und bewegen dazu die Füße im gleichen Rhythmus. Es bleibt Dir überlassen, ob Du Dir zuerst die Melodie einprägen möchtest und dann die Fußbewegungen ausführen willst oder umgekehrt. Nimm das, was Dir jetzt leichter fällt. Die Melodie heißt: „Ho-Bo-lo-Bo-lo".

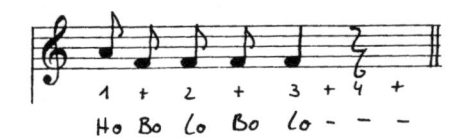

Zu dieser Melodie setze den rechten Fuß nach rechts auf „Ho" und „Lo" und ziehe den linken immer seitlich nach, so daß Du zwei Seitschritte nach rechts machst und sich die ganze Gruppe rechtsherum im Kreis dreht und dabei „Ho-Bo-lo-Bo-lo" singt. Nimm Deine Nachbarn als Modelle, an denen Du Dich orientieren kannst oder such Dir eine Person in der Gruppe als Orientierung und laßt einen gemeinsamen Groove entstehen. Diese Melodie bildet die gemeinsame Basis, die Grundlage, von der aus weiter experimentiert und gespielt werden kann.

2. Während der Körper den Rhythmus aufnimmt und die Stimme die Melodie wie von alleine weitersingt, können nun die Hände in dieses Spiel mit eingreifen und den Grundrhythmus ergänzen und bereichern.

Hierzu einige Beispiele: a) Man kann z.B. das „Ho" und das letzte „Lo" betonen und klatschen oder b) das „Ho-Bo-lo" klatschen oder c) das „Ho" betonen und das zweite „Bo-lo" betonen.

3. Nachdem die Füße den Rhythmus wie von alleine tragen und die Hände sich warmgespielt haben, könnt Ihr nacheinander in den „Ho-Bo-lo-Bo-lo"-Rhythmus mit einer Klatschvariante einsetzen und den Gruppengroove bereichern. Setzt nacheinander ein und höre einen Augenblick zu, was Deine Nachbarn bereits in den Rhythmus mit eingegeben haben. Nimm Dir einen Augenblick Zeit, um bei jedem neuen Einstieg zu hören, welche Qualität der neue Spieler in das Gesamtbild mit einbringt. Halte Deinen vorgestellten Rhythmus immer konstant bei, bis jeder Teilnehmer im Kreis seinen rhythmischen Beitrag für die Gruppe vorgestellt und eingebracht hat. Genieße es eine Zeitlang, diesen gefundenen Rhythmus zu halten, in ihm zu bleiben und die von ihm ausgehende Wirkung zu spüren. Wenn Du Lust hast, kannst Du auf ein vereinbartes Zeichen hin frei improvisieren, Deinen Händen freien Lauf und Dich überraschen lassen, was entsteht, um dann einen gemeinsamen Abschluß zu finden.

Variation: Ho-Bo-lo-Bo-lo Wo-la-Wo-la

Alle Mitspieler stehen im Kreis und machen mit den Füßen gleichzeitig zwei Seitwärtsschritte bei „Ho-Bo-lo-Bo-lo" nach rechts, um dann mit dem Singen der Melodie „Wo-la-Wo-la" zwei Seitwärtsschritte nach links zu machen. Die Fußbewegungen unterstützen darin, im rhythmischen Gesang zu bleiben, und der Gesang unterstützt darin, in einer gemeinsamen Bewegung zu bleiben. Das „Ho-Bo-lo-Bo-lo-Wo-la-Wo-la" ist der Ausgangspunkt und die Basis für rhythmische Experimente und Improvisationen. Von hier aus können Klatscheinsätze vorgegeben oder frei gestaltet werden, können Instrumente miteinbezogen, Kleingruppen- oder Einzelgesänge inszeniert werden. Um die Aufmerksamkeit noch mehr zu schulen, kann man beim dritten Mal das „Wo-la-Wo-la" einen Takt verzögert singen, so daß das ganze Stück dann folgendermaßen aussieht:

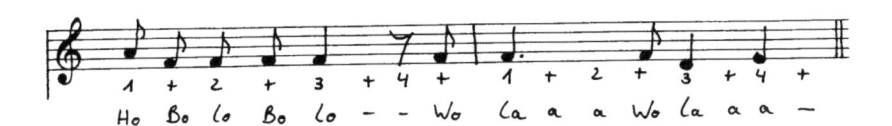

```
1 + 2 + 3 + 4 +   1 + 2 + 3 + 4 +
Ho Bo lo Bo lo - - Wo la a a Wo la a a —
```

Notizen:

Musikalische Intelligenz

Dirigieren

Übung ☒　　　Spiel ☒　　　Phantasiereise ☐

Ziel:
Spaß am Führen, Aufmerksamkeit für die einzelnen Elemente, bewußtes Umsetzen musikalischer Ideen und Themen

Weitere Anwendungsmöglichkeiten:
Kreative Intelligenz anregen, Kommunikative Intelligenz erweitern

Dauer:
40 Minuten

Material:
Verschiedene Perkussionsinstrumente

Anmerkung:

Musikalische Intelligenz kann sich ausdrücken im Komponieren, beim Dirigieren und beim Musizieren. In dieser Übung kann man als Dirigent seinen Ideen freien Lauf lassen und die Anweisung geben, wie andere ihr Instrument spielen. Während des Dirigierens ist der Dirigent im Mittelpunkt – und damit die Verwirklichung seiner Ideen.

Das Dirigieren ist eine schöne Metapher für Führen und Geführt-werden, für Teamarbeit und für Unternehmen jeglicher Art.

Anleitung:

Such Dir ein Instrument aus, mit dem Du jetzt Lust hast zu spielen und auf das Du neugierig bist, das Du ausprobieren und kennenlernen möchtest. Freunde Dich mit Deinem Instrument an, indem Du seine Klangqualitäten ausprobierst und erkundest, welche Töne und Ausdrucksmöglichkeiten Du mit diesem Instrument hast –

welche Klänge und welche Rhythmen Du diesem Instrument entlocken kannst. Du hast dafür jetzt eine Minute Zeit. (...)

Nachdem Du Dich „warmgespielt" hast, bildet die Gruppe ein Orchester, in dem sich die Melodie-, die Klang- und die Rhythmusinstrumente jeweils zusammenfinden. Alle setzen oder stellen sich so im Halbkreis auf, daß auf der rechten Seite die Gruppe der Rhythmusinstrumente, in der Mitte des Halbkreises die Melodieinstrumente und auf der linken Seite des Halbkreises die Klanginstrumente positioniert sind. Falls Du nicht genau weißt, welcher Art Dein Instrument ist, dann geselle Dich einfach zu der Gruppe, deren Musikelement Du am liebsten spielen willst.

Auch dieses Orchester braucht einen Dirigenten. Eine Person kann sich so in den Halbkreis stellen, daß jedes Mitglied des Orchesters sie oder ihn gut sehen kann. Der Dirigent stellt nun seine „Sprache" vor, mit der er die Mitglieder des Orchesters anweisen und dirigieren möchte. So könnten z.B. folgende Zeichen vereinbart werden:

- Blickkontakt und Nicken bedeutet: mit dem Spielen einsetzen
- Blickkontakt und mit dem Kopf eine verneinende Bewegung machen bedeutet: aufhören zu spielen
- linker Arm unten: leise spielen
- linker Arm oben: laut spielen
- rechter Arm unten: langsam spielen
- rechter Arm oben: schnell spielen
- ausgestreckte Arme: alle hören gemeinsam auf

Jeder Dirigent hat seine unverwechselbaren Signale.

Du kannst jetzt zwei Minuten lang als Dirigent agieren, so daß Du das Lied mit Deinem Rhythmus, Deinem Tempo, Deiner Lautstärke kreieren kannst, durch Deine Körpersprache Einfluß nehmen kannst auf das, was die anderen Dir vorspielen. *Du bist der Dirigent Deines Liedes.*

Wechselt dann die Dirigenten, so daß jeder einmal in den Genuß kommt, ein Orchester zu leiten und sich mit Hilfe der Körpersprache auf die Weise auszudrücken, wie es im Moment angenehm erscheint. Nach jedem Wechsel des Dirigenten bietet sich auch ein Wechsel der Instrumente im Orchester an, um neue Klangqualitäten, neue Spielarten und Ausdrucksmöglichkeiten kennenzulernen.

Variation: Der Lautstärkeregler

Jeder nimmt sich das Instrument, worauf zu spielen er jetzt Lust hat. Und Du kannst Dich entscheiden, ob Du ein vertrautes, ein neues oder ein ungewöhnliches Instrument wählst. Bildet als Gruppe einen Halbkreis, so daß jeder jeden sehen kann und der Blick frei ist auf den Dirigenten. Der Dirigent oder die Dirigentin stellt sich vor das Orchester und teilt den Halbkreis in eine rechte und eine linke Seite. Die rechte Seite des Halbkreises orientiert sich nun am rechten Arm des Dirigenten, die linke Seite am linken Arm. Der Dirigent zeigt uns mit der Höhe der Hände, wie laut oder wie leise die jeweilige Orchesterseite spielen soll. Je höher die Hand sich hebt, desto lauter – je niedriger, desto leiser. Befindet sich die Hand auf dem Knie, bedeutet das absolute Stille. Laß Dich überraschen, welche Ausdrucksmöglichkeiten und Spielarten Dir jetzt einfallen und experimentiere damit. Für die Mitspieler des Orchesters bedeutet es, mit der ganzen Aufmerksamkeit beim Dirigenten zu sein.

Variation: Improvisiertes Dirigieren

In dieser Übung sitzt Dir als Dirigent das Orchester im Halbkreis gegenüber und Du vereinbarst mit dem Orchester diesmal vorher keine nonverbalen Signale oder Körperzeichen, sondern Du versuchst, mit Deiner Körpersprache so eindeutig auf die jeweiligen Mitglieder des Orchesters einzuwirken, daß sie verstehen und umsetzen, was Du gerne hören und kreieren möchtest. Laß Dich überraschen, auf welche Art und Weise Du den anderen signalisieren kannst, was und wie sie ihr Instrument im Zusammenspiel einsetzen sollen. Wie kannst Du nonverbal deutlich machen, was einzelne oder ganze Gruppen spielen sollen; wann sie beginnen, wann sie aufhören sollen; wann sie lauter oder leiser; wann schneller oder langsamer; in einem bestimmten Rhythmus oder eine ganz spezielle Melodie umsetzen und spielen sollen? Was hast Du an Körpersprache zur Verfügung und welche Varianten setzt Du ein, um den anderen deutlich zu machen, wann sie wie welche Qualität in Dein improvisiertes Lied einbringen sollen oder aber wann sie aufhören sollen? Wie stellst Du Kontakt zu den einzelnen Orchestermitgliedern her, wie hältst Du ihn und wie kannst Du ihn ganz bewußt beenden? Welche körpersprachlichen Möglichkeiten hast Du, allen zu signalisieren, wann sie aufhören sollen. Nehmt Euch nach der Übung einen Augenblick Zeit, um über Eure gemachten Erfahrungen zu reflektieren und vielleicht kurz über folgende Themen zu diskutieren: Körpersprache, Kongruenz, Ausdrucksfähigkeit, Musik und Körper, Führen und Geführt-werden, Kommunikation und Klarheit.

Musikalische Geschichten

Übung ☐   Spiel ☒   Phantasiereise ☒

Ziel:
Spielerischer Umgang mit Klang, Rhythmus und Melodie

Weitere Anwendungsmöglichkeiten:
Anregung der Kreativen Intelligenz

Dauer:
30 Minuten

Material:
Verschiedene Perkussionsinstrumente

Anleitung:

Wähle ein Instrument, das Dir jetzt ins Auge fällt oder das Dich magisch anzieht. Du hast dann einen Augenblick Zeit, Dich mit den Klangqualitäten Deines Instruments anzufreunden, das Spectrum der Spielmöglichkeiten auszuprobieren und vielleicht auch schon Assoziationen entstehen zu lassen, an welche Geräusche oder Klänge im Alltag Dich dieses Instrument erinnert oder welche Qualitäten und typischen Eigenschaften in diesem Instrument hörbar werden.

Die Gruppe braucht einen Geschichtenerzähler, der eine vorbereitete oder frei improvisierte Geschichte erzählt. Der Rest der Gruppe hat die Möglichkeit, die Geschichte musikalisch auszumalen, zu beschreiben, zu betonen und lebendig mit den Instrumenten zu erzählen. Du mußt nicht zu jeder Aussage spielen, sondern darfst frei wählen, wann und mit welcher Spielart Du der Geschichte Deine musikalische Betonung gibst. Der Erzähler achtet darauf, daß in die Geschichte genügend Pausen eingebettet sind, damit die Instrumente einsetzen können. Laß Dich überraschen, wohin Dich die Geschichte führt.

Hierzu ein Beispiel:
Dies ist die Geschichte von Tajo, einem jungen Mann, der auf der Suche nach seinem Kraftlied ist. Tajo lebt in einem fernen Land in einem kleinen Dorf mitten im Wald weitab von den großen Städten, weit entfernt von den Errungenschaften

der Zivilisation. So wie für jedes Mitglied dieses Dorfes ist auch für Tajo die Zeit gekommen, sich auf die Suche zu begeben zu seinem Kraftlied. Als er eines Morgens ganz früh aufwacht, ist ihm klar: Heute ist es soweit. Er nimmt sich ein Pferd und reitet innerlich ziemlich aufgeregt aus dem Dorf (...) Er hat kein festes Ziel, er läßt sich von seiner Intuition leiten. Er merkt nur, wie der Ritt immer schneller wird (...) Plötzlich kommt er auf eine Lichtung, die er so noch nie gesehen hat, und er entschließt sich, einen Augenblick Rast zu machen und innezuhalten (...)

In seinen Satteltaschen findet er noch einige leckere Kekse und ein paar frische Früchte, und mit einem Schluck frischen Quellwassers rundet er sein Mahl ab (...)

Satt und zufrieden legt er sich ins hohe, weiche Gras und träumt vor sich hin, schaut in den blauen Himmel hinein und lauscht den Gesängen der Vögel (...) Plötzlich schreckt er auf, weil er glaubt, ein Geräusch gehört zu haben. Er schaut sich um und sieht in einiger Entfernung, einen großen, braunen Bären mit ruhigen und gleichmäßigen Schritten auf ihn zukommen (...) Der Bär kommt immer näher, und auch seine Schritte werden immer schneller (...) Voller Angst und Panik steigt Tajo auf sein Pferd und verläßt so schnell wie möglich diesen Ort (...)

Nachdem er einige Stunden geritten ist – er weiß schon lange nicht mehr, wo er sich befindet – begegnet er einem großen, überwältigenden Berg vor sich. Er steigt vom Pferd und setzt seinen Weg zu Fuß weiter fort. Flotten Schrittes macht er sich daran, den Gipfel des Berges zu besteigen (...) Dabei summt er innerlich ein kleines Lied (...) Plötzlich fängt es an zu regnen (...) Aus dem Regenschauer wird in kürzester Zeit ein stürmisches Gewitter, bei dem es donnert und blitzt (...)

Tajo hat Glück, denn er findet eine Höhle, die ihm Schutz und Sicherheit bietet und in die er sich soweit zurückzieht, daß er von dem Gewitter nichts mehr hört. Er zündet ein Feuer an, das ihm Wärme und Licht schenkt (...) Er schaut in die Flammen, lauscht dem Knistern und Knacken des Feuers und weiß nach einiger Zeit nicht mehr, ob er träumt oder wach ist. Aus dem flackernden Licht des Feuers heraus entstehen Bilder, Bilder von einer Elefantenherde, die gemütlich durch die Wildnis läuft (...), von einem Ameisenhaufen, bei der jede Ameise ihren Beitrag leistet (...), von einem Adler, der in großer Höhe gleichmäßig seine Kreise zieht (...), von einem Delphin, der verspielt und neugierig durchs Wasser gleitet (...), von einem großen, braunen Bären, der mit gleichmäßigen Schritten seinen Weg fortsetzt (...), von Blättern, die im Wind rauschen (...), von Bächen, die allmählich größer werden und anwachsen zu Flüssen (...), von Blumen und Pflanzen (...), und dem strahlenden Licht der Sonne (...)

Aus all diesen Bildern und Vorstellungen heraus beginnt sich – ganz leise – ein Lied zu entwickeln. Zuerst hört er nur einen Ton oder Klang ..., der sich dann weiter ausbreitet und bereichert wird durch neue und andere Klänge ..., woraus wieder neue Klänge kommen und allmählich auch ein Rhythmus entsteht, miteinander spielend und aufeinander bezogen (...)

Aufgeregt und freudig wacht Tajo auf und weiß, er hat sein Lied gefunden. Er rennt den Berg hinunter (...), steigt auf sein Pferd und reitet zum Dorf zurück (...) Dort angekommen bereitet ihm die gesamte Dorfgemeinschaft einen riesigen Empfang und sie feiern seine Rückkehr gemeinsam. Es entsteht ein lustvolles, fröhliches Fest mit viel Tanz und Musik bis spät in die Nacht (...)

Erst früh am Morgen legt Tajo sich zur Ruhe. Er ist stolz und glücklich zugleich. Mit seinem Kraftlied hat er den treuesten Begleiter des Alleinseins gefunden, der ihm viele Jahre noch gute Dienste leisten wird.

Variation: Die Geschichtenerzähler

Jeder hat ein oder mehrere Instrumente, mit denen die gemeinsam erzählte Geschichte begleitet wird. Jeder Teilnehmer ergänzt die Geschichte um jeweils einen oder zwei Sätze und führt die Geschichte dadurch weiter. Jede neue Ergänzung wird musikalisch ausgedrückt, verdeutlicht und begleitet. Eine Person fängt die Geschichte z.B. mit „Es war einmal ein Regentropfen ..." an. Die Gruppe hat jetzt fünf oder zehn Sekunden Zeit, diesen Teil der Geschichte musikalisch zu unterlegen und zu interpretieren. Der nächste Mitspieler setzt die Geschichte dann fort, z.B.: „... der fiel aus großer Höhe auf einen Hund." Wieder hat die Gruppe Zeit, diesen Teil der Geschichte musikalisch auszudrücken usw. Dadurch, daß jedes Gruppenmitglied nur einen kleinen Teil der Geschichte weiterführt, kann es zu witzigen, spannenden und überraschenden Verläufen der Geschichte kommen.

Notizen:

Der Rhythmustanz

Übung ☒   **Spiel** ☐   **Phantasiereise** ☐

Ziel:
Koordination, rhythmische Unabhängigkeit und Freiheit

Weitere Anwendungsmöglichkeiten:
Körper-Intelligenz und Emotionale Intelligenz sensibilisieren

Dauer:
Insgesamt 30 Minuten

Material:
Für diese Übung eignet sich ausgezeichnet eine Tischtrommel, wie sie z.B. von ALLTON bezogen werden kann. Ansonsten kann auch ein Tisch für diese Übung genutzt werden oder verschiedene Klein-Perkussionsinstrumente. Weiterhin werden Gegenstände benötigt, die in einer Hand leicht tragbar sind, wie z.B. Schlagzeug-Sticks oder Kugelschreiber.

Beschreibung:
Alle Mitspieler stellen sich im Kreis so auf, daß die rechte Seite zur Kreismitte zeigt, damit die rechte Hand Kontakt zum Tisch bzw. zur Tischtrommel hat oder in der rechten Hand ein Rhythmusinstrument hält, was sich mit einer Hand spielen läßt. Zu Beginn stellen sich alle Mitspieler wieder auf einen gemeinsamen „Groove" ein – jeder Schritt mit dem Fuß ist dabei ein Teil des $^4/_4$-Taktes. Wenn alle im gleichen Groove sind, bewegt sich die Gruppe mit den selben Fußbewegungen im Kreis. Die Übung kann nun in drei Leichtigkeitsgraden durchgeführt werden.

1. Während die Füße im $^4/_4$-Takt bleiben, betont, klopft oder spielt die rechte Hand die eins. Währenddessen soll die linke Hand unterschiedliche Tätigkeiten ausführen: z.B. den linken Arm nach oben strecken, mit der Hand eine phantasierte Acht zeichnen, die Hand auf die linke Schulter des Vordermanns auflegen, mit der linken Hand ans eigene rechte Ohr fassen usw. Der Übungsleiter kann durch ein vereinbartes Pfeifzeichen signalisieren, daß für alle die Richtung gewechselt wird, d.h. die linke Schulter zeigt zur Kreismitte und spielt die eins, während die rechte Hand die Aufgaben ausführen muß.

2. Bei dieser Übungsstufe betont die zu der Kreismitte gerichtete Seite eins und drei. Die nach außen gerichtete Seite hat einen Gegenstand in der Hand – z.B. einen Stick oder einen Kugelschreiber, während die Füße im Takt bleiben und die zur Kreismitte zugerichtete Seite eins und drei betont, bekommt die nach außen gerichtete Seite folgende Aufgaben: den Gegenstand vollständig drehen, den Gegenstand weitergeben (der Übungsleiter oder eine andere Person legt seinen Gegenstand auf dem Boden ab), alle legen ihren Gegenstand auf dem Boden ab und heben ihn nach einer Runde wieder auf. Auch hier kann der Richtungswechsel und damit Handwechsel durch ein Pfeifsignal angezeigt werden.

3. Bei der dritten Übungsstufe behalten die Füße die Betonung des $^4/_4$-Taktes bei, und die nach innen gerichtete Hand betont nun eins, drei und vier, während die nach außen gerichtete Hand mit den Gegenständen wieder einige Aufgaben ausführen soll: z.B. Gegenstand heben, ablegen, übergeben, drehen. Zusätzlich signalisiert ein zweites vereinbartes Pfeifsignal den Teilnehmern, daß sie die Fuß- und damit Rhythmusbewegung rückwärts ausführen. Das Zeichen für den Richtungswechsel bleibt nach wie vor erhalten.

Notizen:

Die Versammlung

Übung ☒ Spiel ☐ Phantasiereise ☐

Ziel:
Sich zeigen, seinen Platz finden und deutlich machen, aufeinander beziehen

Weitere Anwendungsmöglichkeiten:
Emotionale, Kreative und Kommunikative Intelligenz steigern

Dauer:
1 Stunde

Material:
Verschiedene tragbare Perkussionsinstrumente

Beschreibung:
Diese Übung besteht aus drei Teilen, die oft typisch bei der Durchführung von Versammlungen sind: das Vorstellen der Mitglieder, das Herstellen einer gemeinsamen Stimmung oder eines gemeinsamen Grooves und das Diskutieren von Meinungen und Gegenmeinungen.

1. Teil: Jeder Teilnehmer sucht sich aus dem Pool der vorhandenen Musikinstrumente das aus, was seine Stimmung am besten auszudrücken vermag. Mit dem Musikinstrument in der Hand stellt sich die Gruppe im Kreis auf, so daß jeder jeden sehen kann. Jeder Teilnehmer hat jetzt die Möglichkeit, sich und sein Instrument vorzustellen. Dazu geht er in die Mitte des Kreises und hat ca. 30 Sekunden Zeit, sich mit Musik, Gestik, Mimik, Bewegung, Körpersprache so auszudrücken, wie er sich ausdrücken möchte.

2. Teil: Nachdem bekannt ist, wer alles da ist und welche Qualitäten in der Gruppe vertreten sind, stellen die Teilnehmer mit den Füßen einen gemeinsamen Grundrhythmus her. Darauf aufbauend fängt ein Teilnehmer an, seinen Teil, seinen Anteil, seinen Rhythmus einzubringen und zu halten. Schritt für Schritt setzt jeder im Uhrzeigersinn seine Qualität in das gemeinsame Lied ein und hält diese Qualität in dem Groove konstant, bis die gesamte Gruppe sich eingebracht hat. Zu Beginn ist darauf zu achten, daß die ersten Spieler nicht zuviel Platz, zuviel musikalischen Raum einnehmen, sondern den anderen genügend Platz zur Entfaltung lassen. Wenn Ihr einen gemeinsamen Groove entwickelt habt, könnt Ihr anfangen, damit zu experimentieren, wie es ist, wenn ein Teil der Gruppe diesen Groove beibehält und andere lustvoll etwas Neues, etwas Anderes, etwas Ungewohntes, Experimentelles spielen. Einigt Euch dann auf ein Zeichen, wann Ihr dieses Ostinato abschließen könnt.

3. Teil: Die Gruppe stellt sich nun in zwei Reihen gegenüber, so daß jeder einem Partner gegenübersteht. Gemeinsam üben beide Reihen zuerst den Beat, indem der Übungsleiter „1 und 2 und 3 und 4 und" vorzählt und die Gruppe jeweils die Zahlen klatscht. Der Off-Beat wird geübt, indem der Gruppenleiter „1 und 2 und 3 und 4 und" vorzählt und die Gruppe die „und's" klatscht. Anschließend wird die eine Hälfte angewiesen, die Beats und die gegenüberliegende Seite die Off-Beats zu klatschen oder zu spielen. Nach zwei Minuten wird gewechselt, so daß jeder die Erfahrung machen konnte, den Off-Beat und den Beat zu erleben. Danach nimmt sich die Gruppe einen Augenblick Zeit, um sich darüber auszutauschen, was leichter gefallen ist, was vertrauter vorkam oder gewohnter, welche Strategien jeder angewandt hat, um bei dem jeweiligen Rhythmus zu bleiben und woran man sich orientiert und wie man sich gefühlt hat.

Notizen:

Meine Stimme und ich

Übung ☒   Spiel ☐   Phantasiereise ☐

Ziel:
Eigene Stimmqualitäten kennenlernen und annehmen

Weitere Anwendungsmöglichkeiten:
Emotionale Intelligenz steigern

Dauer:
30 Minuten

Material:
Schreibmaterial

Anleitung:
1. Schreibe als erstes drei Sätze über Deine Stimme auf, die Dir jetzt spontan einfallen.
2. Schreibe diese Sätze nun in Ich-Form. Wenn Du z.B. dastehen hast: „Meine Stimme ist weich und melodisch", schreib jetzt: „Ich bin weich und melodisch."
3. Suche Dir einen Partner und tausche Dich darüber aus, was es für Dich bedeutet, wenn Du Deine Stimme als einen Ausdruck Deines Ichs betrachtest.
4. Finde eine Verbindung, ein Resultat oder einen Zielsatz aus dem, was Du gefunden hast.

Notizen:

Der Klangraum

Übung ☒   Spiel ☐   Phantasiereise ☐

Ziel:
Sich als Klangraum erfahren, Sensibilität für Schwingungen entwickeln

Weitere Anwendungsmöglichkeiten:
Emotionale und Körper-Intelligenz verfeinern

Dauer:
25 Minuten

Material:
Ort, an dem man für einige Zeit seine Aufmerksamkeit nach innen richten kann.

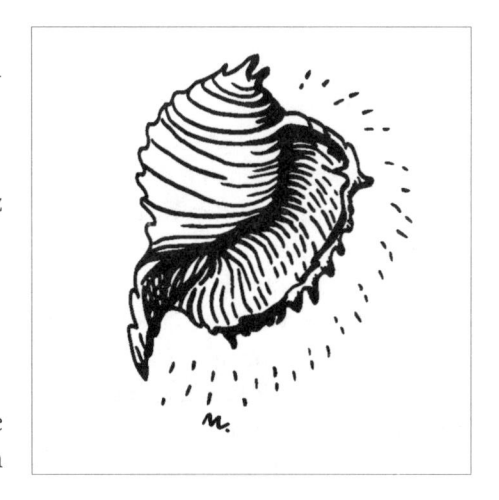

Anmerkung:
Aller Schall und Klang wirkt auf uns ein und kann uns stärken oder schwächen. Das Hören eines Klanges ruft häufig ein sehr räumliches Erleben hervor, was mit der strukturellen Verkopplung von Ohr und Gehirn zusammenhängt. Spannend daran ist, daß dieses räumliche Erleben dadurch entsteht, daß wir einen eigenen inneren Klang produzieren, daß der äußere Klang auf diesen inneren Klang stößt und dadurch eine neue Modulation entstehen kann, so daß aus diesen drei Klangmustern, aus diesen drei Wellen heraus das räumliche Erleben entsteht. Wir hören nicht durch unsere Ohren, sondern mit ihrer Hilfe.

Anleitung:
Schließe für einen Moment die Augen, um Dich auf den Klang in Deinem Kopf einzustimmen. Nimm wahr, daß Du das Zentrum eines Raumes bist, daß Du das Zentrum bist, von dem Schwingungen ausgehen. Nimm auf Deine eigene Weise wahr, wie Du Deinen Körper erleben kannst, wie Du Dich jetzt wahrnimmst, wie sich Dein Körper jetzt anfühlt – wie Du den Raum in Deinem Kopf spüren kannst und wie Deine Gedanken kommen und gehen und still werden können. – Nimm

wahr, auf welche Art sich Dein Körper entspannen kann, mehr und mehr, so daß Du Dich nur noch auf Deinen inneren Klangraum konzentrieren kannst und sich alle Körpergrenzen lösen können und Du wahrnehmen kannst, bis wohin Dein Klangraum verläuft. Nimm mit all Deinen Sinnen wahr, wie Dein Klangraum zu Deinem Körperraum wird und was innerhalb dieses Raumes alles geschieht.

Während dies von ganz allein mehr und mehr werden kann, weiter und ganz selbstverständlich werden kann, kannst Du in Deinem Raum das klare Klingen Deines Grundzustandes vernehmen. Je mehr Du Deine Aufmerksamkeit darauf lenken kannst, um so größer wird die Klarheit, die Feinheit und das Ausdifferenzierte dieses klaren inneren Klingens – Deines eigenen Tons. Nimm wahr, wie alle von außen vernommenen Klänge, alle Töne und Geräusche, auch alles, was von innen kommt, sich in bezug setzt zu diesem Klingen, interagiert mit diesem Ton, mit dieser konstanten Frequenz und eine ganz neue Modulation – etwas Neues – erschafft. Nimm wahr, wie alle Töne und Klänge, die Du von außen wahrnimmst, die von außen kommen, der gehörte Klang Deiner eigenen inneren Erfahrung ist, das Ergebnis des Zusammenspiels von Deinem Inneren mit dem von außen kommenden Klang. Genieße einen Moment Deinen Raum, Deinen Klangkörper, Deinen Klangraum und schließe das dann für Dich ab, indem Du Deine Aufmerksamkeit wieder ganz nach außen lenkst, Dich ganz hier und im Jetzt orientierst – all die Geräusche wahrnimmst – Dich umschaust, was es alles zu sehen gibt – Dich berührst oder Dir innerlich etwas sagst, um ganz wach wieder hier zu sein – im Hier und Jetzt.

Notizen:

Klang-Identität

Übung ☒ **Spiel** ☐ **Phantasiereise** ☐

Ziel:
Musikalisches Selbstbild entwerfen, Selbstwert einmal anders ausdrücken

Weitere Anwendungsmöglichkeiten:
Emotionale und Körper-Intelligenz

Dauer:
1 Stunde

Material:
Für diese Übung eignet sich eine Tischtrommel von ALLTON

Anmerkung:
Rhythmus ist eine Einteilung in der Zeit, die unterschiedlich sein kann. Deshalb können unterschiedliche Rhythmen möglicherweise nicht aufeinander aufbauen oder miteinander harmonieren; sie können jedoch nebeneinander existieren. Es gibt keinen richtigen oder falschen Rhythmus (nur wenn man ein Idealbild vor Augen hat und dies auch erfüllen möchte), sondern nur meinen und Deinen Rhythmus und wenn beide es so erleben – einen gemeinsamen Rhythmus.

Anleitung:

1. Vorstellen an der Tischtrommel

➤ Namen vorstellen an der Tischtrommel: Jeder stellt sich einzeln mit seinem Namen vor und trommelt gleichzeitig dazu. Die Silben des einzelnen Namens sind jeweils die Schläge. Vorstellen in der Runde.
➤ Namen kennenlernen: Jeder trommelt seinen Namen, die Gruppe nimmt den Rhythmus auf und trommelt mit.

➤ Namen zusammenfügen: Anschließend trommelt jeder in der Runde mit allen anderen gleichzeitig seinen Namen auf die Tischtrommel. Nach kurzer Zeit dann aufeinander beziehen, sich aufeinander einstimmen, so daß eine Musik entsteht.

2. Klatschen im Kreis

➤ Die Gruppe läuft im Kreis. Gleicher Schrittrhythmus mit rechts und links. Eine große Trommel schlägt den Beat, eine kleine schlägt den Off-Beat. Während des Laufens klatscht die gesamte Gruppe bei der ersten Runde auf die 1, bei der zweiten auf die 2, bei der dritten auf die 3, bei der vierten auf die 4, um dann wieder bei der 1 zu beginnen.
➤ Dann teilt sich die Gruppe. Die eine Hälfte zählt den 4er-Rhythmus wie gehabt, und die andere Gruppe zählt nur bis drei, also bei 1 klatschen, dann bei der zweiten Runde bei 2, bei der dritten bei 3, und dann beginnt sie wieder in der vierten Runde bei 1. Gleichzeitig vorwärts laufen.
➤ Anschließend können die Gruppenhälften ihre Aufgaben wechseln, so daß jede Gruppe einmal in den Genuß kommt, einen 3er- und einen 4er-Rhythmus zu klatschen. Diesmal ist die Laufrichtung allerdings rückwärts.
➤ Bei der nächsten Runde kann das Tempo verdoppelt werden.

3. Musik und Tanz

➤ Die Gruppe braucht zwei Spieler: Eine Person spielt eine Trommel, die andere z.B. ein Xylophon. Der Rest der Gruppe verteilt sich im Raum, lauscht den Klängen der beiden Musiker und setzt sie in Bewegungen um.
Die Trommeln sind für die Füße und das Xylophon ist für die Arme. Wenn das entsprechende Instrument spielt, dann bewegen sich auch die Arme oder Beine – wenn das Instrument aufhört, dann werden auch die Fuß- oder Armbewegung eingestellt. Spielen die Instrumente besonders laut, ist die Bewegung auch besonders intensiv auszuführen – spielen sie leise, werden auch die Bewegungen kleiner und feiner.
➤ Dann wird gewechselt: Die Tänzer bestimmen, wann zwei Trommeln oder wann zwei Xylophone eingesetzt werden. Die vier Musiker reagieren auf die Tänzergruppe, die sich auf gemeinsame Bewegungen einigt und sich nonverbal verständigt, wer gerade führt. Die Bewegungen der Beine richten sich an die Trommeln, die Bewegungen der Arme an die Xylophone. Die Schnelligkeit des Tanzes bestimmt den Rhythmus, die Intensität der Bewegung die Lautstärke.

4. Resonanz erfahren

➤ Geht in dieser Übung von der Vorannahme aus, daß jedes Körperteil seinen eigenen Klang hat. Jeder Teilnehmer hat nun die Möglichkeit, sich ein Instrument auszusuchen oder sich finden zu lassen, das jetzt zu ihm paßt. Im Spiel mit dem Instrument kann jeder herausfinden, welche Töne zu welchem Organ oder Körperteil passen und welcher Ton oder welche Melodie stark mit der eigenen Person in Resonanz geht, wo der Körper berührt wird, der Geist sich öffnet und der Seele Flügel wachsen.

Jeder Teilnehmer kann seine gefundenen Töne in der Gruppe vorstellen.

Notizen:

Phantasiereise zum inneren Musiker

Übung ☐   Spiel ☐   Phantasiereise ☒

Ziel:
Raum für Offenheit und Freiheit in sich erschaffen, Lust machen auf musikalisches Ausprobieren und Ausdrücken

Weitere Anwendungsmöglichkeiten:
Emotionale Intelligenz

Dauer:
20 Minuten

Material:
Musik von *Dan Gibson's Solitudes*: „Exploring Natur with Music: Appalachian Mountain Suite"

Anmerkung:
Bei vielen Menschen hat die Musikerziehung nicht zu mehr Lust und Freude im musikalischen Ausdruck geführt, sondern eher zu Beurteilungen wie musikalisch – unmusikalisch, richtige Töne – falsche Töne und den dahinterstehenden Glaubenssätzen „Ich kann" oder „Ich kann nicht".

Wir gehen davon aus, daß jeder seinen Weg zur Musik finden kann und dieser Weg in einer Atmosphäre von Offenheit und Freiheit am leichtesten zu entdecken ist.

Anleitung:
Mach es Dir jetzt auf dem Boden oder dem Stuhl ganz bequem und überprüfe, was Du tun kannst, um jetzt vollkommen entspannt und gelöst die nächsten 20 Minuten für Dich zu genießen – Dich wohl zu fühlen – und eine Reise zu Deinem inneren Musiker zu genießen.

Vielleicht bist Du schon ein bißchen neugierig, auf welche Art Du heute am schnellsten in einen Zustand von Entspannung und Gelöstheit kommst – denn Du hast die Wahl, ob Du einfach nur daliegst oder sitzt und Dich ausruhst – oder Dich mitnehmen läßt von den Schwingungen der Musik in einen Zustand von Loslassen – oder ob Du Dich erinnerst, wann Dein Körper bereits in diesem Zustand von Entspannung und Wohlbefinden war – oder ob Du meiner Stimme zuhören magst und all den Assoziationen, die sie bei Dir weckt. – Und dann nimm wahr, an welchen Stellen Du mit Deinem Körper den Boden berührst und was Du alles an die Erde abgeben kannst – loslassen kannst – schwerer werden lassen kannst – und ein kleines bißchen tiefer auf den Boden sinken, während Du mit Deiner Aufmerksamkeit in Dein Becken spüren kannst, wie es jetzt daliegt und was Du hier loslassen kannst – lockern, lösen, ganz selbstverständlich an den Boden abgeben – und Dein Körper weiß am besten, auf welche Weise er jetzt entspannen kann – und je höher Du mit Deiner Aufmerksamkeit in Deinen Körper wanderst, desto tiefer kannst Du Dich entspannen – während Du mit Deiner Aufmerksamkeit Deine Wirbelsäule wahrnehmen kannst – Deinen Rücken spüren, an welchen Stellen Du den Boden berührst und wo Du aufliegst – und mit dem Kontakt zur Erde auch hier Deine Rückenpartie weiter werden lassen, lockern und lösen kannst – während Du mit Deiner Aufmerksamkeit hineinspürst in beide Arme, wo und wie Du sie heute abgelegt hast und was Du in dieser Stellung loslassen kannst – weicher und weiter werden läßt – mit dem Wissen, daß jetzt Zeit und Raum für Dich da ist, und sich Dein Körper ganz selbstverständlich entspannen kann und Du Dir erlauben kannst, die Schwerkraft zu spüren, Dich ein kleines bißchen mehr dem Boden anzuvertrauen und damit tiefer loslassen – um dann mit Deiner Aufmerksamkeit in Deinen Nacken und Kopf zu spüren und auch hier – wahrnehmen, wie Du aufliegst und was Du hier im Nacken und im Kopf noch ganz bewußt loslassen kannst – an den Boden abgeben kannst und wieder gehen lassen kannst – wie Deine Gedanken oder wie Deinen Atem. – Beobachte, wie Dein Rhythmus jetzt ist und wie Du Dich von Deinem Atem schaukeln lassen kannst – mit jedem Ausatmen mehr loslassen, so daß Dein Körper, daß jede Zelle Deines Körpers tiefer und tiefer entspannen kann.

Und während Dein Körper wie von alleine mehr und mehr loslassen kann, kannst Du Deiner Phantasie Flügel wachsen lassen und Dich in Gedanken an einen Ort in der Natur treiben lassen, an dem Du Dich mit der Natur verbunden fühlst – einen Ort, an dem Du Kontakt hast zu den Pflanzen – den Tieren – der Luft – der Erde – wo Du Teil der Natur bist – Teil eines größeren Ganzen, ganz selbstverständlich eingebettet bist in Deiner Umwelt. Laß Dich überraschen, welcher Ort es jetzt ist, und wenn er noch nicht ganz klar ist, dann laß ihn klarer werden, deutlicher, so daß es für Dich stimmt. Und dann schau Dich um an Deinem Ort in der Natur. Was kannst Du alles sehen – welche Umwelt umgibt Dich – welche Pflanzen, Tiere oder Teile der Natur siehst Du? Schau Dich um an Deinem Ort, was alles da ist, welche Farben – welche Formen und welche ganz spezielle Lichtqualität zu Deinem Ort gehört – während Du auch wahrnehmen kannst, welche Töne und Geräusche dazugehören – Geräusche der Natur oder eine ganz besondere Stille – vielleicht auch eine Stille in Dir – während Du es genießen kannst, an diesem Ort zu sein – eingebettet – und spüren kannst, wie Du ganz selbstverständlich Teil eines größeren Ganzen bist – wie sich dieses Gefühl von Geborgenheit und Verbundensein mehr und mehr in Dir ausbreiten kann.

Während Du dem Zusammenspiel der Natur lauschst, entwickelt sich in Dir und um Dich herum eine Atmosphäre von Offenheit und Freiheit, in der es keine Kategorien von musikalisch und unmusikalisch gibt, sondern alles teilnimmt am schwingenden Ganzen – ganz selbstverständlich zusammengehört – in der es keine richtigen und falschen Töne gibt, sondern lustvolles Spielen und neugieriges Entdecken der eigenen Töne – in der es keine Kritiker und Beurteiler gibt, sondern die pure Freude an Musik, an Klängen und Tönen – wo es ganz selbstverständlich ist, sich zu öffnen für die Welt des Rhythmus, der Melodien und der Klänge der Natur – wo es Dir erlaubt ist, eigene Strukturen zu entdecken und musikalische Gestalten auszuprobieren – mit neuen Formen des Singens, des Tanzens und Musizierens zu experimentieren – eingebettet an diesem Ort wird Dir klarer, was es bedeutet, mit sich selbst in Einklang zu sein und etwas zum Klingen zu bringen – Klang als Urschwingung wahrzunehmen und sich dem hinzugeben. In dieser besonderen Atmosphäre entwickelt sich mehr und mehr Dein natürliches Gefühl für Rhythmen, weil alles, was Dich umgibt, lebendig ist, sich bewegt und seinem ganz eigenen Rhythmus folgt. Während Du an Deinem Ort mit all Deinen Sinnen Dich und Deine Umgebung wahrnehmen kannst, laß Dir von der Natur eine Melodie oder ein Kraftlied, einen Rhythmus oder einen Klang schenken, der Dich an dieses Erlebnis, an diese Atmosphäre von Verbundenheit, von Offenheit und Freiheit erinnern wird – und laß Dich überraschen, was Du jetzt geschenkt bekommst – ob es eine Melodie ist, ein Klang oder ein Rhythmus – vielleicht auch ein Zusammenspiel aller Elemente.

Mit dem Wissen, daß Du diese Stimmung, dieses Gefühl der Freude am Entdecken mit in Deinen Alltag nehmen kannst, verabschiede Dich jetzt von diesem Ort – vielleicht indem Du Dich innerlich noch einmal bedankst, um dann mit Deiner Aufmerksamkeit wieder zurückzukommen – hier in diesen Raum, um wahrzunehmen, wie Du aufliegst mit Deinem Körper und was sich vielleicht schon als erstes bewegen möchte. Nimm wahr, was Du tun kannst, um Dich und Deine Aufmerksamkeit wieder hierher zurück in den Raum zu bewegen – vielleicht indem Du Deine Füße oder Finger bewegst oder indem Du mit jedem Einatmen Frische und Energie in Dich hineinströmen läßt und somit wacher und wacher werden kannst – ob Du Dich räkeln oder strecken möchtest oder was Du tun kannst, um mit Deiner Aufmerksamkeit wieder vollständig hierher zurückzukommen.

Notizen:

5. Sprachliche Intelligenz

Wegweiser

Erfolgsworte	178
Wort-Pyramide	180
Clustering	181
Assoziationen verknüpfen	181
Schnelles Sofa	181
Geschichten erfinden	182
Lefreli, Lebensfreude – Liebe	183
Begriffe verweben	183
Tabu	184
Improvisation in einem Hochhaus	186
Das Treffen am nächsten Tag	188
Lebensmetaphern	189
Nützliche Geschichten	191
Sleight of mouth	192
Der Wissenssprachraum	196

Gedicht vervollständigen 200
Komplexe Metaphern basteln 201
Walter 204
Nicht-Formulierungen... 205

Einstimmung – Sprachliche Intelligenz

„Unsere sprachlichen Äußerungen sind, wie auch die innere Sprache, ein Ausdruck unserer Selbst. Daher fühlt sich unsere Sprache oft wie ein Ausströmen an, wie eine spontane Übermittlung des Selbst." – Oliver Sacks

Die Frage, was menschliche Sprache ausmacht, läßt sich heute nur im Team beantworten. Psychologen, Linguisten, Biologen, Mediziner, Physiker, Chemiker arbeiten zusammen, um Antworten zu finden.

Sprache und Denken sind für uns immer persönlich. Die Entwicklung der Sprache ist gebunden an Kommunikation und wird in einer Beziehung erworben. Man kann nicht allein seine Muttersprache lernen. Dies ist das Geschenk einer Generation an die nächste.

„Wenn jene anderen, meine Eltern, ein Wort aussprachen und im Anschlusse daran ihren Körper zu etwas hinbewegten, so ersah ich und begriff ich, daß sie mit jenem Laute eine Sache benannten, die sie mir zeigen wollten. Daß sie dies aber wollten, offenbarten mir Bewegungen des Körpers, jene natürliche Sprache aller Völker, die in dem Mienenspiel, dem Winken mit den Augen, den Gebärden der übrigen Glieder besteht und dazu im Tone der Stimme, welche die Empfindung transportiert." – Augustinus

Wir lernen unsere Sprache über Versuch und Irrtum, und die Syntax, die Grammatik programmieren wir als Hardware ein, so daß die grammatische Information ein geschlossenes System wird. Dadurch ist uns eine große Geschwindigkeit im Wiedererkennen und ein intuitives Wissen über grammatikalische Richtigkeit oder Fehlerhaftigkeit gegeben.

„Sprache eröffnet dem Lernen und Handeln neue Orientierungen und neue Möglichkeiten ... Sprache gestaltet Erfahrungen, und durch Sprache kann man ein Kind einführen in die rein symbolische Sphäre von Vergangenheit und Zukunft, von fernen Gegenden, hypothetischen Ereignissen, von utopischer Literatur, Wesen, imaginären Entitäten, vom Werwolf bis zum Yeti. Gleichzeitig bewirkt das Spracherlernen eine Umformung, die das Individuum befähigt, von sich aus neue Dinge zu tun oder alte Dinge auf eine neue Weise zu tun. Die Sprache erlaubt, mit den Dingen aus der Distanz umzugehen, auf sie ohne physische Aktion einzuwirken. Mit Sprache können wir Dinge isolieren, die normalerweise nicht zu isolieren sind oder neuordnen, die in der Realität einer Neuordnung widerstehen würden. Wir können Dinge, Objekte und Ereignisse, die in Zeit und Raum weit auseinanderliegen, zusammenbringen und

vergleichen. Wir können auf symbolische Weise das Universum auf den Kopf stellen. Sprache erlaubt es uns, von der Welt der Bilder und Gegenständlichkeiten und Erlebnisse in die Welt der Konzepte und Abstraktionen einzutauchen." – Joseph Church (1971)

Worte sind eine eigene schöpferische Energie. Mit Sprache erreichen Dich heute noch Menschen oder Ideen aus der Vergangenheit, indem Du Shakespeare, Schopenhauer oder Aristoteles liest, und Du wirst Generationen nach Dir erreichen, wenn Du Deine wichtigsten Gedanken für die Nachwelt aufschreibst.

Sprache dient jedoch nicht nur der Übermittlung von Informationen. Mit Sprache kannst Du Menschen zum Lachen, Weinen, Nachdenken, Ärgern, Lernen, Empfinden, Fühlen, Spüren, Amüsieren, Anbeten, Lieben, Begeistern bringen. Worte können betören, entzücken, erfreuen, ermuntern. Du kannst mit Worten flirten, hinreißen, erwärmen, streicheln, schmeicheln, imponieren und mit einem Wort anderen ein schönes Erlebnis verschaffen oder eine Gemeinheit antun.

Worte können töten, so daß mit Sprachlicher Intelligenz immer auch Emotionale Intelligenz verbunden sein sollte. Mit Sprache kann man zaubern, und eine Frage setzt einen Suchprozeß nach den entsprechenden Informationen im Gehirn des anderen in Gang. „Wer fragt, führt" sagt ein altes Sprichwort, und daran ist eine Menge Wahres, denn wenn ich jemandem eine Frage stelle, dann muß er innerlich diese Frage beantworten, auch wenn er mir die Antwort verweigert.

Wenn ich Dich jetzt frage: „**Wann warst Du wirklich richtig glücklich?**", dann wirst Du dies erinnern, um meine Frage zu verstehen und zu wissen, was die Antwort wäre.

„Viele Dinge, die uns als Mensch auszeichnen, unsere Fähigkeit, Sprache, Denken, Kommunikationsformen und Kultur zu schaffen, sind nicht automatisch in uns entwickelt und keine bloße biologische Funktion, sondern in gleichem Maße sozialen und historischen Ursprungs. Sie sind ein Geschenk, das wunderbarste aller Geschenke, das eine Generation an die nächste weitergibt." – Oliver Sacks

Wir erkennen: Kultur ist von ebenso entscheidender Bedeutung wie Natur.

Der bekannte Neurobiologe Oliver Sacks meint, daß wir die abstrakte Sprache brauchen, als Lautsprache oder als Gebärdensprache, um abstrakte Gedanken denken zu können. Wir brauchen die Konzepte von Vergangenheit, Gegenwart, Zukunft, um kausale Zusammenhänge zu erfassen. Sprache macht das nicht Vorhandene, das noch nicht Greifbare kommunizierbar und damit erfahrbar.

Durch Sprache können wir Träume und nicht vorhandene Dinge miteinander teilen.

Abstraktes Denken ist auch ohne Sprache möglich, meint Einstein. Das Denken ist für ihn nicht sprachabhängig. Er berichtet, daß sein Denken vorerst bildhaft, symbolhaft ist und die Worte später mühsam hinzukommen oder gesucht werden müssen. Die Möglichkeit, in anderen Symbolsystemen zu denken, in Musik, in Bildern, besteht durchaus, aber Sprache kann das abstrakte Denken unendlich bereichern. Für die **Kommunikation**, das Mitteilen und Austauschen ist die Sprache jedoch das Transportmittel.

Es gibt einige interessante kulturelle Varianten des Sprachgebrauchs: Beispielsweise können Barden sich ein Regelwerk zur Erstellung spontan ersonnener Dichtung oder Epen merken, das ungefähr der Fähigkeit eines Schachmeisters vergleichbar ist, der ca. 50.000 und mehr Grundstellungen kennt oder der eines Mathematikers, der tausende Beweise im Kopf hat. Die Fähigkeit, sich Informationen, unendliche Wörterlisten in Erinnerung zu rufen, gilt als eine Form Sprachlicher Intelligenz, die besonders in Gesellschaften honoriert wurde und wird, die nicht über schriftliche Aufzeichnungen ihrer Kultur verfügen. So können leseunkundige Afrikaner sich besser Geschichten merken und diese wiedergeben als Angehörige einer schriftkundigen Gesellschaft.

Als Erinnerung seien hier die Lokitechnik und die Mnemotechniken der Griechen genannt, die es ermöglicht haben, ein unglaubliches Gedächtnis zu erwerben. Diese Fähigkeit wurde erst durch Lesen und Schreiben und die Möglichkeit, Wissen zu fixieren, ihrer hohen Achtung beraubt. Der Buchdruck setzte dem einen weiteren Grabstein.

In der Regel gibt es in allen Völkern Nonsens und Wortspiele, doppelbödige Worte, Wortduelle. Es gibt viele verbale Wettkämpfe, wo Teilnehmer etwas Passendes aus dem traditionellen Sprichwort- und Liederschatz auswählen müssen. Bei den Maori haben Dialogwettbewerbe den Krieg als Nachweis der Überlegenheit einer Gruppe ersetzt.

Rhetorische Fähigkeiten sind oft die Voraussetzung für politische Macht. Wenn die alten Griechen von Intelligenz redeten, dann meinten sie damit *sprachmächtig* zu sein. Damit ist die Macht gemeint, ein ungewöhnliches Gedächtnis und einen hervorragenden Sinn für Satzrhythmen zu haben. In unserer Kultur liegt im Gegensatz zu traditionellen Kulturen das Hauptaugenmerk nicht auf der gesprochenen Sprache, also Rhetorik und Wortspiel, sondern auf dem geschriebenen Wort, darauf, Information durch Lesen zu erwerben oder sich perfekt durch

Schriftsprache auszudrücken. Dies wird sich mit Sicherheit noch verstärken, wenn wir daran denken, daß im Zeitalter der Vernetzung viele Informationen über E-Mail und über den Computer laufen und damit die schriftliche Sprachform weiter in den Vordergrund gerückt wird. Wenn das Nonverbale nicht das Ausgedrückte erläutern kann und die Nuancen wegfallen, dann ist die „richtige" Wortwahl eine entscheidende Fähigkeit für erfolgreiche Kommunikation.

Ein weiterer wichtiger Aspekt von Sprache ist nicht nur die genaue Wortwahl, sondern die Wahl von Metaphern, die Möglichkeit, Ideen auszudrücken, und sie dadurch anderen mitzuteilen. Milton Erickson, der Begründer der Hypnotherapie, hat Metaphern auf brillante Weise eingesetzt, um Menschen darin zu unterstützen, Veränderungen in ihrem Denken und ihrem Leben zu bewirken.

Für die Identitätsentwicklung von Kindern ist es wichtig, daß sie immer wieder ihre eigene Geschichte hören und sie in einen größeren Zusammenhang bringen können. Chilton Pearce sagt dazu: „Wenn Ihre Kinder intelligent werden sollen, erzählen Sie ihnen Geschichten. Wenn Ihre Kinder noch intelligenter werden sollen, erzählen Sie ihnen noch mehr Geschichten."

Jeder Mensch ist eine Geschichte. Früher saßen die Menschen um die Dorflinde, die Küchentische, um den Ofen zusammen und erzählten sich Geschichten. Und dieses Erzählen unterstützte sie darin, ein erzählenswertes Leben zu führen. In dem Film „Harold and Maude" sagt Maude zu Harold: *„Das Leben ist wie ein großes Spiel – ein Baseballspiel. Sieh zu, daß Du was erlebst auf dem Spielfeld, damit Du nachher in der Umkleidekabine was zu erzählen hast."*

Zum Geschichtenerzählen gehört nicht nur die Fähigkeit, etwas in Worte zu kleiden, sondern auch die Fähigkeit, zu erleben, innezuhalten und zu staunen, nicht nur über das ganz Besondere, Ausgefallene, sondern auch über die Alltäglichkeiten, über das, was das Leben täglich lebenswert macht.

Alle wirklichen Geschichten, die Menschen erzählen, sind wahr – subjektiv, aber im höchsten Maße wahr –, weil sie die persönlichen Erfahrungen und die Einschätzung des Menschen widerspiegeln.

Sprache schafft Wahrheit. In „Mein Name sei Gantenbein" schreibt Max Frisch: *„Wir erzählen unsere Geschichte immer und immer wieder, und so wird sie Teil unserer Identität, und eines Tages wird sie wahr, weil wir sie dafür halten."*

Einer der Mitbegründer oder der wesentlichste Verfechter der Idee, daß Sprache Wirklichkeit erschafft, ist Lee Whorf, der witzigerweise auf eine ganz eigene Art dazu beigetragen hat, diese These zu untermauern. In sowohl linguistischen als auch in Trainerkreisen zirkuliert das ihm zugeschriebene Gerücht, es gäbe bei den Eskimos rund 200 Bezeichnungen für Schnee. Dies ist wie gesagt ein Gerücht, das von Mund zu Mund weitergewandert ist; tatsächlich gibt es bei den Eskimos *zwei Begriffe* für Schnee: Schnee, der fällt und Schnee, der liegt sowie *mehrere umschreibende Bezeichnungen* dafür. Interessanterweise ist dieses Gerücht entstanden, indem jemand weitererzählt hat, daß es unterschiedliche Beschreibungen gibt. Diese Aussage entwickelte sich dann zu: „Es gibt viele Bezeichnungen für Schnee bei den Eskimos", und „viele" wurde dann von jedem einzelnen wieder anders interpretiert, so daß irgendwann die Behauptung aufgestellt war, es gäbe 200 Bezeichnungen dafür. So hat Lee Whorf, ohne es zu wollen, in vielen Köpfen eine Idee entstehen lassen, die viele Menschen heute noch für wahr halten und worauf sich weitere Forschungen, Überlegungen und Argumentationen in bezug auf Sprache stützen.

Alle Menschen können mit Worten zaubern, jedoch die wenigsten sind sich dieser Macht bewußt. Viele führen andere unbewußt in einen unerwünschten Zustand, weil sie ihre Fähigkeiten und die Macht der Sprache niemals wirklich kennengelernt haben.

Wir wollen die Magie der Sprache neu entdecken, wiederentdecken, um mit ihr zu spielen und die Kraft zu befreien, die in den Worten steckt. Es geht darum, das Zaubern wieder zu entfalten und magische Momente zu erschaffen.

Notizen:

Erfolgsworte

Übung ☒   **Spiel** ☐   **Phantasiereise** ☐

Ziel:
Wortschatz positiv erweitern, erfolgreiche Zustände initiieren

Weitere Anwendungsmöglichkeiten:
Emotionale Intelligenz erweitern, Alltags-Intelligenz unterstützen

Dauer:
Einmalig eine Stunde, dann täglich 10 Minuten

Material:
Metaplankarten oder Karteikarten

Anmerkung:
Obwohl unser passiver Wortschatz erheblich größer ist, nutzen wir im Alltag nur ca. 500 Worte. Goethe nutzte 5000 Worte als seinen aktiven Wortschatz.

Anleitung:
Erschaffe mit diesen Erfolgswörtern einen Pool an Metaplankarten, indem Du für alle drei Bereiche jeweils unterschiedliche Farben wählst.

Positive Substantive:
Spaß, Freude, Lachen, Potential, Entwicklung, Energie, Fähigkeiten, Wohlstand, Reichtum, Stärke, Glück, Quelle, Lebensqualität, Lebensfreude, Liebe, Stolz, Erfolg, Schutz, Hingabe, Vertrauen, Respekt, Achtung, Intelligenz, Lebendigkeit, Lust, Abenteuer, Intensität, Kraft, Sicherheit, Neugierde, Lernen, Schönheit, Genuß, Gesundheit, Harmonie, Geborgenheit, Zärtlichkeit, Fülle, Überfluß, Flexibilität, Lernen, Entwicklung, Selbstverwirklichung, Luxus, Erkenntnis, Herausforderung, Möglichkeiten, Perspektiven, Chancen, Kreativität, Schöpfung, Erfüllung ...

Positive Adjektive:
lustvoll, vital, kraftvoll, flexibel, einflußreich, machtvoll, vielfältig, wunderbar, neugierig, energievoll, genial, positiv, erfolgreich, lebendig, glücklich, faszinierend, phänomenal, aktiv, großartig, anerkannt, großzügig, heiter, humorvoll, ideenreich,

begeisterungsfähig, dynamisch, mutig, mächtig, offen, optimistisch, originell, rassig, energisch, einflußreich, tüchtig, selbstsicher, unterhaltsam, warmherzig, willensstark, reizvoll, lebhaft, einflußreich, enthusiastisch, anziehend, behutsam, einfühlsam, fein, edel, galant, gefühlvoll, gütig, herzlich, hilfsbereit, liebevoll, sanft, sensibel, zuverlässig, klar, treu, zart, begabt, beweglich, charmant, schöpferisch, kreativ, kontaktfreudig, gesellig, gerecht, fröhlich, freundlich, ehrlich, echt, beharrlich, lustig, ernsthaft, klug, intelligent, kraftvoll, vertrauensvoll, lichtvoll, selbstbewußt, geistreich, erfüllt, göttlich ...

Positive Verben:
lieben, gewinnen, entfalten, verwirklichen, kreieren, abrunden, genießen, erleben, entspannen, verfeinern, erleichtern, bewundern, erreichen, feiern, freuen, lachen, tanzen, schenken, klären, erschaffen, hingeben, entwerfen, beglücken, handeln, verbinden, gestalten, ausbalancieren, loslassen, lösen, gewähren, gestatten, erlauben, annehmen, zaubern, austauschen, verstehen, begreifen, verändern, erspüren, erhalten, empfinden, bewegen, berühren, einsehen, befreien, erweitern, erwarten, empfangen, erlangen, fließen, strahlen, leuchten, pulsieren, strömen, leben ...

1. Wähle aus den Metaplankarten – verdeckt oder offen – fünf bis sechs aus und erzähle Deinem Partner/Deiner Partnerin eine kurze Geschichte über Deine Arbeit, Deine Beziehung oder über Dein Leben, in die Du diese Worte mit einfließen läßt und dabei Deine spezielle Erfolgskombination wählst.

2. Schau diese Liste der Worte durch und nimm wahr, welche von diesen Worten Du sehr wohl kennst, aber eher seltener benutzt, und erstelle Dir eine Liste für die Erfolgsworte, die Du in der nächsten Zeit öfter in Deinen Sprachschatz mit einbeziehen möchtest.

3. Wenn Du all diese *Worte* in Deinem Leben *als Zustand*, als Qualität erleben würdest, welchen Qualitäten würdest Du im Moment den Vorrang geben und in welcher Deiner Lebenssituationen würdest Du einige von diesen Worten und einige von diesen Qualitäten öfter, mehr und intensiver erleben wollen?

Notizen:

Sprachliche Intelligenz

Wort-Pyramide

Übung ☒   **Spiel** ☐   **Phantasiereise** ☐

Ziel:
Assoziationen erfassen, Vernetzungen in unserem Denken erkennen

Weitere Anwendungsmöglichkeiten:
Emotionale Intelligenz fördern, Kreative Intelligenz erweitern, Denkmuster und Blockaden entdecken, für die eigenen Werte sensibilisieren

Dauer:
20 Minuten

Material:
Din A3-Papierbögen, farbige Stifte

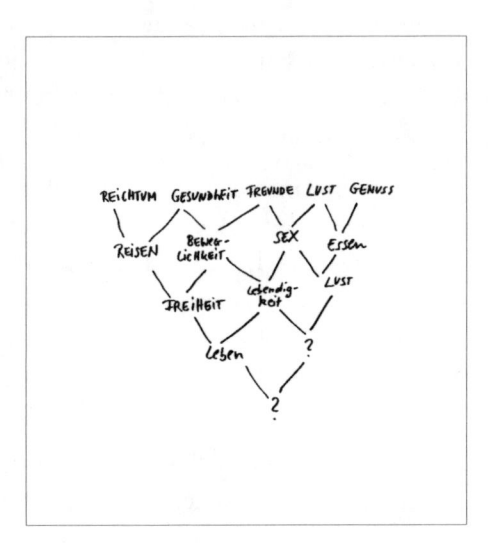

Anmerkung:
Unser Gehirn arbeitet nicht linear geordnet, sondern vernetzt und assoziativ.

Anleitung:
Nimm Dir ein DIN A3 großes Blatt Papier und schreibe von links oben quer die Worte auf, die Dir zu „Erfolg" einfallen – zehn Worte in einer Reihe. Laß einfach all die Assoziationen kommen, die für Dich dazugehören, und in der nächsten Zeile verbinde dann immer zwei dieser Worte zu einem neuen Begriff, nimm die zwei nebeneinanderstehenden Worte und laß eine Assoziation kommen oder einen neuen Begriff entstehen, der für die Zusammenfassung dieser beiden Gegebenheiten steht – in der nächsten Reihe wieder, so daß Du jeweils immer wieder nach unten verjüngend weniger Worte und mehr Komplexität schaffst, immer wieder Vernetzung der zwei nebeneinanderliegenden Worte zu einem neuen Begriff, so daß Du bis nach unten zu einer sprachlichen Pyramide kommst und am Ende mit einem Begriff enden kannst – einem Begriff, der das Thema, das Dich im Moment bewegt, auf den Punkt bringt: auf einen Begriff oder einen Satz.

Diese Wortpyramide hat ihren besonderen Reiz, wenn Du Dir spätestens auf der ersten oder zweiten Ebene erlaubst, die Gedanken fließen und die Assoziationen kommen zu lassen, um Dich dann nachher vom Ergebnis selbst überraschen zu lassen.

Variation: Clustering
Beginne mit einem Wort in der Mitte und umgib dieses mit den jeweils dazu gefundenen Assoziationen. Zu jeder dieser Assoziation kannst Du weitere Assoziationen fließen lassen, so daß Du am Ende ein ganzes Netzwerk an Ideen hast.

Variation: Assoziationen verknüpfen
Zwei Mitspieler nennen ein Wort – jeweils ein unterschiedliches – und der dritte Mitspieler soll nun aus diesen beiden Worten etwas erfinden, eine Geschichte oder eine kurze Mitteilung, ein Wort oder eine Assoziation, die diese beiden verknüpft – jeweils reihum. Macht das in Dreier-Gruppen, so daß immer zwei ein Wort nennen und der dritte diese Assoziationen verknüpft zu einem kurzen Statement.

Variation: Schnelles Sofa
Drei Stühle hinstellen – nebeneinander in einer Reihe – und in der Mitte setzt sich auf den leeren Stuhl jemand und sagt ein Wort, rechts und links setzen sich zwei weitere Personen, die eine Assoziation zu diesem Wort sagen – d.h. sie rufen erst die Assoziation und setzen sich dann auf diesen Stuhl. Der Mitspieler in der Mitte entscheidet, wer das Spiel fortführt. Diese Person setzt sich dann auf den mittleren Stuhl, sagt ihr Wort noch einmal, und die neuen Assoziationen setzen sich rechts und links daneben. Jeweils der Mittlere hat die Macht zu entscheiden, wer weitermacht, welche Assoziation weiter als roter Faden benutzt wird.

Geschichten erfinden

Übung ☐   Spiel ☒   Phantasiereise ☐

Ziel:
Sprachliche Vielfalt erleben, inspirierende Wortschöpfungen gemeinsam entwerfen

Weitere Anwendungsmöglichkeiten:
Kreative Intelligenz fördern, Kommunikative Intelligenz spielerisch erweitern

Dauer:
30 Minuten

Material:
Große Bögen Papier, farbige Filzstifte

Anmerkung:
„*Eine Gruppe College-Studenten bat den Schriftsteller Sinclair Lewis, ihnen eine Vorlesung zu halten, indem sie darauf hinwiesen, daß auch sie Schriftsteller werden wollten. Lewis begann: »Wie viele von Ihnen wollen wirklich Schriftsteller werden?« Alle Hände gingen hoch. »In diesem Fall hat es keinen Sinn, zu Ihnen zu sprechen. Der Rat, den ich Ihnen gebe, ist: Gehen Sie nach Hause, und schreiben Sie, schreiben, schreiben und nochmals schreiben.«*" – Anthony de Mello

Anleitung:

1. Zusammen in einer Vierer-Gruppe: Sucht Euch einen Platz, wo Ihr ungestört eine Weile spielen, assoziieren und Eure Gedanken frei fließen lassen könnt.

2. Wählt das Thema einer Geschichte: Eine Begegnung oder einen bestimmten Inhalt, den Ihr festlegt.

3. Der erste erfindet den ersten Satz dieser Geschichte, und im Uhrzeigersinn schließt immer der jeweils nächste einen bis zwei Sätze an diese Geschichte an, so daß sich immer der Nachfolgende auf das Vorhergehende bezieht, und laßt Euch überraschen, wie auf diese Art eine Geschichte entstehen kann.

Variation: Lefreli, Lebensfreude – Liebe

Anleitung: Macht es Euch in Eurer Gruppe bequem und beantwortet kurz und knapp – wie in einer Zeitungsmitteilung – die Frage: Was würde passieren, wenn jeder Mensch genug Lefreli hätte. Variationen für mehr als eine Gruppe: Welche Veränderungen würde es in der Welt geben, wenn genügend Lefreli für alle da wäre – was würde passieren, wenn Du genug Lefreli geschenkt bekommst – was würde passieren, wenn Du mehr als genug Lefreli hättest – was würde passieren, wenn jeder jederzeit genug Lefreli haben könnte? Usw. Findet Eure Geschichte, Eure gemeinsame Mitteilung – kurz und knapp, ca. fünf bis zehn Sätze –, die Ihr als Pressemitteilung rausgeben könnt.

Variation: Begriffe verweben

Sechs Begriffe nennen – z.B.: Polizist, Sekretärin, Champagner, Regenbogen, Osterfest und Tretboot – aus diesen Begriffen eine zusammenhängende kurze Geschichte schreiben, die alle diese Worte mit beinhaltet.

Notizen:

Sprachliche Intelligenz

Tabu

Übung ☒   **Spiel** ☒   **Phantasiereise** ☐

Ziel:
Sprachliche Ausdrucksfähigkeit erhöhen, schnellen Zugang zum Wortschatz üben, Sachverhalte in eigenen Worten ausdrücken

Weitere Anwendungsmöglichkeiten:
Spielend langweilige Inhalte lernen, Kommunikative Intelligenz entfalten, Kreative Intelligenz erweitern

Dauer:
2 Stunden

Material:
Metaplankarten oder Karteikarten, Sanduhr, Pfeife **oder** Tabu-Spiel

Anmerkung:
Die Idee zu diesem abgewandelten Spiel entstand in einem Seminar mit Auszubildenden zur Prüfungsvorbereitung und stellt eine Antwort auf die Frage dar: „Wie kann ich mein Gehirn neugierig machen auf die Informationen, die ich lernen muß?"

Abends spielten wir mit großer Begeisterung Tabu, lachten viel und hatten unseren Spaß. Am Tag suchten wir intensiv nach Strategien, das Lernen lustvoller zu erleben. Dieses Spiel zu entwerfen und herzustellen war für alle eine Herausforderung und genau die stimmige Methode, um den Lernstoff nebenbei zu integrieren.

Anleitung:
1. Ein fertiges Tabu-Spiel kaufen und nach Gebrauchsanweisung spielen. **Oder:**

2. Für entsprechende Wissensgebiete – zum Lernen von Vokabeln oder neuen Begriffen oder von wichtigen Erklärungen während einer Ausbildung – ein eigenes Tabu-Spiel entwerfen – d.h. einen Oberbegriff mit fünf Assoziationen

belegen, auf ein Kärtchen schreiben und eine Eieruhr und eine Tröte bereitlegen, ca. 300-400 solcher Begriffe in einem Karteisystem erschaffen.

Das Spiel mit zwei Parteien spielen. Der Oberbegriff, der farblich markiert ist, soll geraten werden. Es gibt eine Person, die erklärt, und die eigene Gruppe muß anhand der Erklärung herausfinden, welches Wort gesucht wird. Ein Mitspieler von der anderen Partei kontrolliert, daß das Wort nicht benutzt wird und daß die für tabu erklärten weiteren fünf Begriffe nicht in die Erklärung mit einfließen.

Nach Ablauf der Zeit werden die erratenen Begriffe gezählt und die Punkte notiert, dann wechseln die Parteien. Gespielt wird solange, wie es Spaß macht.

Notizen:

Improvisation in einem Hochhaus

Übung ☒ Spiel ☐ Phantasiereise ☐

Ziel:
Schnelligkeit und Improvisation im sprachlichen Ausdruck, Wortgewandtheit und Wortwitz

Weitere Anwendungsmöglichkeiten:
Kommunikative Intelligenz entfalten, Emotionale Intelligenz erhöhen, Kreative Intelligenz in Fluß bringen, Alltags-Intelligenz proben

Dauer:
20 Minuten

Material:
Künstliche Blumen und Abwaschschwämme

Anmerkung:
Stellt Euch im Kreis auf und einigt Euch gemeinsam auf den Kontext, in dem Ihr seid. Dazu stellt der Spielleiter Fragen und die erste Antwort gilt. Ihr seid z.B. Bewohner eines Wohnhauses – wo steht das Haus – wer wohnt hier überwiegend – ist es ein Mietshaus oder sind es Eigentumswohnungen – welche Bevölkerungsschicht wohnt hier überwiegend – welche Berufe sind hier vorherrschend – wie ist die Umgebung – wie ist die Landschaft – wie ist die Infrastruktur – was ist gestern abend passiert?

Anleitung:
Nun beginnt die Improvisation, indem einer der Mitspieler entweder einen Schwamm oder eine Rose nimmt und bei einem der Nachbarn klingelt. Die *Rose* bedeutet, daß Du etwas *Positives* vorbringen möchtest, der *Schwamm* bedeutet, daß Du etwas *Negatives* vorbringen möchtest. Bezogen auf das, was gestern abend passiert ist und den Kontext, in dem Ihr lebt, kannst Du wählen, was Du mit Deiner

Rose oder mit Deinem Schwamm ausdrücken möchtest und improvisieren, um auf die Antwort Deines Gegenübers einzugehen. Wenn die Sequenz beendet ist, dann geht die Person weiter, bei der geklingelt wurde.

Notizen:

Sprachliche Intelligenz

Das Treffen am nächsten Tag

Übung ☐   Spiel ☒   Phantasiereise ☐

Ziel:
Flexible Perspektiven, Wortgewandtheit

Weitere Anwendungsmöglichkeiten:
Kommunikative Intelligenz einüben, gestalterische Fähigkeiten einbringen, Kreative Intelligenz erhöhen, Alltags-Intelligenz erweitern

Dauer:
1 Stunde

Material:
Scheren, Kleber, alte Zeitungen

Anmerkung:
Schön ist es, wenn es wirklich einige leckere Häppchen zur Unterstüzung der Phantasie gibt.

Beschreibung:
Nach einer imaginären Party – Verlobung, Hochzeit oder Geburtstagsfeier – trifft sich die Gruppe im kleinen Kreis bei einem leckeren Resteessen und rekapituliert die Party – mit allen Höhepunkten, allen Peinlichkeiten, allen wichtigen und schönen Ereignissen – mit alldem, was wichtig ist, um es für die Nachwelt zu dokumentieren. Hieraus wird eine Partyzeitung entworfen. Bei der Erstellung der Zeitung sind unterschiedliche Jobs zu vergeben – der Bildreporter, der Lokalredakteur, der Auslandskorrespondent, der Feuilletonredakteur, Redakteur für Politik, Sportredakteur, Wirtschaftsredakteur und Anzeigenleiter. Jeder muß nun für seinen Teil, für sein Ressort den entsprechenden Artikel oder die entsprechende Anzeige oder die entsprechende Mitteilung entwerfen. Am Ende wird dann das gemeinsame Werk zusammengestellt und optisch aufbereitet.

Sprachliche Intelligenz

Lebensmetaphern

Übung ☒ **Spiel** ☐ **Phantasiereise** ☐

Ziel:
Einsatz von Methaphern üben, Sprachgewandtheit

Weitere Anwendungsmöglichkeiten:
Kreative und Emotionale Intelligenz erweitern

Dauer:
60 Minuten

Material:
Schreibzeug

Anmerkung:
Eine Lebensmetapher läßt sich am äußeren Erscheinungsbild, der Wortwahl, im Verhalten einer Person erkennen. So wie jemand lebt, die Atmosphäre, die jemand schafft, die Beziehung, die jemand eingeht, der Lebensstil, den jemand wählt, das Auto, das jemand fährt, der Schmuck, die Kleidung, die Farben, das Verhalten und die Wortwahl geben einen Aufschluß über die Lebensmetapher, die einem Menschen wichtig ist. Die inneren Prozesse – die Ziele, Visionen, Werte, Kriterien, Überzeugungen, Glaubenssysteme, Schlußfolgerungen, Vorurteile, die Fähigkeiten, Talente, das Wissen – spiegeln sich in der äußeren Repräsentation wieder.

Anleitung:
1. Macht es Euch zu zweit ganz bequem und interviewt Euch gegenseitig.

2. Beginne Deinen Partner zu befragen: „Was war wichtig – was ist Dir am wichtigsten in Deinem Leben – gibt es Bilder, Vergleiche, Sprichworte, die das ausdrücken, was Du als Dein Lebensgefühl empfindest. Beschreibe mir Deine Erfahrungen mit Deinen Worten und wähle Analogien, die dazu passen." Folge

den Hinweisen, frage Deinen Partner/Deine Partnerin nach Ihrer Kleidung, den Farben, dem Schmuck, nach dem Auto, nach den wichtigen Dingen, mit denen sie sich umgibt. Frag nach den Lieblingsfilmen, nach Büchern, Geschichten, nach Hobbies. Frag die Person, was ihr wichtig ist in Partnerschaft, Freundschaften, im Geschäft und achte auf die natürlich vorkommenden Metaphern. Wenn Du eine Metapher gefunden hast, dann überprüfe, ob sie nur für einen Kontext gilt – wie z.B. für die Beziehung – oder ob sie sich übertragen läßt auf den Geschäftsbereich oder für andere wichtige Bereiche im Leben desjenigen.

3. Mal Dir ein Schaubild oder Mind Map, in dem Du Dir die Sachen einträgst, die Du gefunden hast über Familie, über Freunde, Kollegen, Beziehungen, über Lebenssituationen, Wohnen, Nachbarschaft, über Arbeit, Beruf, über geschäftlichen Erfolg, über Geld, Finanzen, Wohlstand und Reichtum, über das Selbst, die Gesundheit, die Ernährung, Fitneß, über Liebe, Sex, Partnerschaft, Geborgenheit, Intimität, über Spiritualität, Kreativität, Selbstentfaltung, Selbstverwirklichung.

4. Hieraus kannst Du eine Metapher kreieren. Finde eine Analogie – wie: „Liebe ist wie ein Kartenspiel", „Liebe ist wie ein gemeinsamer Sonnenuntergang", „Liebe ist wie eine Blume".

5. Deute die Metapher, indem Du herausarbeitest, welche Ziele, welche Visionen in dieser gefundenen Analogie stecken – welche Werte, Kriterien – welche Überzeugungen, Schlußfolgerungen, Glaubenssysteme – welche Vorannahmen – welche Fähigkeiten – welches Verhalten – welche Umsetzung – welche Aktionen – welches Umgehen mit der Umwelt und: Wo gibt es diese Metapher?

6. Finde die Überschneidungen, um sicherzugehen, daß Deine Metapher Deinen Zweck erfüllt und das ausdrückt, was Du transportieren willst.

Beispiel:
Liebe ist wie eine Blume
Ziel und Vision: Schönheit, Entfaltung, Wachstum, der natürliche Lauf der Dinge
Werte und Kriterien: Schönheit, Zartheit, Fruchtbarkeit
Überzeugungen, Glaubenssysteme: es ist kurzlebig, es ist vergänglich, es gibt ein Aufblühen und Verwelken, es gibt einen Höhepunkt, es gibt Schönheit, es gibt Zyklen, es gibt sie immer wieder
Vorannahmen: es gibt nur eine, genau eine solche, sie ist einzigartig oder davon gibt es ganz viele, überall

Fähigkeit, Wissen: ich kann sie pflegen, ich muß sie wahrnehmen, Ihr müßt sie behutsam behandeln, ich muß abwarten, bis sie sich entfaltet, ich sollte sie versorgen und düngen

Verhalten, Aktionen, Tun: ich kann sie pflücken, ich kann sie bewundern, ich kann sie entblättern, ich mache einen Blumenstrauß, ich erfreu mich an ihr, ich stelle sie mir hin, ich nehme sie mit, ich kann sie verschenken

Umgebung: bei mir sind überall Blumen, um mich herum ist ganz viel Natur – oder dies hier ist eine karge Ecke wie in der Wüste, hier muß man froh sein um jedes Pflänzchen, was hier gedeiht.

7. Nutze diese Metapher, ohne sie zu erklären, in dem Wissen, daß jeder Mensch seine eigenen Assoziationen dazu hat.

Variation: Nützliche Geschichten

Geht zu dritt zusammen. Ein Mitspieler erzählt seinen Lieblingswitz oder seine interessanteste Geschichte oder einen Filmplot, der ihn besonders interessiert hat. Die anderen beiden Mitspieler überlegen, welche Prinzipien diese Geschichte oder dieser Witz beinhaltet oder aufzeigen kann. Wenn Ihr die wichtigen Punkte dieser Geschichte oder dieses Plots erkannt habt, schafft einen Anker, um diese Geschichte maximal zu erinnern – ein Piktogramm, ein Schaubild, eine kleine Verstärkung der Submodalitäten, so daß Ihr das auf jeden Fall im Kopf behalten könnt. So kann man sich Witze merken. Macht einen Future pace, wo und wann sich diese Geschichte prima erzählen lassen würde.

Notizen:

Sleight of mouth

Übung ☒ **Spiel** ☐ **Phantasiereise** ☐

Ziel:
Schnell und zielsicher die passende Antwort geben, Perspektivenwechsel in Problemsituationen

Weitere Anwendungsmöglichkeiten:
Kreative, Kommunikative und Alltags-Intelligenz erweitern

Dauer:
15 Minuten

Material:
Schreibzeug

Anmerkung:
Diese Übung ist eine ausgezeichnete Trainingsmethode für Menschen, denen oft die „Worte fehlen".

Sleight of mouth patterns (Robert Dilts) meint das Verändern von unzulässigen Verknüpfungen hinsichtlich Ursache – Wirkung. Es gibt 14 verschiedene Möglichkeiten, um einen Glaubenssatz der Ursache-Wirkungs-Struktur zu verändern.

Beschreibung:
I. Unzulässige Verknüpfungen herausfinden. Unzulässige Verknüpfungen sind: x bedeutet y, oder: Wenn x, dann y – z.B.:

- Meine Arbeit läuft schlecht, deshalb bin ich deprimiert.
- Du kommst zu spät – es liegt Dir nichts an mir.
- Du sagst gemeine Dinge – Du bist ein schlechter Mensch.
- Atomwaffen schaffen Stärke, Schutz und Sicherheit.
- Ich kann mich nicht entscheiden, weil ich dann meine Flexibilität und meine Wahlmöglichkeiten verliere.

II. Mit diesem gefundenen Satz die 14 Möglichkeiten der sleight of mouth patterns durcharbeiten.

1. Umdefinieren:
Umdefinieren gibt dem Satz, dem Glaubenssatz oder der Verknüpfung eine neue Bedeutung – z.B.: „Du bist zu spät – Dir liegt nichts an mir." → „Ich bin nicht zu spät, ich bin nur aufgehalten worden."

2. Folgen verändern:
Hierbei richtet man die Aufmerksamkeit auf eine Auswirkung des Glaubenssatzes – positiv oder negativ. Im Fall des Zuspätkommens: „Wenn ich nicht länger geblieben wäre, um die Arbeit abzuschließen, wären wir später unterbrochen worden."

3. Absicht:
Richte die Aufmerksamkeit auf die Absicht oder die Aufgabe des Glaubenssatzes, z.B.: „Es war nicht meine Absicht, Dich zu mißachten. Ich habe nur versucht, meinen Verpflichtungen nachzukommen."

4. Chunk up:
Nach oben chunken, d.h. einen größeren Rahmen bilden, der die durch den Glaubenssatz definierte Beziehung ändert. In diesem Falle z.B.: „Sind die wesentlichen Aspekte unserer Beziehung lediglich eine Zeitfrage?"

5. Chunk down:
Bedeutet: die Elemente kleiner machen, in Details zerlegen, den Glaubenssatz kleiner machen, so daß sich die Beziehung ändert – z.B.: „Wieviel Wertschätzung ist jede Sekunde wert?"

6. Gegenbeispiel:
Finde ein Gegenbeispiel, das nicht in die durch den Glaubenssatz definierte Beziehung paßt – z.B.: „Ich kenne Leute, die pünktlich sind, aber untreu." Oder: „Fürsorgliche Menschen verspäten sich oft, weil sie sich um alles bemühen, was sie tun, oder weil ihnen alles wichtig ist, was sie machen."

7. Ein anderes Ziel, ein anderes Ergebnis:
Bezweifle die Relevanz des Glaubenssatzes und wechsle zu einem anderen Thema – z.B.: „Es geht nicht um Pünktlichkeit oder Wertschätzung, sondern darum, wie

wir unsere Bedürfnisse in unserer Beziehung erfüllen können, ohne den anderen unnötig zu belasten."

8. Analogie:
Finde zu der von dem Glaubenssatz definierten Beziehung eine analoge Beziehung, die andere Implikationen hat. Also finde ein Beispiel, was eine andere Bedeutung hat – z.B.: „Liegt einem Chirurgen nichts an seinem Patienten, wenn er ein bißchen länger für das Händewaschen vor der Operation braucht?"

9. Anwendung auf das Selbst:
Bewerte den Glaubenssatz selbst in bezug auf die Kriterien, die durch ihn definiert werden. Versuche die gleichen Kriterien auf diesen Glaubenssatz anzuwenden, indem Du fragst: „Das sagst Du mir erst jetzt. Liegt Dir nicht genug an mir, um so etwas früher zu sagen. So etwas zu sagen zeigt, daß Dir nichts an mir liegt."

10. Kriterienhierarchie:
Bewerte den Glaubenssatz neu anhand eines Kriteriums, das wichtiger ist als jenes, das durch den Glaubenssatz angesprochen wird, also in der Kriterienhierarchie möglicherweise höherliegende Kriterien ansprechen – z.B.: „Glaubst Du nicht, daß es wichtiger ist, Dinge zu Ende zu bringen als pünktlich zu sein?"

11. Wähle eine andere Rahmengröße:
Wähle einen anderen Rahmen, einen größeren Kontext oder einen kleineren Zeitrahmen, eine größere Anzahl von Menschen oder eine andere, größere oder kleinere Perspektive – z.B.: „Besser spät als gar nicht." Oder: „Im größeren Rahmen unserer Beziehung sind ein paar Minuten wie ein Sandkörnchen in der Wüste."

12. Metarahmen:
Bewerte den Glaubenssatz vom Rahmen eines fortlaufenden, persönlich orientierten Kontextes aus und etabliere einen Glauben über den Glauben – z.B.: „Du fühlst Dich nur deshalb so, weil Du Dir unrealistische Erwartungen an die Menschen aufbaust und sie dann beschuldigst, wenn Du enttäuscht bist."

13. Modell der Welt:
Bewerte den Glaubenssatz neu aus dem Rahmen eines anderen Modells der Welt heraus: „Ich bin vielleicht nach Deinem Modell der Welt verspätet, aber da, wo ich herkomme, wäre ich noch unerwartet früh dran." Oder: „In China ist es unhöflich, wenn man nur eine Viertelstunde zu spät kommt, zwei Stunden sind da das Richtige, um dem Gastgeber seine Wertschätzung zu zeigen."

14. Realitätsstrategie:
Bewerte den Glaubenssatz neu unter Berücksichtigung der Tatsache, daß Menschen von kognitiven Wahrnehmungen ausgehen, um Glaubenssätze aufzubauen – z.B.: „Woher weißt Du, daß Verspätung und Mißachtung dasselbe sind?"

III. Wähle die sinnigsten und lustigsten Antworten aus und probiere sie aus.

IV. Es lohnt sich, diese „sleight of mouth patterns" für mehrere Beispiele anzuwenden, um darin einige Übung und Leichtigkeit zu entwickeln.

Notizen:

Der Wissenssprachraum

Übung ☐   Spiel ☐   Phantasiereise ☒

Ziel:
Sprachliche Vielfalt unterstützen, Wortschatz erweitern und leichter zugänglich machen, Ordnungssystem für Sprache und Schreibweise erschaffen

Weitere Anwendungsmöglichkeiten:
Emotionale Intelligenz erweitern, Räumliche Intelligenz einüben

Dauer:
40 Minuten

Material:
Musik: *Oliver Shanti and Friends:* „Tai Chi"

Anleitung:

Mach es Dir auf dem Boden ganz bequem – so bequem, daß Du für einige Zeit dort liegenbleiben kannst. Spür noch einmal durch Deinen ganzen Körper hindurch, was Du jetzt noch verändern möchtest, damit Du wirklich loslassen kannst. Mach all die notwendigen Veränderungen, die es Dir jetzt erlauben, Dich zu entspannen – Dich in diesen gelösten Zustand gleiten zu lassen – wo Du alles hinter Dir lassen kannst – was Du jetzt im Moment nicht brauchst – wo Du Zeit für Dich hast, um kreativ – innovativ – oder einfach nur entspannt zu sein.

Du hast wie immer die Wahl, ob Du Deinen eigenen Gedanken nachhängst und Deinen Sprachraum auf Deine Art entdeckst oder ob Du Dich bei diesem Abenteuer von mir und meiner Stimme begleiten läßt – wie an einem roten Faden – und ob Du den Worten lauschen magst und all den Assoziationen, die sie bei Dir wecken. Wenn Du magst, kannst Du die Musik als Unterstützung nehmen – um Dich in Deinen Sprachraum zu begeben – um all das kennenzulernen, was dort schon seit vielen Jahren als passives Wissen vorhanden ist – und schon seit vielen Jahren nicht mehr geordnet oder benutzt wurde.

Um das jetzt zu beginnen, kannst Du mit jedem Ausatmen mehr und mehr loslassen – Deinen eigenen Rhythmus finden – von Einatmen und Ausatmen – und Dich mit jedem Ausatmen ein kleines bißchen mehr in Richtung Boden sinken lassen – mit jedem Ausatmen ein kleines bißchen mehr loslassen – tiefer und tiefer – genau so tief, wie es heute für Dich stimmt. Wenn Du magst, kannst Du an den Füßen beginnen und erst die Beine mit jedem Ausatmen ein kleines bißchen schwerer werden lassen – dann mit jedem Ausatmen Dein Becken mehr und mehr auf dem Boden ablegen und mit dem nächsten Ausatmen all die kleinen Muskeln an Deinem Rücken loslassen, lockern und lösen – weich werden lassen und Dein ganzes Gewicht an den Boden abgeben – Dich selbst in Richtung Boden sinken lassen – mit all dem, was dazugehört – mit dem nächsten Ausatmen Deine Arme auf dem Boden ablegen – wahrnehmen, wie Du das Gewicht dem Boden anvertrauen kannst – dem Boden, der Dich trägt, ganz selbstverständlich, so wie jeden Tag. Und während das ganz von allein weitergeht, kannst Du mit Deiner Aufmerksamkeit Deinen Nacken wahrnehmen – loslassen – lockern und lösen – und das, all das ablegen – leicht werden lassen – wahrnehmen, wo Dein Kopf aufliegt und was in Deinem Gesicht Du noch loslassen, weich werden lassen kannst – weit, warm oder wie Du es für Dich spürst – loslassen – die Stirn, die Augen, die Nase – den Mund – die Wangen – Dein Kinn – und Dich dann von Deinem Atem schaukeln lassen – mit jedem Ausatmen mehr und mehr loslassen – tiefer und immer tiefer – so tief, bis Du den tiefsten Punkt für heute näherkommen spürst – so tief, daß Du weißt, von wo aus in Deinem Körper sich dieses Gefühl ausbreitet – und ob es zuerst auf der rechten oder auf der linken Seite beginnt – und ob es sich dann nach oben oder unten weiter ausbreiten kann – oder ob es eine ganz andere Richtung nimmt, so daß Du merken kannst, daß dieses Gefühl Dich mehr und mehr ausfüllt – bis in jede Zelle – überall in Deinem ganzen Körper. Und während das von ganz allein geschieht, kann Dein Geist ganz hellwach sein und sich auf die Reise begeben – auf die Reise zu Dir – auf die Reise in Dein Sprachzentrum – auf die Reise nach innen – in Dein Gehirn – in Dein zentrales Nervensystem – und Du weißt, auf welche Art Du am leichtesten nach innen zu Dir – nach innen in Deine Mitte kommen kannst – nach innen in Deine Balance, wo Deine Reise für Dich beginnen kann.

Während Dein Körper mehr und mehr loslassen kann, kannst Du ganz hellwach sein und wahrnehmen, welcher Sinn Dich am leichtesten nach innen bringt, nach innen zu Dir und wie Du diese Reise in Dein Sprachzentrum, in Dein zentrales Nervensystem, in Dein Gehirn für Dich antreten kannst. Vielleicht magst Du auf einem Blutplättchen reisen, dann laß Dich durch Dein eigenes Transportsystem bis in Dein zentrales Nervensystem mitnehmen, so daß Du, wenn Du weißt, daß Du angekommen bist, loslassen kannst und Dich in Dein Sprachzentrum gleiten lassen kannst. Laß Dich überraschen, auf welche Art Du mehr und mehr loslassen und Dich von diesem Blutplättchen lösen kannst – und hineingleiten in Dein Sprachzentrum – vielleicht mitfließen – oder wie Du es für Dich nennst – um Dich dann neugierig hier umzuschauen. Laß Dich überraschen, auf welche Art Du Dir Dein Sprachzentrum vorstellen wirst – den Ort, an dem Du alle Worte, die Du je in Deinem Leben gehört hast, für Dich geordnet hast – gespeichert, aufgenommen und für Dich sortiert hast. Laß Dich überraschen, wie Dein ganz eigenes Ordnungssystem ist und wie es hier aussieht: Welche Farben hier sind – welche Formen – welche Worte kannst Du erkennen – auf welche Art hast Du diese Worte gespeichert – sind es Filme oder Schriftrollen, sind es Tonbänder oder Zeichnungen, ist es ein ganz altes System oder ein ganz neues? Nimm wahr, wie Dein Zentrum für Dich aussieht und was für Dich hier das Wichtige ist. Vielleicht hat es eine ganz bestimmte Struktur – vielleicht hat es eine ganz bestimmte Ordnung – oder vielleicht hat es ein ganz bestimmtes Chaos, das zu Dir paßt. Schau Dich um, was wohin gehört – und was möglicherweise auch schon seit vielen Jahren hier unbenutzt liegt – was Du hier entdecken kannst – oder wiederentdecken kannst – was Du hier neu abstauben, vielleicht neu ordnen oder neu verknüpfen kannst – und Du hast jetzt die Zeit, all dies zu ändern – und Übersichtlichkeit zu schaffen, die es Dir ermöglicht, jederzeit das richtige Wort in den richtigen Kontext zu bringen. Nimm wahr, was es hier für Klänge und Töne gibt – welche Geräusche – oder welche Stille hier zu diesem Ort gehört – welche ganz bestimmte Atmosphäre hier in Deinem Sprachzentrum herrscht und was Du hier vielleicht verändern möchtest – neuschaffen möchtest – all die Nuancen, die dazugehören – die Bedeutungen, die einen Sinn geben – die Klangqualität der Sprache – die Modulation der Worte. Vielleicht magst Du hier polieren oder ändern – säubern – oder neu verknüpfen – vielleicht neu entdecken – wiederentdecken und in eine Form bringen – in eine Ordnung bringen, die zu Dir paßt – und die es Dir ermöglicht, mit Sprache zu zaubern. Und nimm wahr, wie es sich hier anfühlt – wie hier die Atmosphäre ist – wie hier die Temperatur ist und was Dich hier berührt oder bewegt – was hier für Dich dazugehört an Empfindungen, was Du spüren kannst – und auch hierfür Deine eigene Ordnung finden – die es für Dich leicht macht, Zugang zu finden – leicht macht, ganz intuitiv und ganz selbstverständlich das passende Wort zu wählen – so daß Du mit Worten einen Zauber entfalten kannst.

Nimm wahr, was an diesem Ort vielleicht für ein Duft oder für ein Geschmack herrscht, der Dich an diesen Ort erinnert, der Dir den Zugang hierzu verschafft oder der es unterstützt, daß Du in Kontakt bist.

Mit dem Wissen, daß Du der Schöpfer/die Schöpferin dieses Sprachraumes bist und daß Du jederzeit diesen Raum erweitern und immer wieder neue Dinge hinzufügen kannst, neue Begriffe, neue Möglichkeiten – mit diesem Wissen verabschiede Dich von diesem Raum, laß Dich wieder in Dein eigenes Transportsystem einfließen und laß Dich wieder mitnehmen – hinaus – hinaus in die Welt – von innen nach außen – und nimm wahr, welcher Sinn Dich darin unterstützt – wieder ganz hierher in diesen Raum zu kommen – mit Deiner ganzen Aufmerksamkeit. Sei neugierig, ob Du die Augen öffnest – ob es eine Bewegung ist – ein Räkeln – ein Recken – ein Strecken – ob es eine Berührung ist – vielleicht ist es meine Stimme – oder etwas, was Du Dir sagst – vielleicht ist es Dein eigener Atem, den Du spürst oder hörst – vielleicht ist es ein Geräusch von Deinen Nachbarn, so daß Du hier in diesem Raum mit Deiner ganzen Aufmerksamkeit Dich wieder zurück in Deinem Körper orientierst – ganz hier ankommst – und mit jedem Einatmen mehr und mehr die Frische und Wachheit spüren kannst – mit jedem Einatmen in Deinem Rhythmus wacher und frischer hierher zurückkommst und Dich in diesem Raum noch einmal neu orientierst.

Notizen:

Sprachliche Intelligenz

Gedicht vervollständigen

Übung ☒   Spiel ☒   Phantasiereise ☐

Ziel:
Gespür für Poesie und geeignete Wortwahl schulen, Worte zu Kunst werden lassen

Weitere Anwendungsmöglichkeiten:
Emotionale Intelligenz sensibilisieren, Kreative Intelligenz anspornen

Dauer:
7 Minuten

Material:
Schreibzeug

Anleitung:
Vervollständige das folgende Gedicht:

Solange ich allein bin, bin ich noch allein
Unter Liebenden bin ich ein Geliebter oder eine Liebende
Unter Bekannten bin ich ein Bekannter
In der Straßenbahn ein Fahrgast
Im Warenhaus bin ich ein Kauflustiger
Auf dem Finanzamt . . . .
Unter Kindern . . . .
In der Kirche. . . . .
Im Dunkeln . . . .
Im Auto   . . . .
Bei einem Unfall. . . . .
Beim Briefeschreiben . . . .
Vor Gericht . . . .
Im Bett   . . . .
In der Schule . . . .
Auf einer Party . . . .
In der Disco . . . .

Dann werde ich allein gelassen und ich bleibe zurück.

Komplexe Metaphern basteln

Übung ☒   **Spiel** ☐   **Phantasiereise** ☐

Ziel:
Mit Sprache zaubern, Lösungen elegant anbieten, positive Zustände erschaffen

Weitere Anwendungsmöglichkeiten:
Kommunikative, Kreative und Emotionale Intelligenz fördern

Dauer:
1 Stunde

Material:
Schreibzeug

Anmerkung:
Metaphern sind in allen Kulturen weit verbreitet, sie sind älter als das geschriebene Wort. Sie wurden als Sagen, Gleichnisse, Fabeln, Märchen, Parabeln, als Belehrungen benutzt, um Menschen Einsichten zu vermitteln, neue Ideen näher zu bringen, um sie zu überzeugen. Sie stellen eine indirekte Möglichkeit der Kommunikation dar. Sie müssen nicht direkt mit dem Holzhammer auf den Punkt kommen, sondern können indirekt eine Wahlmöglichkeit anbieten. Sie wirken auf unser Bewußtes, aber auch auf unser Unbewußtes. Bewußt reagieren wir auf *einfache* Metaphern, unser Unbewußtes mag *komplexe* Metaphern mit Bedeutung, mit Hintersinn. Wir können die Sprache mit Eleganz und Schönheit nutzen, um Botschaften an das Unbewußte zu vermitteln. Mit Humor gepaart sind Metaphern eine schöne Möglichkeit, die Kommunikation leichter und spielerischer zu gestalten.

Metaphern veranlassen zu einer Suche nach dem eigenen Sinn, zu einem Nachdenken über ein Problem oder eine Situation. Das Interessante ist, daß die Resultate dieser Suche im eigenen System gefunden worden sind und dadurch leichter anzunehmen, viel leichter zu akzeptieren sind.

Anleitung:

1. Nimm Dir ein Blatt Papier und schreibe die wichtigsten Punkte auf, die Du mit dieser Metapher vermitteln möchtest – was ist Deine Botschaft – was ist das Wichtigste, was Du sagen möchtest – was ist Dein Standpunkt, Deine Meinung, Deine Idee, die Du gerne mit dieser Metapher ausdrücken möchtest – für wen ist diese Metapher?

2. Was interessiert die Person, für die diese Metapher sein soll – was für Hobbies hat sie – was für einen Lebensstil – welche Haustiere – welche Vorlieben – welche Gewohnheiten? Wähle etwas, von dem Du weißt, daß dieser Bereich denjenigen, für den die Metapher geschrieben wird, besonders interessiert.

3. Mache eine Liste vom gegenwärtigen Zustand, in der Du alle wichtigen Bezugspunkte aufschreibst.

4. Mache eine Gegenüberstellung mit dem erwünschten Zustand, den Du erreichen möchtest und für den Du eine Lösung anbieten willst.

5. Finde nun für diese Schlüsselkomponenten ein reales Erlebnis oder eine Phantasiegeschichte, einen Träger der Geschichte, wo ähnliche, in der Natur ganz natürlich vorkommende Zusammenhänge oder Elemente vorhanden sind.

6. Bilde den Spannungsbogen der Metapher, indem Du mit der Situation beginnst, in der ein Problem vorherrscht oder in der Du etwas verändern willst und beende sie mit dem Ziel, mit der erwünschten Situation, mit dem Ergebnis, was Du haben möchtest. Zweck der Metapher ist es, Deinen Kommunikationspartner einzuladen, sich Deinem Ziel, Deiner Idee, Deiner Lösungsmöglichkeit anzuschließen. Es ist also wichtig, Begriffe zu wählen, die attraktiv sind, die ihn begeistern, die ihm fast unwiderstehlich sind. In der Mitte der Metapher, zwischen dem Problem und der Lösung, sollte ein in sich schlüssiger oder vielleicht auch ein nicht in sich schlüssiger Weg von A nach B beschrieben werden. Manchmal ist es gut, mit Brüchen oder Konfrontationen zu arbeiten; aber flüssig und leicht ist es, wenn es einen logisch erklärbaren Weg vom Problem zur Lösung gibt.

Dazu kannst Du beispielsweise eine Katastrophe einführen, die für die meisten Menschen nachvollziehbar zu einem Rollenwechsel führt. Du könntest ein Reframing einbauen, oder den Beteiligten unterstützende Glaubenssätze in den Mund legen – mit Hilfe von Zitaten. Du könntest vorher ermitteln, welche Möglichkeiten von Problembewältigung die Person bereits in der Vergangenheit genutzt hat, was schon einmal zu einem erwünschten Erfolg geführt hat.

7. Wähle einen geeigneten Zeitpunkt, um Deine Metapher an Mann oder Frau zu bringen und lasse sie ohne jede Erklärung wirken.

Notizen:

Walter

Übung ☐　　Spiel ☒　　Phantasiereise ☐

Ziel:
Sprachliche Eleganz üben, griffige, elegante Formulierungen finden und genießen

Weitere Anwendungsmöglichkeiten:
Kreative und Kommunikative Intelligenz fördern

Dauer:
1-2 Stunden

Material:
Papier und Stifte

Beschreibung:

1. Der erste Spieler beginnt, indem er drei Sätze schreibt mit Walter als Platzhalter. *Beispiel:* Ohne Walter ist das Leben nichts. Erst Walter macht Urlaub zu einem wirklichen Urlaub. In jedem Leben sollte Walter eine große Rolle spielen. Diese drei Sätze werden der Gruppe vorgelesen.

2. Jeder in der Gruppe notiert geheim auf einem Zettel, was Walter heißen könnte, und schreibt die Sätze auf, indem er Walter mit einem eigenen Wort ersetzt – z.B.: „Ohne Mundgeruch ist das Leben nichts. Erst Dauerregen macht Urlaub zu einem richtigen Urlaub. In jedem Leben sollte Badeschaum eine große Rolle spielen."

   Jeder soll versuchen, es so zu verfälschen, als hätte es derjenige, der gerade die ersten Sätze vorgelesen hat, geschrieben.

3. Die Zettel werden vom ersten Spieler eingesammelt und vorgelesen.

4. Die Punkte werden folgendermaßen verteilt: Für denjenigen, der richtig geraten hat, jeweils einen Punkt, und für denjenigen, dessen Vorschlag für richtig gehalten worden ist, auch jeweils einen Punkt.

5. Der nächste Mitspieler ist an der Reihe.

Nicht-Formulierungen

Übung ☒   Spiel ☐   Phantasiereise ☐

Ziel:
Sprachverwirrung auflösen, doppelte Botschaften vermeiden

Weitere Anwendungsmöglichkeiten:
Alltags-Intelligenz unterstützen

Dauer:
10 Minuten

Material:
–

Anmerkung:
Die Worte „nicht", „kein", „nie" – also Verneinungen – haben für das Unbewußte keine Bedeutung. Es übersetzt die angesprochenen Inhalte in Bilder und programmiert dadurch den Zustand, den man gerade vermeiden möchte: Denk nicht an BLAU! Hier hat das positive Denken seinen Ursprung und Sinn, wobei es eben nicht darum geht, nur positive Zustände oder positve Inhalte zu beschreiben, sondern sinnlich genau das zu beschreiben, was man gerne erreichen will.

Wenn Mütter ihre Kinder auffordern: „Fall nicht hin" oder: „Mach Dich nicht schmutzig", dann sind dies die Kinder mit den aufgeschürften Knien, die Kinder, die immer am schmutzigsten nach Hause kommen. Diese Kinder erhalten doppelte Botschaften. Wenn ein Kind im Spiel seinem Unbewußten die Handlungsleitung überläßt, kreiert es genau das, was die Mutter mit den Worten erschaffen hat, genau diese Bilder, die die Mutter durch ihre Nicht-Formulierung in dem Kind erweckt hat. „Schau mich nicht so an," oder: „Fummel da nicht rum" – sind also direkte Aufforderungen, genau das zu tun.

Anleitung:

1. Achte in Deinem Alltag darauf, in welchen Situationen Menschen Nicht-Formulierungen benutzen und damit genau das initiieren, was sie vermeiden wollen.

2. Wähle einen Partner, einen Freund aus, der Dich immer wieder dann fragt, wenn Du eine Nicht-Formulierung benutzt hast, was Du statt dessen willst, indem er sagt: „Sondern?" oder: „Was willst Du statt dessen?" oder: „Was willst Du genau?" – jemand, der Dich darin unterstützt, dies über einen längeren Zeitraum, mindestens drei Monate, zu tun – sozusagen als Dein persönlicher Feedbacker.

3. Achte auf Deinen Umgang mit *nicht, kein, nie* und korrigiere Dich, wenn nötig, indem Du die genaue Formulierung nachsetzt.

Notizen:

6. Kreative Intelligenz

Wegweiser

Wohlgeformte Fragen... 213
Der Maßstab der Zeit 215
Zeit sein 217
Projekt-Beschreibung 219
Die kreativen Möglichkeiten 221
Muster erkennen.. 223
Intuition 224
Osbornsche Checkliste 227
Kreativitätsanalogie... 229
Umdenken 231
Schatzkiste 233
In Kontakt mit Deinem inneren Schöpfer sein.................... 235

Einstimmung – Kreative Intelligenz

„Unser Kopf ist rund, damit das Denken die Richtung wechseln kann." – F. Picabia

Jedem Menschen wohnt eine schöpferische Kraft inne, die ihn treibt, Neues zu entwerfen, die Eigenes erschaffen will und uns von innen her bewegt, solange für etwas zu glühen, bis der göttliche Funke überspringt. Wir alle haben die Fähigkeit, für etwas so zu brennen, daß etwas ganz Neues, Originelles, Einmaliges entstehen kann. Der Unterschied zwischen den Kreativen und Nicht-Kreativen liegt nicht im Vorhandensein dieser Kraft, sondern darin, wieviel Raum wir dieser Kraft in uns geben, wieviel Mut wir haben, uns dieser unberechenbaren Energie hinzugeben, und wieweit unser Mut uns trägt. Das Wagnis liegt ja gerade darin, Neuland zu betreten, als Pionier in unerforschte und ungeahnte Bereiche vorzustoßen und der göttlichen Führung zu vertrauen. Dieser tiefe Glaube an sich und das bedingungslose Vertrauen in ein Geführtwerden begleiten uns über die vertrauten Grenzen hinaus in ein Gebiet, wo der Phantasie Flügel wachsen können und wo Unmögliches sich verwirklichen darf. Es ist die innere Erlaubnis, die dies geschehen lassen kann. Kreativität ist der Mut, sich selbst und das Leben neu zu erfinden.

Ein Phänomen der Kreativen Intelligenz ist es, in eine andere Zeitdimension einzutauchen, in der es möglich ist, Lösungen zu finden, Gedanken zu denken und Verknüpfungen herzustellen, die normalerweise Monate oder Jahre dauern würden – und dies in einem Zeitraum von Stunden, Minuten oder manchmal auch Sekunden. Beim Eintritt in diesen dauerhaften Zeitbereich jenseits unseres Zeiterlebens gelangt man in ein Kontinuum, das viele Antworten und Möglichkeiten für uns bereithält. Dies ist wie das Eintauchen in die Quelle der Kreativität, in das Feld aller Möglichkeiten, wo es keine Zeit gibt. Hier ist alles mit allem verknüpft, und der Schöpfungsakt läßt uns diese Verknüpfung, dieses miteinander Verbundensein erleben.

Friedrich Nietzsche sagt dazu: *„Der Begriff Offenbarung in dem Sinn, daß plötzlich mit unsäglicher Sicherheit und Feinheit etwas sichtbar, hörbar wird, etwas, das einen im Tiefsten erschüttert und umwirft, beschreibt einfach den Tatbestand. Man hört, man sucht nicht. Man nimmt, man fragt nicht, wer da gibt. Wie ein Blitz leuchtet ein Gedanke auf mit Notwendigkeit in der Form ohne Zögern. – Ich habe nie eine Wahl gehabt ... Alles geschieht im höchsten Grade unfreiwillig, aber wie in einem Sturme von Freiheitsgefühl, von Unbedingtsein, von Göttlichkeit."*

Kreative Momente sind also offensichtlich durch ein verändertes Zeiterleben und durch ein erweitertes Bewußtsein oder verändertes Bewußtsein gekennzeichnet.

„Das ganze Erfinden und Schaffen findet in einem angenehmen und aufregenden Traum statt, und doch ist das eigentliche Hören des Ganzen im Grunde das beste. Was auf diese Weise hervorgebracht wird, das vergesse ich nicht so schnell, und dies ist wohl das schönste Geschenk, für das ich meinem Schöpfer danken muß."
– Wolfgang Amadeus Mozart

Viele Kunstwerke und viele kreative Lösungen sind tatsächlich im Traum, also im Schlaf, entstanden. Der Kugelschreiber wurde von Laszlo Josef Biro im Traum erfunden, weil er sich immer wieder mit Tinte bekleckert hatte und dafür nach einer besseren Lösung suchte. Im Traum beschoß er einige Menschen, die ihn störten, mit einem Gewehr, aus dem ein Schwall Tinte floß. Als die Leute sich darüber amüsierten, wurde er sehr ärgerlich, steckte einen kugelförmigen Briefbeschwerer in die Öffnung und die Tinte kam nur noch sehr spärlich heraus. Am nächsten Morgen machte er einen ersten Entwurf des Kugelschreibers ...

Kreative Menschen zeichnen sich durch eine hohe Sensibilität aus, das nicht Vorhandene, das Fehlende zu entdecken. Sie haben in der Regel ein sehr gut ausgeprägtes Gespür für das, was fehlt – in vielen Bereichen.

Wenn gesagt wird, eine der Fähigkeiten eines Kreativen sei es, wahrzunehmen was fehlt, ein Problem zu erkennen, so meint dies nicht – wie man annehmen könnte – die Fähigkeit des Pessimisten, zu sehen, was nicht in Ordnung ist und deshalb zu nörgeln und zu mäkeln oder zu jammern, sondern es geht darum, daß beim Kreativen das Wahrnehmen dessen, was fehlt, zu einer Spannung führt – zu einer Suchspannung. Es entsteht aus dieser Situation heraus die Motivation, nach einer Lösung zu suchen. Diese Spannung und die ständig gestellte Frage setzen den Suchvorgang in Gang, der erst abgeschlossen ist, wenn die Frage beantwortet ist.

So erklärt sich auch ein Großteil der kreativen Entdeckungen. In der Regel werden kreative Projekte folgendermaßen beschrieben: Zuerst entsteht ein leidenschaftliches Engagement für eine **Frage**, ein Projekt, ein Problem, es beginnt eine intensive Suche nach der Lösung, und in der Regel schließt sich oft ein Ausprobieren aller verfügbaren, bisher gedachten Lösungswege und Materialien an, und danach beginnt eine Stagnation, ein Ende, eine Sackgasse oder ein Moment des Aufgebens, des **Loslassens**. In der bewußten kreativen Herangehensweise ist dies die Inkubationszeit, in der das Projekt ruhen darf und die Gedanken bewußt in einen anderen Bereich gelenkt werden. Carlos Castaneda sagt dazu: „Alles andere hilft." Dieses Abschalten und Entspannen macht den Weg frei für die Antwort, für das aus heiterem Himmel Kommende, für den **Gedankenblitz**, die sogenannte Offenbarung, den göttlichen Funken. Die meisten kreativen Menschen stimmen darin überein, daß die Antwort ein Geschenk ist, eine Gnade, die man nur annehmen, die man nicht selber herstellen kann. Das deckt sich mit der magischen Regel: Mach Dir ein Ziel, besetze es mit viel Energie und Emotion, suche nach allen Möglichkeiten, es zu erreichen und laß es dann los, so daß es sich selbst verwirklichen kann.

Interessant ist das Phänomen, daß in der Regel bei diesem berühmten „Geistesblitz" oder der Antwort aus dem Himmel selten eine Ähnlichkeit besteht zu dem, was wir vorher gesammelt oder gedacht haben. Es handelt sich meist um eine völlig neue Idee, eine Neugruppierung oder eine vorher nicht gedachte Richtung, die wir auf unserer Suche nach der Antwort bisher noch nicht in Erwägung gezogen haben. Aber genauso sicher ist es, daß die Antwort nur mit mühsamer Vorbereitung erreicht wird. Ohne diese kommt eine Antwort eher selten. Es gibt nicht so sehr viele Geistesblitze aus heiterem Himmel, wenn man sich nicht mit der leidenschaftlichen Suche nach einer Lösung beschäftigt hat.

Manchmal liegt die Schönheit einer neuen Lösung nur im Verändern des Blickwinkels, im Einnehmen einer neuen Perspektive. Aus der richtigen Perspektive betrachtet kannst Du den Regenbogen entdecken im farblosen Eis oder Dich einfangen lassen von den Regentropfen im Gras, die wie Diamanten funkeln und das Licht in viele Facetten brechen. Oder laß Dich einmal einladen zum Tanz von der Musik eines fallenden Wassertropfens.

Wenn der göttliche Funke da ist, braucht die Idee nur noch **in** die gewünschte **Form gebracht** zu werden. Nach der Inspiration findet die Umsetzung statt. Die Vollendung findet ein solches Geschenk, wenn es **in den Alltag** eingebracht wird und seinen Weg in die Köpfe und die Herzen der Menschen findet. Dann ist es Zeit zu **feiern** und den schöpferischen Akt abzuschließen und sich selbst für das Ergebnis anzuerkennen.

Jeder Mensch ist kreativ. Aber auch hier macht Übung den Meister. Es lohnt sich, beide Gehirnhälften zu trainieren, so daß beide und gleich einsetzbar sind. Der gemeinsame Zeichenvorrat – all das, was wir als Menschen gemeinsam haben und teilen, was wir in unserem Gehirn gespeichert haben – ist das Spielmaterial für die Kreativität. Kreativität löst nicht nur künstlerische Probleme, sondern auch wirtschaftliche, politische, soziale, sozio-kulturelle und kulturelle Probleme.

Wofür könntest Du eine kreative Idee in Deinem Leben gebrauchen? Wo willst Du Dir erlauben, kreativer zu sein?

Unsere Fähigkeit, ein Wissensnetz anzulegen, das uns große Dienste leistet, kann der Kreativität im Wege stehen. Aufgrund unserer Erfahrungen schaffen wir Muster und Denkstrukturen, die wir zur Verarbeitung von Informationen heranziehen. Im Alltag bedeutet dies oft, daß wir in alten Mustern denken und neue kreative Möglichkeiten nicht so schnell wahrnehmen. Aus diesem Grund hat sich Einstein geweigert, das Deutliche, das Offenbare, das Selbstverständliche zu verstehen, um sich nicht der Möglichkeit zu berauben, neue Einblicke in die Dinge zu gewinnen.

Kreative Menschen benötigen ein gutes Selbstvertrauen, denn sie müssen bereit sein, über ihre eigenen Grenzen zu gehen und den Schritt ins Ungewisse wagen. Oft genug werden sie dafür nicht gefeiert und bewundert, sondern im Gegenteil verlacht und mißverstanden. Der Mut, zu den ungewöhnlichsten Ideen zu stehen, ist für Kreativität unumgänglich und wird nicht immer belohnt.

Das bedeutet: Menschen, die es gewohnt sind, immer wieder vertraute Lösungen in Frage zu stellen, neue Wege zu gehen, ungewöhnliche Perspektiven einzunehmen, immer wieder neue Muster zu denken und täglich etwas anderes zu tun als gewohnt, können ihre Kreativität ganz entschieden schulen. Ganz alltägliche Dinge auf eine andere Art zu tun, einen anderen Weg zur Arbeit zu wählen – das Brot mit der anderen Hand zu schneiden als gewohnt, die Spaghetti anders aufzuwickeln – führen dazu, nicht immer in alten Mustern und in bereits bekannten Bahnen zu denken und zu handeln, sondern das „Neue-Wege-zu-gehen" zu üben.

Die Originalität des Genies besteht in der Verlagerung der Aufmerksamkeit auf bis dato übersehene und vernachlässigte Aspekte, d.h. es sieht altbekannte Erscheinungen in neuem Licht, stellt neue Beziehungen her und entdeckt andere Zusammenhänge – Zusammenhänge, die von der Norm abweichen. Die schöpferische Phantasie vermag, neue Regeln, neue Muster, neue Spiele zu erfinden, neue Rezepte. Dies ist ein Schöpfungsakt, nicht zu verwechseln mit der Routinefähigkeit, Rezepte abzuwandeln.

Eine hilfreiche Eigenschaft des erfolgreichen Problemlösers ist gedankliche Flexibilität, die Schnelligkeit, neue Situationen zu erfassen sowie die Schnelligkeit, Traditionen, eingefahrene Wege und Muster loszulassen, überhaupt die Fähigkeit, schnell zu denken – eine Fähigkeit, die trainierbar ist. Die nach Walt Disney benannte Kreativitätsstrategie faßt die Flexibilität des Träumens, Denkens und der Kritik zusammen, und er hat dafür den Träumer, den Realisten und den Kritiker in uns in eine Balance gebracht, die ein Zusammenarbeiten dieser Fähigkeiten ermöglicht.

Kreativ zu sein gilt allgemein als erstrebenswerte, positive Eigenschaft eines Menschen. Ein kreativer Mensch gilt als originell, beinah als ein Genie.

Manchmal ist es ganz einfach, herauszufinden, warum Kreativität nicht stattfindet – weil wir nicht im luftleeren Raum leben. Es ist sinnvoll, die Rahmenbedingungen zu überprüfen. Ist genug Zeit, genug Raum, genug Freiheit da, um Kreativität fließen zu lassen? In einem rigiden, hierarchischen Klima ist Kreativität eher selten. Wenn kein Raum da ist, die Grundnahrungsmittel fehlen und die Grundsicherheiten, Grundbedürfnisse nicht befriedigt sind, ist Kreativität eher auf die Nahrungssuche und auf das tägliche Leben gerichtet. Aber auch ein zu spannungsfreier Rahmen kann Kreativität verhindern. Wenn alle satt und zufrieden sind und es keinerlei Spannung gibt, so gibt es auch keine Motivation, um nach einer Lösung zu suchen. In diesem Sinne sind Kreativitätstechniken Hilfswerk und Unterstützung, wenn die Basis stimmt.

Wir können nur den kreativen Prozeß unterstützen, das Ergebnis können wir nicht beeinflussen. Wir können uns jedoch bereit machen, das Geschenk zu empfangen, uns erlauben, es in Freude zu erkennen und in Demut anzunehmen.

Notizen:

Wohlgeformte Fragen

Übung ☒   **Spiel** ☐   **Phantasiereise** ☐

Ziel:
Suchspannung erzeugen, Wahrnehmungsfilter auf kreative Lösungen richten

Weitere Anwendungsmöglichkeiten:
Alltags-Intelligenz erweitern, Muster verändern, intuitive Projekte starten, Intuition fördern, intuitiven Antworten eine Tür öffnen

Dauer:
10-20 Minuten

Material:
Schreibzeug, besser: ein Tagebuch

Anmerkung:
Fragen bringen den Suchprozeß in Gang, sie lassen einen Wahrnehmungsfilter entstehen, der auf die möglichen Antworten fokussiert. Die Antworten sind immer schon da, nur die Aufmerksamkeit für die Lösung muß erst geschaffen werden.

Anleitung:

1. Frage formulieren:
- *in einem Satz*, ohne **„und"** und **„oder"**
- ohne **„nicht"** und „kein", sondern *positiv formulieren*
- nicht **„warum"** fragen, sondern *was, wie, wann, mit wem*

2. Glaubens-Check:
- Glaubst Du, daß die Beantwortung dieser Frage prinzipiell möglich ist?
- Kannst Du Dir erlauben, eine Antwort auf diese Frage zu erhalten?

3. Öko-Check:
- Was wird passieren, wenn Du eine Antwort auf Deine Frage bekommen wirst?
- Kannst Du mit den Konsequenzen umgehen?

➤ Bist Du bereit, auch Ungewöhnliches zu akzeptieren und Deine Grenzen zu überschreiten?

4. Positive Absicht:
➤ Was ist der Vorteil, keine Antwort zu haben?
➤ Was ist die positive Absicht, nicht zu wissen?

5. Umsetzen:
➤ Schreibe Deine Frage auf eine kleine Karte und bringe sie gut sichtbar in Deiner Wohnung an, so daß Du sie mindestens einmal am Tag durchlesen kannst.
➤ Achte in den nächsten drei Wochen auf mögliche und unmögliche Antworten, alles kann eine Bedeutung haben.
➤ Schreibe in dieser Zeit ein Tagebuch und werte Deine Resultate nach einer Woche aus.

6. Handeln:
➤ Wenn Du Antworten gefunden hast, dann handle entsprechend, so daß Du nicht nur positiv denkst und fragst, sondern auch positiv handelst. Ergebnisse wirst Du nur durch Tun erzielen.

Notizen:

Der Maßstab der Zeit

Übung ☐   **Spiel** ☐   **Phantasiereise** ☒

Ziel:
Zeitwahrnehmung verändern, Bewußtseinsveränderung

Weitere Anwendungsmöglichkeiten:
Emotionale Intelligenz erhöhen, Entspannung, Pünktlichkeit

Dauer:
20 Minuten

Material:
Decke, Musik: Walgesänge

Anleitung:
Mach es Dir an einem ruhigen Ort ganz bequem, so bequem, daß Du für einige Zeit in dieser Position verweilen kannst. Du hast wie immer die Wahl, ob Du auf Deine eigene Art mit der Aufmerksamkeit nach innen gehst – in diesen gelösten Zustand kommst oder ob Du meiner Stimme folgen magst und all den Assoziationen, die sie bei Dir weckt. Du kannst Dich nun von allem, was Dich umgibt, mehr und mehr lösen – all das, was Du um Dich herum wahrnimmst, kannst Du mehr und mehr zurückgleiten lassen und mit Deiner Aufmerksamkeit tiefer und tiefer nach innen zu Dir kommen – und mit jedem Ausatmen Dir vorstellen, daß Du **Zeit** losläßt – mit jedem Ausatmen mehr und mehr loslassen kannst – und mit jedem Ausatmen die Zeit losläßt. Und während das von ganz allein in Deinem eigenen Rhythmus weiter und weiter geschieht, kannst Du Dir vor Deinem inneren Auge vorstellen, daß Du eine Meßlatte siehst – eine Meßlatte in Deiner Farbe, möglicherweise in unterschiedlichen Farben, in der 30 cm für die Vergangenheit stehen und 30 cm für die Gegenwart und 30 cm für die Zukunft. Laß diese Meßlatte so klar vor Deinem inneren Auge entstehen, daß Du alle Einzelheiten wahrnehmen kannst, die dazugehören. Nimm wahr, wo Du Dich normalerweise befindest in Deinem Leben. Was ist der Bereich, in dem Du Dich oft und gerne aufhältst? Bist Du häufig in der Vergangenheit – oder bist Du öfter in der Gegenwart – oder lebst

Du mehr in der Zukunft? Und während Dir das mehr und mehr bewußt wird, kannst Du weiter tief und lang atmen – Deinen Atem fließen lassen und mit jedem Ausatmen **Zeit** loslassen – und mit jedem Ausatmen mehr und mehr die Zeit loslassen, während Du Dir dabei weiter die Meßlatte vorstellst – die Einteilung in dreimal 30 cm für Vergangenheit, Gegenwart und Zukunft.

Verkürze nun das Maß für die Vergangenheit und für die Gegenwart auf jeweils 15 cm und nimm wahr, wie es sich anfühlt, wenn Du 60 cm für die **Zukunft** zur Verfügung hast. Laß die Zukunft sich ausdehnen, so daß sie 60 cm Deines Maßstabes umfaßt und laß Dein Bewußtsein sich anfüllen mit dieser Vorstellung, mit diesem Wissen, daß Du 60 cm für Deine Zukunft an Zeit hast. Nimm wahr, was das für Dein Leben bedeutet und was sich in Deinem Erleben verändert. Du hast alle Zeit der Welt, eine Minute, um dieses Gefühl für Dich ganz auszukosten und wahrzunehmen, was alles für Dich dazugehört. Schließ das dann für Dich ab, bring Deinen Maßstab wieder in die normale Kategorie von 30 – 30 – 30. Laß mit jedem Ausatmen die Zeit wieder los und verändere den Maßstab dahingehend, daß Du Gegenwart und Zukunft auf 15 cm verkleinerst und die **Vergangenheit** einen großen Bereich Deines Maßstabes einnehmen läßt – 60 cm für die Vergangenheit – und nimm wahr, was das für Dich bedeutet. Du hast wieder eine Minute, alle Zeit der Welt, um all das zu erleben, was für Dich wichtig ist, wenn Deine Vergangenheit einen großen Teil Deines Bewußtseins ausfüllt und einen großen Teil Deiner Zeit darstellt. Laß auch diese Erfahrung wieder gehen, indem Du mit jedem Ausatmen die Zeit losläßt, Deinen Maßstab wieder in die ursprüngliche Form von 30 - 30 - 30 zurückbringst, um ihn dann wiederum zu verändern, so daß nur 10 cm für die Vergangenheit und 10 cm für die Zukunft bleiben und Du den Bereich **Gegenwart** auf 70 cm ausdehnst. Nimm wahr, was das bedeutet für Dein jetziges Erleben, für alles, was damit zusammenhängt, wenn der Bereich der Gegenwart einen so großen Raum für Dich einnimmt. Laß eine große, machtvolle Erfahrung entstehen, die sich auf Deine Gegenwart bezieht – nimm wahr, wie es für Dich ist, wenn die Gegenwartszeit jetzt den größten Raum einnimmt. Beende diese Erfahrung, indem Du entweder wieder Deinen alten Maßstab herstellst oder den beibehältst, der Dir am angenehmsten ist – beende diese Erfahrung, indem Du hierher zurückkommst mit Deiner Aufmerksamkeit – jetzt in diesen Raum –, um Dich mit anderen auszutauschen oder Dir einige Notizen zu machen über das Erlebte. Wenn Du magst, kannst Du Dir vorstellen, daß Du mit jedem Einatmen mehr Zeit aufnehmen kannst.

Zeit sein

Übung ☐   Spiel ☐   Phantasiereise ☒

Ziel:
Öffnen für kreatives Umgehen mit Zeit, Wahrnehmungserweiterung

Weitere Anwendungsmöglichkeiten:
Emotionale Intelligenz erweitern, Entspannung, Perspektivenwechsel, um Probleme zu relativieren

Dauer:
30 Minuten

Material:
Decke und Schreibzeug

Musik: *Oliver Shanti and Friends:* „Listening to the Heart"

Anmerkung:
Das Tao der Zeit: In unserem normalen Alltag betrachten wir den Raum als eine feststehende Größe, durch den die Zeit hindurchfließt. Um einen veränderten Bewußtseinszustand und ein verändertes Erleben mit der Zeit zu bewirken, stell Dir vor, daß die Zeit still steht und der Raum durch die Zeit hindurchfließt.

Anleitung:
Mach es Dir an einem Platz ganz bequem, so bequem, daß Du für einige Zeit in dieser Position verweilen magst und laß Dich von Deinem Ausatmen tiefer und tiefer in einen Zustand von Gelöstsein – in einen entspannten – kreativen Zustand mitnehmen. Und wie immer hast Du die Wahl – ob Du diesen Zustand auf Deine Art herstellen magst – ob Du Dich Deinem eigenen Rhythmus hingibst – und Dich unterstützen läßt von Deinem Atem – oder ob Du die Musik nimmst als einen Leitfaden für einen gelösten und kreativen Zustand. Diesen Zustand, in dem alles möglich ist.

Und während Dein Körper das ganz allein für Dich tut, kannst Du Dir – hellwach – eine Vorstellung davon machen, daß Du eine **Sekunde** bist. Wie ist es für Dich, eine **Sekunde** zu sein? Was gehört für Dich dazu? Was kannst Du sehen, hören, spüren? Wie ist Dein Erleben, wenn Du eine **Sekunde** bist? Laß mit dem Ausatmen mehr und mehr die Zeit und alles los, was Du gerne loslassen möchtest – so daß Dein Körper sich mehr und mehr entspannen kann – und Dein Geist ganz hellwach – hier und jetzt – sich vorstellen kann, Du bist eine **Minute**. Nimm wahr, wie es ist, eine **Minute** zu sein, was für Dich dazugehört, was zu diesem Erleben paßt – und dann laß auch diese Vorstellung wieder gehen – dieses Erleben wieder gehen. Laß mit dem Ausatmen wieder die Zeit los – und den Körper sich mehr und mehr entspannen – und Deinen Geist ganz hellwach sein, so daß Du Dir ganz einfach vorstellen kannst, Du bist jetzt eine **Stunde**. Was gehört für Dich dazu, eine **Stunde** zu sein? Was kannst Du sehen, hören, spüren, riechen oder schmecken, wenn Du eine **Stunde** bist? Dann laß auch diesen Gedanken wieder los – dieses Erleben wieder los – mit jedem Ausatmen mehr und mehr. Laß das Erleben in Dich einströmen, wie es ist, wenn Du **ein Tag** bist. Was bedeutet es für Dich, **ein Tag** zu sein, und was gehört alles für Dich dazu – um auch das wieder loszulassen – mit dem Ausatmen die Zeit loszulassen – ganz hellwach und hier – den Gedanken aufzunehmen, wie es ist, wenn Du **ein Monat** bist – um auch den wieder loszulassen und wahrzunehmen, wie es ist, wenn Du **ein Jahr** bist. Laß dann auch diese Erfahrung wieder gehen – wieder los – laß die Zeit wieder los mit jedem Ausatmen – und laß Dich hineingleiten in die Erfahrung wie es ist, wenn Du **zehn Jahre** bist – zehn Jahre. Was bedeutet es, zehn Jahre zu sein – wenn Du die Zeit bist – zehn Jahre. Was gehört alles dazu? Was ist wichtig, und wie nimmst Du es wahr? Laß es wieder los – und laß dann die Erfahrung entstehen, wie es ist, **hundert Jahre** zu sein – und nimm Dir eine Minute Zeit – alle Zeit der Welt –, um **hundert Jahre** zu sein. Laß auch diese Erfahrung wieder gehen – und nimm wahr, wie es ist, **tausend Jahre** zu sein – und laß auch diese Erfahrung wieder gehen – und nimm Dir dann alle Zeit der Welt – eine Minute –, um wahrzunehmen, wie es ist, **eine Million Jahre** zu sein, wie sich diese Erfahrung anfühlt – eine Million Jahre. Schließ das dann für Dich ab und komm wieder hierher zurück in diesen Raum mit Deiner ganzen Aufmerksamkeit – hierher in diesen Raum und in diese Zeit – und mach Dir einige Notizen und tausch Dich mit jemandem aus über das Erlebte.

Notizen:

Projekt-Beschreibung

Übung ☒   **Spiel** ☐   **Phantasiereise** ☐

Ziel:
Kreative Projekte verwirklichen, kreativ planen

Weitere Anwendungsmöglichkeiten:
Träume verwirklichen, nicht nur träumen, sondern Resultate erzielen, Alltags-Intelligenz fördern

Dauer:
1 Stunde bis zu mehreren Tagen

Material:
Schreibzeug, evtl. Metaplankarten

Anmerkung:
Wenn das Projekt klar definiert ist, könnte man auch mit der Walt Disney-Strategie weiterarbeiten.

Beschreibung:
1. Ist-Analyse:
- **Beschreibung der Ausgangssituation:** Was ist? Was haben wir jetzt?
- **Beschreibung des Ziels**: Was soll sein? Was ist der Idealzustand?
- **Beschreibung der Differenz zwischen ist Ist und Soll** und der Spannung: Was haben wir nicht? Was ist das Problem? Festlegung von Lösungskriterien. *Was ist die Frage, die sich daraus ergibt?*

2. Ideenfindung:
- Entspannen; tu etwas Bizarres, tu etwas ganz anderes, was vom Problem weit entfernt ist;
- Brainstorming, Brainwriting, nimm Dir ein Blatt Papier und laß Ideen einfach entstehen, laß alle Ideen zu. Schreib alles auf oder diktiere alles, was Dir in den Sinn kommt, ohne zu bewerten. Es gibt vier Regeln: *Quantität geht vor Qualität.* Ungefähr 20 Minuten einfach *alles aufschreiben*, was Dir einfällt. *Unsinnige*

Ideen sind erwünscht, also völlig egal, ob es einen Sinn macht oder nicht. Frei assoziieren, *Kritik ist streng untersagt*, mach nur kurze Notizen.

3. Bewertungsphase:
Hier ist der Kritiker gewünscht und der Realist, um die Vorschläge auf Originalität, Realisierbarkeit, Schnelligkeit, Wirtschaftlichkeit, Nützlichkeit hin zu überprüfen und zwei bis drei Ideen auszuwählen, deren Praktikabilität weiter überprüft wird.

4. Realisierungsphase:
In der Realisierungsphase werden alle notwendigen Informationen gesammelt, wie diese Idee, für die man sich entschieden hat, umgesetzt werden kann.

Notizen:

Die kreativen Möglichkeiten

Übung ☐   Spiel ☐   Phantasiereise ☒

Ziel:
„Unmögliches" denken, Phantasie beflügeln, kreative Antworten auslösen

Weitere Anwendungsmöglichkeiten:
Spirituelle Intelligenz erwecken, Entspannung, Spaß, Denkmuster befreien

Dauer:
30 Minuten

Material:
Musik: *Merlin`s Magic:* „The Light Touch"

Anleitung:
Mach es Dir auf dem Boden ganz bequem, so bequem, daß Du dort einige Zeit liegenbleiben magst. Du hast wie immer die Wahl, auf welche Art Du in diesen entspannten, gelösten Zustand kommen wirst, den Du schon von anderen Reisen her kennst – wenn Du Lust hast, kannst Du Deinen eigenen Rhythmus dazu nutzen, und mit jedem Ausatmen ein klein wenig mehr loslassen – laß Dich tiefer und immer tiefer hinabsinken – so tief, wie es heute für Dich stimmt – so tief, bis Du an einen neuen Ort kommst – den Ort der Entdeckungen – den Ort Deiner Entdeckungen. Du weißt, daß dieser Ort überall auf der Welt sein kann und daß dieser Ort heute für Dich hier beginnt – hier, wo Du eintauchen kannst in diese neue Erfahrung und diesen Ort für Dich entdecken kannst. Und während Du noch über all das Neue und auch das ganz Vertraute staunst, kommt Dir auf einer langen Straße ein Känguruh entgegen, das Dich nimmt und in seinen Beutel steckt. Nimm wahr, was das für Dich bedeutet – was Du von hier aus sehen kannst – wie Du die Welt wahrnimmst – welche Töne, Klänge und Geräusche wichtig sind – wie Du Dich fühlst im Beutel Deines Känguruhs – wie sich die Bewegung anfühlt – die Art des Sich-Fortbewegens, des Bewegt-Werdens – was Du empfindest – was Du riechst und was Du schmeckst – und nimm Dir alle Zeit der Welt, um Dein

Abenteuer zu erleben – laß Dich überraschen, wo es Dich hinführt – wen Du unterwegs triffst – welche Informationen Du jetzt bekommst und was Du alles erlebst – am Ende dieses Abenteuers landest Du vor einem großen Spiegel – wo Dich Dein Känguruh behutsam wieder absetzt und Du Dich von ihm verabschieden und bedanken kannst – um Dich nun diesem großen, geheimnisvollen Spiegel zuzuwenden, den ein inneres Leuchten erfüllt – eine Farbe – Deine Farbe – ein ganz bestimmter Schimmer – ein Glänzen, das Dich fasziniert und das Dich anzieht, so daß Du diesen Spiegel berühren möchtest – und indem Du die Hand ausstreckst, kannst Du feststellen, daß Du durch diese Spiegeloberfläche hindurch kannst – ganz leicht hindurchgleiten kannst, um auf der anderen Seite eine Welt zu betreten, die Dir neu ist – eine Welt, in der Du tiefere Schichten von Dir betreten kannst – in denen Du noch nie zuvor warst. Nimm Dir Deine Zeit, um hier einzutauchen und alles zu entdecken, was Du hier entdecken möchtest – um alles hier zu erkunden, was Du hier erkunden kannst – alles zu erleben und zu erfahren, was es hier für Dich zu erleben und zu erfahren gibt – welche Farben sind hier wichtig, welches Licht – wie ist der Himmel über Dir und der Boden unter Dir – welche Klänge und Töne – welche Worte gehören zu diesem Ort – welche Erinnerungen und Gefühle ruft er in Dir wach – vielleicht kannst Du einen leichten Duft erfassen, der hierher gehört – hier in dieser Welt begegnest Du einer weisen, alten Person – einer weisen Alten –, die Dir anbietet, Dich durch Hölle, Fegefeuer und Himmel zu führen – zu einem Ort der großen Geheimnisse – indem Du Dir erlaubst, dieses Angebot anzunehmen, wirst Du all die Dinge erfahren, die Du schon immer ergründen wolltest – nimm Dir einen Moment Zeit, Deine Geheimnisse zu lüften und Deine Schätze zu entdecken. Am Ende Deiner ganz privaten Entdeckungen führt Dich diese weise, alte Person in der Dämmerung vor einen alten Tempel. Am Horizont geht gerade die Sonne auf, während am anderen Ende noch der Mond untergeht – vielleicht kannst Du eine Sternschnuppe wahrnehmen, die vom Himmel fällt – und in diesem Moment begreifst Du – und augenblicklich hast Du das gesamte Universum verstanden – und augenblicklich kennst Du die Antwort auf Deine Fragen – die Antwort auf Dein Sein – und die Lösung Deiner Aufgaben liegt klar vor Dir – und mit einem Gefühl der Dankbarkeit, daß Du einen solchen Augenblick erleben konntest, beende nun diese Reise – verabschiede und bedanke Dich auf Deine Art – vielleicht auch mit dem Wissen, daß Du der Schöpfer/die Schöpferin bist – und komm hierher zurück in die Gegenwart mit Deinem ganzen Bewußtsein und Deiner Aufmerksamkeit – hierher in diesen Raum – in diese Zeit. Nimm Dir einen Moment Zeit, Notizen zu machen und tausche Dich dann über diese Reise aus.

Notizen:

Muster erkennen

Übung ☒   Spiel ☐   Phantasiereise ☐

Ziel:
Flexibilität erwerben im Erkennen von blockierenden Denkmustern

Weitere Anwendungsmöglichkeiten:
Sprachliche Intelligenz fördern, Emotionale Intelligenz erhöhen

Dauer:
20 Minuten

Material:
Printwerbung und/oder Werbefilme

Anleitung:

1. Wähle eine geeignete Auswahl an Werbung aus dem Fernsehen oder den Printmedien aus und zeichne sie auf Video aus oder schneide sie aus.

2. Beschäftige Dich mit zwei oder drei der ausgewählten Werbematerialien ca. fünf bis zehn Minuten, indem Du versuchst herauszufinden, was die zugrundeliegenden Denkmuster sind: Welche Werte werden angesprochen? Welche Gefühle werden erzeugt oder berührt? Welche Überzeugungen stecken dahinter? Notiere Dir die gefundenen Muster.

3. Finde heraus, welche Vorurteile bei Dir angesprochen sind. Gesteh Dir zu, daß Du Vorurteile hast. Nimm sie auf Deine Art liebevoll an, finde heraus, aus welcher Zeit Deines Lebens sie stammen und wer bei ihrer Entstehung maßgeblich beteiligt war. Überprüfe kritisch, inwieweit sie heute noch zeitgemäß sind, ob sie auf Deine heutige Situation passen und ob sie tatsächlich angemessen sind.

4. Finde einige Möglichkeiten, um neue Denkmuster, neue Perspektiven einzunehmen, die diese Denkmuster erweitern. Laß Dir einige Ideen einfallen, welche Erfahrungen Dir neue Denkmuster schenken würden.
Welche Werte willst Du leben? Welche Überzeugungen werden Dich unterstützen, das Leben zu führen, das Du möchtest?
Wie kannst Du Dich täglich daran erinnern?

Intuition

Übung ☒ **Spiel** ☐ **Phantasiereise** ☐

Ziel:
Intuition schulen, Antworten des Unbewußten herbeiführen und interpretieren, Ergebnisse erzielen

Weitere Anwendungsmöglichkeiten:
Emotionale Intelligenz erweitern, Geist öffnen für „um die Ecke denken", Lösen von alten und eingefahrenen Denkstrukturen

Dauer:
Jeweils ca. 20 Minuten für jede Übung

Material:
Tagebuch

Anmerkung:

Um die Intuition zu schulen, hat es sich bewährt, nicht nur Übungen zu machen und sie zu interpretieren, sondern sie auch zu notieren. Manche Erkenntnisse sind so flüchtig, daß sie schon nach einem Augenblick nicht mehr erinnert werden und die großartigsten Gedanken wieder in der Versenkung verschwinden. Am günstigsten hat sich ein Tagebuch erwiesen, um fortlaufend festzuhalten, wieviel Du bereits weißt und um von Zeit zu Zeit Dein Wissen und Deine Antworten zu sortieren.

Bevor Du nach intuitiven Antworten suchst, ist es wichtig, wohlgeformte Fragen zu stellen.

Anleitung:

1. Übung:

➤ Mach es Dir an einem ruhigen Platz für einen kurzen Moment ganz bequem. Dies gilt nur für die erste Zeit des Erweckens Deiner Intuition, später kannst Du diese Übung überall machen.

- ▶ Entspanne Dich, atme drei- bis viermal tief ein und aus und gib Dir die Erlaubnis, kreativ sein zu dürfen.
- ▶ Öffne dann Deine Augen und laß Deinen Blick umherschweifen und nimm wahr, wo er hängenbleibt oder hängenbleiben möchte.
- ▶ Beschreibe diesen Anblick nun so, wie es im Moment für Dich richtig ist – was siehst Du – woran erinnert Dich das – was ist daran wichtig – was gehört noch mit dazu – wenn das Gesehene Dir eine Geschichte erzählen würde, welche wäre das – laß Dich überraschen, was es Dir zu berichten hat – welche Botschaft könnte es Dir senden – welches Gefühl löst es bei Dir aus – welchen Einfluß hat es auf Deine Stimmung – was ist das ganz Entscheidende an diesem Anblick.
- ▶ Schreibe Dir die Erfahrungen auf, möglichst genau und mit allen Gedanken, die Dir in der Zeit durch den Kopf gegangen sind. Auch die Störungen oder aus dem Zusammenhang genommene Ideen. Alles hat eine Bedeutung, Du mußt sie nur entschlüsseln.
- ▶ Interpretiere nun das Notierte als eine Antwort auf Deine Frage. Finde für alles, was Du aufgeschrieben hast, einen Sinn in bezug auf Deine Frage.

2. Übung:
- ▶ Mach es Dir wieder für einen Moment bequem.
- ▶ Entspanne Dich, atme drei- bis viermal tief ein und aus und gib Dir die Erlaubnis, kreativ sein zu dürfen.
- ▶ Notiere Dir, was Dir als erstes in den Sinn kommt, auch wenn es Dir unsinnig erscheint:
  ein Männername,
  ein Frauenname,
  eine Landschaft,
  ein Essen,
  ein Spiel,
  eine Pflanze,
  eine Waffe,
  ein Problem,
  ein Heilmittel,
  eine innere Qualität,
  eine Erinnerung,
  ein Wunsch.
- ▶ Interpretiere diese Antworten so, als wären sie die Antworten auf Deine Frage.

3. Übung:

- Mach es Dir wieder für einen Moment bequem.
- Entspanne Dich, atme drei- bis viermal tief ein und aus und gib Dir die Erlaubnis, kreativ sein zu dürfen.
- Laß nun vor Deinem inneren Auge ein Bild entstehen und beschreibe genau, was Du sehen, hören und spüren kannst, vielleicht gehört auch ein Geruch oder Geschmack dazu.
- Laß dieses Bild sich zu einem Film entwickeln und laß Dir seine Geschichte erzählen – sei neugierig, wie sich alles entwickeln wird.
- Notiere Dir ganz genau, was alles wichtig war in Deinem Erleben – woran hat Dich das erste Bild erinnert – was ist genau passiert – wer war mit dabei – wo genau war das – wie hat es sich weiterentwickelt – was gab es wichtiges zu hören – Worte, Namen, Melodien, Töne, Klänge, Geräusche, Stille – welche Gefühle haben das Ereignis begleitet – wie war der Verlauf vom Anfang bis zum Ende – welche Eigenschaften hatte dieser Verlauf – welche Qualitäten hatte dieser Film – was ist das Wichtigste für Dich dabei gewesen.
- Interpretiere diese Notizen als eine Antwort auf Deine Frage.

4. Übung:

- Entwirf ein Forschungsprojekt für Deine Intuition, indem Du Dir über einen Zeitraum von drei Wochen täglich eine Frage stellst, Deine Antworten mit einer der drei vorangegangenen Übungen verdichtest und sie in Deinem Tagebuch notierst.
- Überprüfe, welche Deiner spontanen Einfälle sich als zutreffend erwiesen haben, indem Du alle Aufzeichnungen durcharbeitest.
- In welchem Sinneskanal erhältst Du die zuverlässigsten Signale – visuell, auditiv oder kinästhetisch?
- Welche Untereigenschaften gehören zu den zutreffenden Antworten und welche gehören zu den unzutreffenden Antworten?
- Arbeite die Unterschiede heraus, die einen Unterschied machen und finde die für Dich wichtigen Kriterien, an denen Du zukünftig erkennen wirst, ob es ein relevanter Hinweis ist, den Du gerade erhältst oder ob dieser Impuls aus Deinen Befürchtungen oder Hoffnungen entstanden ist.

Osbornsche Checkliste

Übung ☒   **Spiel** ☐   **Phantasiereise** ☐

Ziel:
Kreative Assoziationen ermöglichen, neue Wege denken, Rahmen verlassen

Weitere Anwendungsmöglichkeiten:
Alltags-Intelligenz fördern, Ideen spielen lassen, alle möglichen Antworten berücksichtigen, um so Flow-Zustände zu initiieren

Dauer:
45 Minuten

Material:
Schreibzeug

Anmerkung:
Dies ist eine klassische Übung aus der Werbebranche, um die Gedanken zu lockern und eingefahrene Gleise des Denkens zu überschreiten.

Anleitung:
Betrachte den Gegenstand, für den Du neue kreative Möglichkkeiten entwerfen willst und laß Dich von folgenden Fragen zu Lösungen anregen.

1. *Andere Verwendungen*: Wie und wo kann man es anders verwenden? Wofür läßt es sich noch gebrauchen?

2. *Adaptieren*: Was ist so ähnlich? Welche Parallelen lassen sich finden? Kann ich es kopieren?

3. *Modifizieren*: Kann man Farbe, Bewegung, Klang, Geruch, Form, Größe, Bedeutung verändern, etwas hinzufügen?

4. *Vergrößerung*: Kann man es vergrößern – mehr Zeit, häufiger, höher, dicker, länger, verdoppeln, multiplizieren?

5. *Verkleinern*: Kann man etwas wegnehmen – kleiner, tiefer, kürzer, heller, kleinere Einheiten?

6. *Substitution*: Kann man etwas durch etwas anderes ersetzen? Kann man ein anderes Material nehmen – einen anderen Prozeß, eine andere Kraftquelle, einen anderen Platz, eine andere Stellung?

7. *Umstellung*: Kann man Kompetenzen austauschen – eine andere Reihenfolge? Kann man Ursache und Wirkung vertauschen?

8. *Umkehrung*: Kann man Positiv und Negativ austauschen? Kann man das Gegenteil nehmen? Kann man es rückwärts bewegen? Könnte man die Rollen vertauschen?

9. *Kombinieren*: Kann man Einheiten kombinieren? Kann man Absichten kombinieren, Ideen kombinieren, Strategien kombinieren?

Notizen:

Kreativitätsanalogie

Übung ☒   **Spiel** ☐   **Phantasiereise** ☐

Ziel:
Doppelt um die Ecke denken, Zugang zu „artfremden" Lösungen finden

Weitere Anwendungsmöglichkeiten:
Sprachliche Intelligenz fördern, Imagination üben und Perspektivenwechsel in ganz ungewöhnlichen Positionen kennenlernen

Dauer:
2 Stunden

Material:
Schreibzeug, evtl. große Bögen Papier, Farben

Anmerkung:
Natürlich kann man diese Übung auch alleine machen, viel mehr Spaß macht sie jedoch mit mehreren Mitspielern. Die Vielfalt unterschiedlicher Menschen, vielleicht auch unterschiedlichen Alters, schafft eine Potenzierung der Ideen.

Anleitung:
1. Definiere die Aufgabe, die Herausforderung, das Problem, für das eine Lösung gefunden werden soll.

2. Assoziiert in einer Gruppe frei, welche Lösungsvorschläge Euch dazu einfallen und visualisiert sie.

3. Überprüft noch einmal und formuliert neu, was wichtig ist, welche Lösungskriterien wichtig sind und umreißt möglichst genau, kurz und knapp die zu erledigende Aufgabe.

4. Findet eine direkte Analogie oder Metapher aus der Natur oder der Technik, die zu diesem Problem oder diesem Sachverhalt paßt. Alles ist erlaubt (z.B. Lawine).

5. Versetze Dich in die Position des gefundenen Beispiels und beschreibe aus der Innenansicht heraus, z.B. als eine Lawine, wie Du Dich als Lawine fühlst und was die wesentlichen Merkmale Deines Erlebens sind.

6. Wähle aus dieser Beschreibung ein wesentliches Gefühl oder eine bestimmte Nominalisierung heraus, die Du mit einem widersprüchlichen Adjektiv versiehst – z.B. Macht, aus der Analogie der Lawine gewählt – und dann kannst Du wählen, welche paradoxe Aussage Du daraus machen willst – z.B. „weiche Macht" – oder finde eine andere paradoxe Zusammenfügung.

7. Wähle zu dieser paradoxen Beschreibung eine zweite direkte Analogie aus der Natur oder der Technik und beschreibe wichtige Zusammenhänge – „weiche Macht" z.B. ist ein sanfter Fluß. Übertrage dann die Situation auf die anfängliche Problemstellung oder Herausforderung und laß Ideen reifen, inwieweit diese gefundene Analogie und die damit verbundenen Sachverhalte oder Verknüpfungen zu einem Lösungsvorschlag für die Ursprungssituation führen können.

Notizen:

Umdenken

Übung ☒   **Spiel** ☐   **Phantasiereise** ☐

Ziel:
Blockierende Überzeugungen entmachten, Denkmuster unterbrechen, neue Denkgewohnheiten erschaffen

Weitere Anwendungsmöglichkeiten:
Dem eigenen Denken und der eigenen Biographie auf die Spur kommen, im Team Killerphrasen entdecken und ausschalten

Dauer:
30 Minuten

Material:
Schreibzeug

Anleitung:
1. Entdecke die Überzeugungen und Glaubensmuster, die immer wieder dazu führen, Deine Kreativität zu stoppen und notiere sie. Wenn die folgenden Aussagen um Dich herum oder in Dir auftauchen, dann gilt es, die Alarmglocken läuten zu lassen und das rote Lämpchen einzuschalten: *Halte Dich an die Regeln! Das geht Dich doch gar nichts an! Sei vernünftig, sei kein Narr! Das ist ja viel zu teuer! Das ist aber nicht logisch! Kennst Du denn nicht die Vorschriften? Sowas ist unvernünftig! Wer weiß hier die richtige Antwort? Als Fachmann muß er das doch wohl viel besser wissen! Solange Du Deine Füße unter unseren Tisch stellst, gehört das zu Deinen Aufgaben! Kann ich das denn beweisen? Aber Du bist doch noch viel zu jung! Du bist doch eine Frau! Du bist dazu viel zu alt! Jetzt bloß keine Fehler machen! Das gehört doch gar nicht zum Thema! Ja, wo kämen wir denn da hin, wenn das jeder machen würde?! Spiel nicht rum, das ist hier eine ernste Sache! Das haben wir noch nie so gemacht! Da sind wir gar nicht zuständig! Ja, aber ...! Bei anderen mag das funktionieren, aber hier ist das ganz sicher verkehrt! Was soll denn das für einen Sinn haben! Das ist doch völlig verrückt!*

2. Erkenne diese Blockaden oder Killerphrasen als Möglichkeit, Kreativität zu unterbinden.

3. Nimm Dir einen Moment Zeit, um kreativitätsfördernde Haltungen, Eigenschaften und Verhaltensweisen zu identifizieren und zu benennen, z.B.: *offen sein – Vorurteile ablegen – sich durch Erfolg motivieren – vernetzt denken – positives Visualisieren – Mut zum Risiko – eine positive Grundhaltung einnehmen – eine eigene Meinung haben – Prozesse und nicht Zustände regeln – Vertrauen – eine Ausnahme von der Regel finden – Flexibilität – Neugier – Selbstbewußtsein – eigene Fehler annehmen – Liebe für Details – Liebe für den großen Rahmen – Optimismus entwickeln – Bereitschaft, auch mal gegen den Strom zu schwimmen – etwas als Ganzes betrachten.*

4. Entwickle daraus Fragen, die aus dieser Misere, aus dieser Sackgasse herausführen, z.B.: *Welch ein Leben würde der Mensch, der ich gerne sein möchte, für sich erschaffen? Wie kann ich meine Liebe für Details in meiner Routine entwickeln? Wie kann ich den Mut sammeln, auch mal gegen den Strom zu schwimmen? Wie kann ich mich dem Fluß des Lebens hingeben? Was und wer fördert meinen Optimismus und meine positive Lebenshaltung? Wie kann ich heute Kontakt mit dem Schöpfer, der Schöpferin in mir herstellen? Wie kann ich meine kreative Quelle ins Fließen bringen? Wie kann ich mir erlauben, kreativ zu sein.*

5. Diese Fragen solltest Du für die nächsten drei Wochen an einem gut sichtbaren Platz aufhängen und Dir immer wieder innerlich stellen, auch wenn es gar keine Veranlassung dafür gibt. So entsteht ein neues Denkmuster, das erst gar nicht in diese Sackgasse hineinführt, sondern bereits vorher neue Lösungswege einschlägt.

Notizen:

Schatzkiste

Übung ☒   **Spiel** ☐   **Phantasiereise** ☐

Ziel:
Den kreativen Prozeß starten, Intuition in den Alltag transportieren, Ideen bündeln, Inspiration erleben, Einfälle sammeln und vorsortieren

Weitere Anwendungsmöglichkeiten:
Ideen für komplexe Projekte sammeln, Wissenspool anlegen

Dauer:
Täglich einige Minuten

Material:
Karteikarten und Schatzkiste

Anmerkung:
So entstehen zu einem großen Anteil unsere Bücher. Wir finden unser Thema, für das im Augenblick unser Herz schlägt, die Frage, die uns im Moment brennend interessiert, und dann sammeln wir alle Hinweise und Übungen über einen längeren Zeitraum, um sie auf ein Diktiergerät aufzusprechen und dann entsprechend abzutippen oder um Ideenzettel bzw. Karteikarten anzulegen.

Anleitung:
1. Wähle sorgfältig Deine Frage, mit der Du den Prozeß erleben willst.

2. Nimm immer einen großen Vorrat an Karteikarten oder Dein Diktiergerät mit und wo immer Dir eine Idee kommt, halte einen Moment inne und sprich die Idee entweder auf Dein Gerät oder notiere sie kurz auf einen Zettel – immer nur eine Idee für einen Zettel – und finde einen Platz, wo Du diese Ideen für Dich sammelst.

3. Nimm Dir am Abend ca. zehn Minuten Zeit, den Tag Revue passieren zu lassen, um alle möglichen Antworten auf Deine Frage zu erinnern und zu notieren.

4. Einmal alle vierzehn Tage kannst Du diese Ideen dann auswerten und in einen Zettelkasten oder in einen Karteikasten einsortieren – möglicherweise unter Benutzung von verschiedenen Farben für verschiedene Gebiete oder unter Benutzung von kleinen Symbolen, die auf unterschiedliche Themen hinweisen.

5. Nach sechs Monaten kannst Du dann eine gezielte Auswahl und Auslese des Gefundenen machen, um für Dich auszuwerten und wahrzunehmen, inwieweit die Frage sich für Dich beantwortet hat.

6. Laß nun eine gewisse Zeit (ca. einen Monat) verstreichen, in der Du nicht mehr über diese Frage nachdenkst, sondern dieses Thema einfach losläßt. Beschäftige Dich in dieser Zeit mit entspannenden, beruhigenden Tätigkeiten. Malen, singen, tanzen, meditieren, spielen, in die Natur gehen, lesen, dösen, träumen etc.

7. Sei offen für den göttlichen Funken, den Gedanken aus heiterem Himmel. Wenn ein Gedanke begleitet wird von einem Gefühl, jetzt hab ich es oder ja, das ist es, dann mach Dir sofort Notizen.

8. Gib dem Gedanken oder Impuls seine Form, laß ihn sich materialisieren. Schreibe, male, gestalte.

9. Finde Dein Publikum, Deine Plattform, um Dich und Deine Schöpfung zu präsentieren. Zeig Dich!

10. Feiere Dich und Dein Werk in dem Bewußtsein, daß Du etwas Einmaliges geschaffen hast.

Notizen:

In Kontakt mit Deinem inneren Schöpfer sein

Übung ☐   Spiel ☐   Phantasiereise ☒

Ziel:
Kritische Persönlichkeitsanteile versöhnen und integrieren, die Kanäle für intuitive Lösungen öffnen

Weitere Anwendungsmöglichkeiten:
Emotionale Intelligenz erweitern, Entspannung

Dauer:
30 Minuten

Material:
Decke

Beschreibung:
Wie immer hast Du die Wahl, wie Du mit Deinem Inneren in Kontakt kommst. Du kannst wählen, ob Du es auf eine vertraute Art geschehen lassen willst oder ob Du dich unterstützen läßt von den Ideen, die ich Dir jetzt vorstelle.

Spüre, welche Teile Deines Körpers den Boden berühren – höre in Dich hinein – wo in Deinem Körper kannst Du Deinen Puls am besten wahrnehmen – fühle mit dem Finger nach und spüre den Pulsschlag ganz deutlich – laß in Deinem Inneren einen Ton entstehen, der Deinen Puls aufnimmt – laß Deine innere Stimme in Dir lauter werden – stell Dir vor, wie sie nach außen dringt und sich im Raum ausbreitet – laß sie so laut werden, wie es für Dich richtig ist – und jetzt laß die Stimme wieder leiser werden und verklingen. Richte nun die Aufmerksamkeit auf Deine Atmung – spüre ganz bewußt, wie die Luft von außen in Dich einströmt – wie Du das, was von außen kommt, einläßt – und spüre, wie Du Luft wieder rausströmen läßt – wie Du losläßt, was von innen nach außen möchte – und spüre auch, wie es sich anfühlt, wenn Du ausgeatmet hast – einfach loslassen, bis neue Luft von selbst in Dich einströmt – und jetzt stell Dir vor, wie Atem und Puls sich verbinden – intuitiv einen gemeinsamen Rhythmus finden – und Du weißt, es ist Dein Rhythmus – veränderbar durch Eindrücke von draußen – veränderbar auch durch Gedanken und innere Bilder – mal schneller – mal langsamer – mal synchron – mal asynchron – es ist Ausdruck Deiner Lebendigkeit und Deiner Einzigartigkeit – und spüre, daß Du so kongruent bist.

Und indem sich Dein Körper wie von allein weiterentspannt und losläßt, kannst Du Dich in Deiner Phantasie zu Deiner Quelle der Schöpfung begeben. Erinnere Dich an einen Ort in der Natur, wo Du schon einmal einen Augenblick der Ganzheit und Inspiration erlebt hast. Laß Dich in Gedanken an einen Ort in der Natur tragen – an dem der Geist frei ist – und die Ideen sprudeln können.

Nimm wahr, was Deine Quelle ist, die für Dich diesen Zustand ermöglicht.

Laß Dich überraschen, wie Deine Quelle aussieht und was für Dich alles da ist – in was Deine Quelle eingebettet ist – was sie umgibt.

Schau Dich um, welche Farben und Formen da sind, die diesen Ort so einzigartig für Dich werden lassen – welche Teile der Natur sich an diesem Ort vereinen – und für Dich ein harmonisches Ganzes ergeben. Wie sieht Deine Quelle aus – schau Dir die Farben an, die aus Deiner Quelle kommen – die Klarheit – die Reinheit – die Ursprünglichkeit, aus der Neues entsteht. Während Du diesen Ort der Inspiration weiter erkunden kannst, nimm auch wahr, welche Töne und Geräusche Dich hier begleiten – welche Klänge sich harmonisch in dieses Ganze einfügen – vielleicht auch eine ganz spezielle Stille – die Ruhe und Gelassenheit ausstrahlt. Und dann richte Deine Aufmerksamkeit auf Deine Quelle – auf die Geräusche – die Töne – die Melodie, die Du jetzt wahrnehmen kannst. Sind es eher gleichmäßige rhythmische Töne oder spielt Deine Quelle einen ganz eigenen Rhythmus – eine eigene Komposition – ein ganz spezielles Lied mit einer verbindenden Melodie – laß Dich von der Musik Deiner Quelle verzaubern und Deine Phantasie beflügeln.

Während Du die Klänge Deiner Quelle auf Dich wirken lassen kannst, nimm wahr, wie Du Dich an diesem Ort fühlst und was Dich berührt – Dich anregt – Dich inspiriert – in Dir die Neugierde weckt – und die Lust steigert, in Kontakt zu kommen mit der Quelle – mit diesem Element der schöpferischen Kraft. Laß Dich anziehen und nimm auf Deine Art Kontakt auf mit Deiner Quelle – mit dem Teil, der Kreativität zum Sprudeln bringt – für den alles möglich ist – und der die Freiheit hat, alles zu denken. Nimm Dir jetzt die Zeit, dieses Element zu berühren – in Kontakt zu sein – einzutauchen – Dich ganz hineinzubegeben – mehr und mehr – bis Dein gesamter Körper von diesem Element umgeben ist – eingetaucht in Kreativität und Schöpfungskraft – und Du die Verbindung spüren kannst mit dieser einzigartigen, vollkommenen Energie. – Jede Zelle Deines Körpers ist in Verbindung – spürt das Wissen – die spielerischen Möglichkeiten – das „Alles ist möglich" dieses Elementes. Während Du Dich ganz sicher tragen läßt und Dich frei und ganz selbstverständlich in diesem Element bewegst, spürst Du ganz intensiv, daß Du Teil dieser Energie bist – das Du eins bist – in Verbindung mit Deiner schöpferischen Kraftquelle – und damit gleichzeitig verbunden mit allem, was im Universum da ist.

Laß Dich treiben und mitnehmen von diesem Strom der Kreativität – spüre, wie Du losläßt – ins Fließen kommst – Dich vertrauensvoll dem schöpferischen Strom hingibst – Teil des Ganzen bist – verbunden – und spürst, wie die Kreativität eine Richtung bekommt und Du Dich hingeben kannst – der Klarheit, dem Licht, der Melodie und dem Spiel Deiner Quelle.

Und in diesem Moment fällt es Dir ganz leicht, in Kontakt mit Deinem inneren Schöpfer zu sein – und wenn Du eine Frage hast, dann kannst Du sie jetzt stellen – und mit der Erkenntnis, daß jede Zelle Deines Körpers in Verbindung steht mit dem Wissen des gesamten Universums – daß dieses Wissen – diese schöpferische Kraft bereits in Dir ist – und Du jederzeit Zugang zu diesen Qualitäten haben kannst – verabschiede Dich von Deinem inneren Schöpfer – Deiner Quelle der Schöpfung – indem Du auftauchst – angefüllt mit kreativer Energie – mit einem freien Geist, der sich die Erlaubnis gibt, alles zu denken – den Geist von seinen Fesseln zu befreien – Ideen fließen zu lassen – und Deiner Phantasie Flügel wachsen zu lassen.

Verabschiede Dich mit der Gewißheit, daß Du die Verbindung zu dieser Qualität ganz selbstverständlich herstellen kannst – wenn Du es wünschst. Verabschiede Dich von Deinem Ort der Inspiration und komme hierher zurück, indem Du wahrnimmst, wie Du auf dem Boden liegst und was sich als erstes bewegen möchte – ob es die Finger oder die Zehen sind, oder die Füße. Laß mit jedem Einatmen Frische und Energie in Dich einströmen, so daß Du mehr und mehr hierher zurückkommst, wach und vital – und Dich vielleicht schon ein bißchen räkeln möchtest.

Notizen:

7. Die Klassischen Intelligenzen

Wegweiser

Was fehlt?	246
Schätze mal	247
Das magische Quadrat	249
Das magische Kartenspiel	250
Improvisiertes Zeichnen	251
Orientierung im Raum	252
Das Zahlenspiel	254
Die Busfahrt	254
Der etwas andere IQ-Test	256

Einstimmung – Die Klassischen Intelligenzen

Wir haben die Logische, Mathematische und Räumliche Intelligenz in einem Kapitel zusammengefaßt, da sie die „klassischen" Intelligenzen in westlichen Gesellschaftsformen sind und es interessante Zusammenspiele und Zusammenhänge zwischen diesen einzelnen Intelligenzformen gibt. Sie werden in der Schule, in der Universität, im gesamten Bildungssystem der westlichen Welt gefördert. Sie nehmen einen großen Teil in den Intelligenztests ein und haben einen wichtigen Stellenwert in der Welt, um Probleme zu betrachten und Lösungen zu finden.

Man könnte die Logik, die Mathematik und das räumliche Vorstellungsvermögen auch einzeln betrachten, die Besonderheiten und Unterschiede herausarbeiten und jeweils Übungen zu den einzelnen Formen entwickeln. Unserer Meinung nach nehmen diese Intelligenzen in der westlichen Welt bereits einen so großen Stellenwert ein und spielen eine so zentrale Rolle im begrifflichen Denken, daß wir sie in diesem Kapitel zusammengefaßt haben. Vorstellen möchten wir sie allerdings einzeln:

1. Logische Intelligenz

Die Logische Intelligenz beschreibt die Fähigkeit, folgerichtig zu denken, d.h. aufgrund von gegebenen Aussagen werden folgerichtige Schlüsse gezogen. Die Logik ist die Lehre von der Struktur und den Gesetzen des Denkens. Ein Mensch mit einem scharfen, klaren Verstand wird als Logiker bezeichnet. Die Schlüsse, die er zieht, sind denkrichtig, folgerichtig, selbstverständlich und schlüssig.

1. *Hierzu ein kleines Beispiel:*
   Welche Lampe ist die hellste?
   Lampe A ist dunkler als Lampe B; B ist heller als C; C ist gleich hell wie D; B ist heller als D; D ist heller als A.
   (Lösung siehe Seite 245)

Aufgaben dieser Art findet man ganz häufig in Intelligenztests. Daß diese Tests wenig mit der Beschreibung der realen Wirklichkeit zu tun haben, sondern nur überprüfen, ob Schlußfolgerungen formal richtig oder falsch sind, belegt folgende Aufgabe:

2. *Einige Krokodile sind Lokomotiven. Einige Lokomotiven spielen Karten.*
   Aussage: Also spielen einige Krokodile Karten.

A) stimmt, B) stimmt nicht.
(Lösung siehe Seite 245)

Zur Lösung dieser Aufgaben ist die Fähigkeit gefragt, Aussagen als wahr hinzunehmen und in Beziehung zu setzen. Daß die Aussagen inhaltlich meist keinen Sinn ergeben, soll die Sache vom Denken her erleichtern, vielen erschwert sie es und stiftet eher Verwirrung. Für Liebhaber des logischen Denkens hier noch eine Zugabe:

3. Alle Flugzeuge können nicht fliegen. Alle Flugzeuge haben Beine.
  A) Flugzeuge ohne Beine können fliegen.
  B) Manche Flugzeuge haben keine Beine.
  C) Alle Flugzeuge, die Beine haben, können nicht fliegen.
  D) Flugzeuge können nicht fliegen, weil sie Beine haben.
  E) Flugzeuge haben Beine und können nicht fliegen.
  (Lösung siehe Seite 245)

Solche Satzfolgen bringen die Logiker in Ekstase, begeistern und verzücken sie und zeigen eindeutig auf, daß logische Operationen getrennt vom täglichen Sprachgebrauch ausgeführt werden können. Es ist logisch, aus der Aussage: „Wenn es Winter ist, heiße ich Friedrich" und der Feststellung: „Es ist Winter" zu folgern, daß der Name des Betreffenden Friedrich ist. Umgekehrt ist es nicht logisch, zu behaupten, nur weil jemand Friedrich heißt, wäre jetzt Winter. Die Logik beschäftigt sich mit linguistischen Aussagen, formalen Feststellungen und Schlußfolgerungen; die Mathematik mit Zahlen und Raumgrößen.

2. Mathematische Intelligenz

Das menschliche Gehirn kann phantastische mentale Operationen ausführen: Es kann Zahlenmengen addieren, subtrahieren, multiplizieren und dividieren. Es kann verallgemeinern, analysieren, nach Analogien suchen, Probleme finden und Lösungen entwickeln und schlüssige Beweise begründen. All dies beschreibt Fähigkeiten der Mathematischen Intelligenz. Es ist der Spaß am Umgang mit Zahlen, das Experimentieren mit Prinzipien, die Anwendung von Gesetzmäßigkeiten und das kreative Aufstellen von Modellen und Theorien. Schon sehr früh in der Kindheit ordnen und gruppieren wir die Gegenstände unserer Umwelt und erfassen ihre Anzahl. Wir lernen recht früh, daß bestimmte Objekte eine bestimmte Zahl zugeordnet bekommen und daß die Menge aller gezählten Objekte die Summe ergibt. In der Schulzeit lernen wir Symbole für Objekte, Beziehungen, Funktionen und Operationen kennen. Höhere Mathematik löst sich später von den Zahlen und schwingt auf zu den Aussagen und Gesetzmäßigkeiten der Logik. Bei der Mathematischen Intelligenz werden Muster, Prinzipien und Gesetzmäßigkeiten gefunden, gesucht, angewandt, verworfen, neuentwickelt und in Verbindung gebracht. Das erfordert einen gewissen Grad an Verallgemeinerungs- und Abstraktionsvermögen.

Eine beliebte Möglichkeit, um die rechnerische und mathematische Intelligenz zu testen, sind die Zahlenreihen:

4. A) 3-5-7-9-11-13-15-?
   B) 10-15-22-31-42-55-70-?
   C) 1-2-3-5-8-13-21-?
   (Lösung siehe Seite 245)

Der Reiz dieser Zahlenreihen liegt darin, die Gesetzmäßigkeiten und Muster herauszufinden, die zwischen diesen einzelnen Elementen bestehen. In der Mathematik geht es also immer um Mengen von Dingen, zwischen denen gewisse Beziehungen bestehen. In der Geometrie sind es z.B. Mengen von Punkten oder Vektoren und in der Algebra Mengen von Zahlen, in der Wahrscheinlichkeitstheorie Mengen von Ereignissen. Daß Mathematik nicht nur eine weltfremde Zahlenspielerei ist und mathematische Intelligenz durchaus lebensnah eingesetzt werden kann, zeigen folgende Aufgabenstellungen.

5. Aufgabe: Das Auto verbraucht 6 Liter Benzin auf 100 Kilometer. Wieviel verbraucht es auf 250 Kilometer, und wie viele Kilometer kann es mit einem 24 Liter fassenden Benzintank fahren?
   (Lösung siehe Seite 245)

6. Aufgabe: Stellen Sie sich vor, Sie haben im Lotto gewonnen. Der Lottogewinn von 576.000 DM soll im Verhältnis 4 : 5 aufgeteilt werden. Wie groß ist der kleinere Gewinn?
   (Lösung siehe Seite 245)

Auch wer nicht im Lotto gewinnt, kann die Mathematische Intelligenz dafür nutzen, um zu abstrahieren und Lösungen zu entwickeln und ein Verständnis für das Verhältnis und die Verknüpfungen zwischen unterschiedlichen Aussagen und Behauptungen zu bekommen. Mathematische Intelligenz ermöglicht es uns, Ordnung in das Chaos zu bringen. Nicht jeder verspürt den Drang, sich in die Mysterien der Mathematik einweihen zu lassen. Nicht jeder verspürt Lust, abstrakte und sehr allgemeine Denkebenen einzunehmen, lange Beweisketten zu führen usw., andere fasziniert das Spiel der Zahlen und Mengen, das Entdecken von Mustern und Gesetzmäßigkeiten, die Lösung von Problemen, das Aufdecken von Zusammenhängen und das konzentrierte Denken in abstrakten Ebenen.

Häufig ist Mathematik mit Schule verknüpft, und dahinter verbergen sich meist keine positiven Erfahrungen. Es gilt, den Bereich der Mathematik größer und weiter zu fassen und ihn wieder mit Lebensnähe, mit praktischer Lebensintelligenz zu verknüpfen. Jeder hat mathematische Fähigkeiten und Intelligenzen und nutzt sie bereits im Leben: beim Einkaufen, beim Organisieren eines Festes, beim Renovieren, beim Haushalten usw.

Hier nun einige Fragen, die Lust machen sollen auf Mathematik im Alltag, auf „Sich-etwas-ausrechnen-können", denn manchmal eröffnen uns klare Zahlen und Mengen neue Dimensionen und lassen Motivation entstehen oder Konsequenzen unseres Handelns klarer werden.

- Für Raucher: Wie hoch sind die Ausgaben für Zigaretten in 20 Jahren, wenn Du täglich ca. eine Schachtel am Tag rauchen würdest?
- Welche Summe könntest Du für ein soziales Projekt Deiner Wahl sparen, wenn Du 1% Deines jetzigen monatlichen Gehaltes in den nächsten 20 Jahren zurücklegen würdest?
- In welchem prozentualen Verhältnis steht Deine Wachzeit zur Zeit, in der Du schläfst?
- Wieviel Prozent Deines Tages sind es, wenn Du Dir jeden Tag 20 Minuten Zeit nimmst, um zu meditieren, Dich zu entspannen oder etwas Gutes für Dich zu tun?
- Für Fernseh-Zuschauer: Wie viele Stunden sitzt Du in den nächsten 10 Jahren vor dem Fernseher, wenn Du durchschnittlich 90 Minuten am Tag fernsehen würdest?
- Wie groß ist das Vermögen, das Du erwirtschaftest, wenn Du in den nächsten 30 Jahren 10% Deiner monatlichen Einnahmen zurücklegen und mit durchschnittlich 8% Rendite anlegen würdest?
- Wie viele neue Wissensgebiete würdest Du kennenlernen und erobern, wenn Du Dir in den nächsten 10 Jahren vornehmen würdest, wöchentlich ein Wissensgebiet neu kennenzulernen, neu anzulesen oder per Film zu studieren?
- Wieviel Prozent Deiner Zeit nimmt es ein, wenn Du jeden Tag einem anderen Menschen drei Minuten ein Kompliment machen und ihm sagen würdest, was schön an ihm ist und was Du an ihm bewunderst?

3. Räumliche Intelligenz

Im Gegensatz zur Logischen und Mathematischen Intelligenz, die in ihren Denkformen immer abstrakter werden, steht die Räumliche Intelligenz immer in Verbindung mit der realen Welt, die uns umgibt. Wir bewegen uns im Raum, und auch unsere Gedanken ergeben einen inneren Raum. Räumliche Intelligenz beschreibt Howard Gardner als *„die Fähigkeit, die Identität eines Elementes zu erkennen; die Fähigkeit, ein Element in ein anderes zu transformieren oder eine solche Transformation zu erkennen; die Fähigkeit, eine mentale Vorstellung zu erzeugen und »im Kopf« zu verändern; die Fähigkeit, graphische Entsprechungen räumlicher Information zu erzeugen und dergleichen mehr."* Ausgangspunkt hierfür ist, die Formen und Objekte unserer Umwelt wahrzunehmen, sich diese innerlich vorzustellen und diese Vorstellung dann aus verschiedenen Perspektiven zu betrachen, zu verändern oder sich daran zu erinnern. Räumliche Intelligenz beinhaltet die mentale Reise von äußeren und inneren Abbildungen, Formen und verschiedenen Dimensionen, Figuren und Abständen der räumlichen Datenverarbeitung.

Stell Dir jetzt vor Deinem inneren Auge eine ca. 50 Meter hohe Pyramide vor. Wie sieht die Pyramide aus, wenn Du direkt vor einer Fläche dieser Größenordnung stehst? Welche Aussicht hast Du, wenn Du Dir vorstellen könntest, daß Du die Pyramide von der Spitze aus betrachten könntest? Wie sieht die Pyramide in zwei Kilometer Entfernung aus? Indem Du diese Fragen innerlich beantwortest, spielst Du mit Deinem räumlichen Vorstellungsvermögen.

Indem man die Pyramide aus verschiedenen Blickwinkeln betrachtet und somit Informationen über das Aussehen gewinnt, beginnt ein Spiel der inneren Bilder und Filme und des visuellen Vorstellungsvermögens. In vielen technischen und handwerklichen Berufen ist die Räumliche Intelligenz eine ganz wesentliche Voraussetzung. Auch künstlerische Tätigkeiten wie Malen und Bildhauern erfordern und fördern die visuelle und räumliche Imagination. Wissensgebiete wie die Geometrie, die Architektur oder die Physik setzen Räumliche Intelligenz voraus. Auch und gerade im Alltag finden wir Räumliche Intelligenz sehr häufig wieder: z.B. die Erinnerung an vergangene Situationen in Bildern oder Filmen; die Entwicklung von Zukunftsvorstellungen, von Zielen und Visionen; das Einschätzen von Positionen, Größe und Länge; das Ausmalen der Möglichkeiten bei Spielen (z.B. Schach); beim phantasiereichen Einkaufen von Wohnungsgegenständen; bei der Überlegung, ob man ein bestimmtes Projekt beginnt oder nicht.

Der gesamte Bereich der Visualisierung ist ein wichtiger Aspekt der Räumlichen Intelligenz. Sich innere Bilder und Vorstellungen zu machen und sie so zu verändern, daß sie in Hinblick auf das Ziel nützlich sind, ist eine ganz lebenspraktische Fähigkeit.

Lösungen der Übungen Seite 240/241/242:

1. Übung: Lösung B
2. Übung: Lösung B
3. Übung: Lösung E
4. Übung: A) 17 – Gesetzmäßigkeit: +2
   B) 87 – Gesetzmäßigkeit: +5, +7, +9, +11, ...
   C) 34 – Gesetzmäßigkeit: Summe der ersten und zweiten Zahl ergibt dritte Zahl usw. (Übungen aus: Hesse/Schrader „Testaufgaben. Das Übungsprogramm")
5. Übung: Lösung: 15 Liter und 400 Kilometer
6. Übung: Lösung: 256.000 DM

Notizen:

Was fehlt?

Übung ☒   Spiel ☒   Phantasiereise ☐

Ziel:

Inneren Abbildungen vertrauen

Weitere Anwendungsmöglichkeiten:

Kreative und Alltags-Intelligenz verfeinern

Dauer:

20 Minuten

Material:

Verschiedene tragbare Gegenstände, wie z.B. Stifte, Uhren, Ringe, Scheren, Prospekte, Hefter, ...

Anmerkung:

Daß die Wahrnehmung und Speicherung von Bildern nicht nur ein passives Aufnehmen, sondern ein höchst kreativer, aktiver Vorgang ist, wird deutlich, wenn man hinterfragt, welche innere Strategie für dieses Spiel am erfolgversprechendsten ist oder sein kann.

Beschreibung:

Die Mitspieler richten ihre Aufmerksamkeit auf ein abgestecktes Revier am Boden, auf dem ca. 12 Gegenstände – wie z.B. Kugelschreiber, Bücher, Schlüsselbunde, Uhren, Ringe usw. – verteilt sind. Nach kurzer Zeit werden die Spieler gebeten, die Augen zu schließen. Der Spielleiter nimmt einen Gegenstand beiseite. Die Teilnehmer öffnen die Augen und versuchen zu benennen, welcher Gegenstand weggenommen wurde. Derjenige, der den fehlenden Gegenstand als erster nennt, wird in der nächsten Runde zum Spielleiter, und das Spiel beginnt mit jeweils einem zusätzlichen Gegenstand wieder von vorn. Die Anzahl der Gegenstände erhöht sich von Spielrunde zu Spielrunde.

Schätze mal

Übung ☒   **Spiel** ☒   **Phantasiereise** ☐

Ziel:
Vertrauen in die eigene Wahrnehmung

Weitere Anwendungsmöglichkeiten:
Kreative, Emotionale und Alltags-Intelligenz sensibilisieren

Dauer:
20 Minuten

Material:
Ein Ort, an dem möglichst viele visuelle Anregungen vorhanden sind

Anmerkung:

Im Alltag ist es manchmal von Vorteil, wenn man mit seinen Schätzungen richtig liegt: „Schätze mal, wie spät es ist! Schätze mal, wie lange wir für die Übung brauchen! Schätze mal, wie lange die Fahrt nach Lübeck dauert! Schätze mal, welche Kleidergröße die beste Freundin hat!"

Gerade in Situationen, in denen wir keine Möglichkeit haben, konkrete Zahlen, Mengen oder Größen zu überprüfen, ist die Fähigkeit gefragt, seine inneren Bilder und Filme abzuspielen – gegebenenfalls anzupassen und zu verändern, um in Zukunft passendere Schätzungen abzugeben.

Beschreibung:

Alle Teilnehmer haben ca. eine Minute Zeit, sich in dem Raum, in dem sie sich befinden, umzuschauen und wahrzunehmen, welche Gegenstände darin vorhanden sind. Anschließend werden alle aufgefordert, eine Schätzung darüber abzugeben, wie viele Gegenstände im Raum mit dem selben Buchstaben beginnen, z.B. mit „S". Jeder nennt innerhalb von zehn Sekunden seine Schätzung. Derjenige, der die höchste Zahl genannt hat, muß nun aufzählen, was er von seinem Platz aus beobachten kann: z.B. Stifte, Stühle, Schnürsenkel, Socken, Schuhe, ...

Wenn die Schätzung durch die Aufzählung der Gegenstände bestätigt wird, darf derjenige für die nächste Runde den Anfangsbuchstaben der Gegenstände bestimmen.

Variation:

Die Umwelt bietet genügend Anregungen für Einschätzungen hinsichtlich Länge, Größe, Gewicht, Abstand, Anzahl usw. Schätzungen können abgegeben werden zur Länge von Gegenständen, z.B. Tischen, zum Abstand zwischen zwei Personen, zur Anzahl von Münzen auf einem Teller, zum Gewicht eines Gegenstandes, z.B. eines Hefters, zur Größe eines Menschen usw.

Notizen:

Das magische Quadrat

Übung ☒   **Spiel** ☐   **Phantasiereise** ☐

Ziel:
Muster und Strukturen erkennen

Weitere Anwendungsmöglichkeiten:
Kreative Intelligenz stärken

Dauer:
20 Minuten

Material:
Schreibzeug

Anmerkung:
Das Spiel nur solange durchführen, wie bei einem Großteil der Gruppe noch Interesse besteht. Lust am Denken und Kombinieren könnte sonst schnell zu Frust werden.

Beschreibung:

Aufgabe der Teilnehmer ist es, ein Quadrat mit neun Feldern zu erstellen, in dem die Quer- und Längsspalten die Zahl 15 ergeben. Benutzt werden dürfen die Zahlen: 0 bis 10 – allerdings jede Zahl nur einmal! Als kleine verschlüsselte Unterstützung dient folgendes Gedicht: „Du muß verstehen! Aus eins mach zehn, und zwei laß gehn, und drei mach gleich, so bist Du reich. Verlier die vier! Aus fünf und sechs, so sagt die Hex, mach sieben und acht, so ist's vollbracht: Und neun ist eins, und zehn ist keins. Das ist das Hexeneinmaleins."

Die Auflösung: „Aus eins mach zehn" bedeutet, daß in das erste Feld statt einer 1 eine 10 kommt. „Und zwei laß gehn" bedeutet, daß die 2 stehenbleibt. „Und drei mach gleich" bedeutet, daß auch die 3 im dritten Feld bleibt. Statt einer 4 kommt in das vierte Feld eine 0. „Aus fünf und sechs mach sieben und acht" bedeutet, daß in das fünfte Feld eine 7 und in das sechste Feld eine 8 und dafür in das siebente Feld eine 5 und in das achte Feld eine 6 eingetragen wird. „Und neun ist eins" bedeutet, daß das Quadrat mit den neun Feldern jetzt ein geschlossenes Ganzes ergibt, ein Quadrat mit vier Seiten und vier Ecken – also die Zahl 4 ins neunte Feld. „Und zehn ist keins" bedeutet: Es gibt kein magisches Quadrat mit zehn Feldern.

Variation: Das magische Kartenspiel

Der Magier ist im Besitz des geheimen Wissens und der gehüteten Regeln. Er weiß, nach welchen Gesetzmäßigkeiten das magische Spiel funktioniert und welche Kriterien erfüllt sein müssen, damit das Spiel zu einem erfolgreichen Abschluß kommt. Ziel des Spieles ist es, daß die Mitspieler diese Regeln aufdecken und erkennen und selbst in die geheimen Gesetzmäßigkeiten eingeweiht sind. Der Magier teilt die Karten gleichmäßig unter den Mitspielern auf – nur die letzte Karte wird offen aufgelegt. Der Magier hat sich innerlich für eine geheime Regel entschieden, nach der die Reihenfolge der Karten bestimmt wird. Im Uhrzeigersinn kann nun jeder Teilnehmer nacheinander dem Magier eine Karte vorlegen. Der bestimmt, ob die Karte den geheimen Regeln entspricht oder nicht. Sagt der Magier „Richtig!", darf die Karte angelegt werden. Bei „Falsch!" muß sie wieder zurückgenommen werden, und der nächste Spieler darf versuchen, seine Karte anzulegen. Aus den angelegten Karten läßt sich nach einiger Zeit die Struktur der Magie entschlüsseln. Derjenige, der als erstes die Regeln des Magiers aufdeckt, wird selbst in den Kreis der Magier aufgenommen und darf für die nächste Runde eine eigene Regel oder Gesetzmäßigkeit entwickeln. Mögliche Regeln für das magische Kartenspiel können z.B. sein:

➤ Ist die zuletzt gespielte Karte schwarz, dann spiele rot.
➤ Ist die zuletzt gespielte Karte zwischen As und Sieben, spiele eine Karte zwischen Acht und König.
➤ Nachfolgende Karten müssen niedriger sein und der Sieben muß ein As folgen.
➤ Es müssen abwechselnd drei rote und drei schwarze Karten aufgedeckt werden.
➤ Es müssen abwechselnd zwei Bilder und zwei Zahlen aufgedeckt werden usw..

Notizen:

Improvisiertes Zeichnen

Übung ☐   Spiel ☒   Phantasiereise ☐

Ziel:
Räumliche Vorstellungskraft anregen

Weitere Anwendungsmöglichkeiten:
Kreative Intelligenz erweitern

Dauer:
30 Minuten

Material:
Papier und Buntstifte

Beschreibung:
Jeder Teilnehmer sucht sich einen Partner oder eine Partnerin und bereitet ein Blatt Papier vor, auf dem sich ein Kreis, ein Dreieck, ein Quadrat, eine Wellenlinie, ein Strich und ein Punkt befinden. Die Anordnung dieser Figuren bleibt jedem frei überlassen. Anschließend werden die Blätter ausgetauscht und jeder hat fünf Minuten Zeit, aus diesen vorgegebenen Figuren eine phantasievolle Zeichnung weiterzuentwickeln. Die Idee dabei ist, die Vorgaben möglichst originell in ein Gesamtbild einzubinden. Erlaubt ist, was gefällt. Die Vorgaben sollten nur verändert und nicht übermalt werden, damit sie später wiederzuerkennen sind.

Notizen:

Orientierung im Raum

Übung ☒ Spiel ☐ Phantasiereise ☐

Ziel:
Vertrauen in die inneren Abbildungen entwickeln

Weitere Anwendungsmöglichkeiten:
Emotionale und Körper-Intelligenz verfeinern

Dauer:
20 Minuten

Material:
Wollfäden und viel Platz

Anmerkung:
Die Orientierung im Raum hängt nicht nur mit einem ausgeprägten visuellen Repräsentationssystem zusammen, sondern ist auch durch einen kinästhetischen Zugang erfahrbar. Eine ähnliche Übung haben Barbara Landau und ihre Kollegen an der University of Pennsylvania durchgeführt, bei der ein blindgeborenes Kind von zweieinhalb Jahren den richtigen Weg zwischen zwei Objekten ging, nachdem es die beiden Objekte von einem dritten Punkt aus kennengelernt hatte.

Anleitung:
Bei dieser Übung geht es darum, mit verbundenen oder geschlossenen Augen einen Weg zwischen zwei Orten zu finden, die man vorher nur von einem dritten Ort aus aufgesucht hat. Für das Spielfeld werden drei Personen gebraucht, die zwei ca. je zehn Meter lange Wollfäden im Winkel von 60 bis 120 Grad verbinden, so daß es eine Strecke A-B und eine Strecke A-C gibt. Derjenige, der seine Raumorientierung kennenlernen möchte, wird zum Punkt A geführt und hat nun Zeit, die Strecken von A nach B und A nach C zu erkunden und ein inneres Bild dieser beiden Strecken anzufertigen. Anschließend wird er gebeten, sich zum Punkt B zu begeben und von dort aus den direkten Weg zu Punkt C zu gehen. Als kleine Unterstützung (oder als Ablenkung) kann auf halber Strecke ein Geschenk oder ein

Wegweiser liegen, der einen Hinweis darauf gibt, auf dem richtigen Weg zu sein. Ziel des Spiels kann es auch sein, den auf der Hälfte der Strecke zwischen B und C abgelegten Gegenstand zu finden.

Notizen:

Das Zahlenspiel

Übung ☐   Spiel ☒   Phantasiereise ☐

Ziel:
Wahrnehmungsfilter erweitern

Weitere Anwendungsmöglichkeiten:
Alltags-Intelligenz schulen

Dauer:
10 Minuten

Material:
Ein Ball

Beschreibung:
Die Teilnehmer stehen oder sitzen im Kreis. Aufgabe ist es, eine Zahl zwischen 1 und 50 zu benennen, die noch nicht von einem anderen Teilnehmer genannt wurde. Derjenige, der den Ball in der Hand hält, darf eine Zahl nennen und den Ball an eine Person seiner Wahl weitergeben, die ihrerseits wieder eine Zahl nennen muß. Während sich alle Teilnehmer darauf konzentrieren, welche Zahlen sie noch vorstellen können und welche nicht, kann zum Abschluß des Spiels der Spielleiter die Frage stellen: Wie häufig wechselte der Ball den Besitzer? Das Spiel ist beendet, wenn eine Zahl zum ersten Mal doppelt vorgekommen ist.

Variation: Die Busfahrt
Es folgt gleich eine kurze Geschichte über eine Busfahrt. Was diese Geschichte mit Mathematischer Intelligenz zu tun hat, wird sich im Anschluß an diese Geschichte erhellen.

Ein Busfahrer beginnt seine Fahrstrecke damit, daß 15 Leute einsteigen. Beim nächsten Haltepunkt steigen jedoch bereits schon wieder 7 Leute aus und nur 2 Leute steigen ein. An der nächsten Haltestelle steigen 20 Leute ein und 7 aus. Und auch beim nächsten Stop steigen mehr Leute ein wie aus, nämlich 12 steigen ein und 7 aus. An der nächsten Bushaltestelle steigen 14 Personen aus und 7 steigen ein. Bei der nächsten Station steigen nur 3 Leute ein, jedoch 9 Leute aus.

Hoffentlich hat jeder fleißig mitgerechnet und kann nun sagen, wie viele Stationen der Bus gefahren ist.

Notizen:

Der etwas andere IQ-Test

Übung ☒   Spiel ☐   Phantasiereise ☐

Ziel:
Spaß am Lernen

Weitere Anwendungsmöglichkeiten:
Kreative, Kommunikative und Alltags-Intelligenz testen

Dauer:
2 Stunden

Material:
Schreibzeug, Stifte und Material je nach Test

Anmerkung:

Läßt sich Intelligenz messen? Der IQ-Test suggeriert, daß es die Möglichkeit gibt, objektiv die geistigen Leistungen einer Person zu bewerten. Abgesehen von der Uneinigkeit hinsichtlich der Definition von Intelligenz, ist inzwischen bekannt, daß die gebräuchlichsten Tests die sprachlichen Fähigkeiten überbewerten und damit bestimmte Menschen bevorteilen.

Wenn jemand einen IQ-Test erfolgreich bewältigt hat, dann sagt es etwas darüber aus, wie derjenige die Strategie von denen gelernt hat, die sich diesen Test ausgedacht haben.

Das Entwickeln von Tests ist eine spannende Arbeit, da man sich nicht nur mit der Frage, sondern auch bereits mit der Lösung auseinandersetzen muß. Zu einem spielerischen, alltagsnahen und kreativen Umgang mit „Intelligenztests" soll diese Übung anregen.

Beschreibung:

Die Gruppe teilt sich in etwa gleichgroße Kleingruppen und hat ca. 30 Minuten Zeit, um einen nicht ganz ernst gemeinten IQ-Test für die andere Gruppe zu entwickeln. Dieser „Test" soll nicht nur die räumlichen, logischen und mathematischen Fertigkeiten auf spielerische Art und Weise überprüfen. Die Vorbereitungszeit kann dafür genutzt werden, um den Ablauf und die Regeln des Testes zu klären, sich auf die zu verwendenden Materialien zu einigen und einen Probedurchlauf durchzuführen.

Mögliche Spiele und Übungen, die die Räumliche Intelligenz anregen: z.B. Schätzungen über Größe, Gewicht und Anzahl, Abstand, Orientierung im Raum und Übungen, in denen die Vorstellungskraft angeregt und gefordert ist; im Bereich der Mathematischen Intelligenz z.B. Denkspiele in der Form von: Eine Schachtel mit Inhalt kostet 11 DM. Die Schachtel allein kostet 10 DM mehr als der Inhalt. Wieviel kosten Schachtel und Inhalt einzeln? (Die Schachtel kostet 10,50 DM, der Inhalt nur 50 Pfennig.)

Im Bereich der Logischen Intelligenz kann man sich kleine Ratespiele ausdenken wie z.B.: Drei Männer wurden festgenommen, weil sie verdächtigt wurden, eine Bank ausgeraubt zu haben. Keiner von ihnen kann drei aufeinanderfolgende Sätze sagen, ohne dabei zu lügen:

Anton: „Bert hat ihn umgelegt. Ich war noch nie in dieser Stadt. Ich bin unschuldig."
Bert: „Caesar ist unschuldig. Alles, was Anton sagt, ist doch sowieso gelogen. Ich war's nicht."
Caesar: „Ich hab ihn nicht umgebracht. Anton lügt, wenn er sagt, er war noch nie in dieser Stadt. Bert lügt, wenn er sagt, alles wäre gelogen, was Anton sagt."
Wer ist der Mörder?
Lösung: Caesar.

Für die Alltags-Intelligenz kann man praktische Übungen durchführen, bei denen man mehrere Aufgaben gleichzeitig lösen muß, mit Gegenständen basteln kann oder Lösungen für ganz alltägliche Probleme entwickeln muß. Die Aufgaben kann man in eine Geschichte, z.B. einen Krimi, einbinden. Weitere Möglichkeiten sind Pantomime-Aufgaben, Erstellen von Zeichnungen, Theater-Darstellungen, Werbe-Spots nachspielen oder das Raten von Sportarten mit bestimmten Buchstaben ...

Nachdem die IQ-Tests vorbereitet sind, beginnt die eine Gruppe damit, die andere durch den Übungs-, Spiele- und Testparcour anzuleiten. Anschließend wird gewechselt.

Mögliche Auswertungsfragen im Anschluß an das Spiel: Welche Kriterien hat jede Gruppe entwickelt, um bestimmte Arten von Intelligenz zu überprüfen? Welche Fertigkeiten und Fähigkeiten waren bei der Entwicklung und Entstehung der IQ-Tests hilfreich? Welche Intelligenzen sind in der Vorbereitungsphase in der

Gruppe angeregt worden? Welche Fähigkeiten erfordert das Aufstellen von Aufgaben und Tests? Was habt Ihr durch den Test eigentlich wirklich getestet? Was habt Ihr durch die Übungen und Aufgaben nicht getestet und überprüft? Was würdet Ihr für einen IQ-Test das nächste Mal anders machen?

Notizen:

8. Alltags-Intelligenz

Wegweiser

Werte im Alltag	266
Auf und Ab	268
Gruppenstrukturen	271
Dein Geschenk	273
Status	276
Organisation	278
Self Coaching	280
Self Monitoring	282
Sich selbst motivieren	284
Als ob	287
Praktische Intuition	289
Vergnügungsliste	292

Einstimmung – Alltags-Intelligenz

Das Leben besteht nicht nur aus Höhepunkten, Sensationen und Titelthemen, sondern auch aus Routine, gleichbleibenden Abläufen und Banalitäten. Der Alltag bietet uns viele Herausforderungen, Neues und Aufregendes, aber auch viele Wiederholungen und Gleichbleibendes. Beides wirft ganz eigene Probleme auf, die im Alltag gelöst werden wollen. Von den praktischen Lösungen der Probleme, die der Alltag bietet, handelt die Alltags-Intelligenz.

Wir verstehen darunter die Fähigkeit, schnell und sicher auf die Erfordernisse der Umwelt zu reagieren, die Wechselwirkung mit unserer Umgebung wahrzunehmen, sie zu erkennen, zu verstehen und für den reibungslosen Ablauf des Alltags zu nutzen. Es gibt durchaus Menschen, die als intelligent, musisch, mathematisch oder sprachlich begabt gelten können, und doch gar kein Talent für die Bewältigung des Alltags haben. Die Alltags-Intelligenz ist eine praktische Lebensintelligenz, die ein angemessenes Agieren, ein angemessenes Sich-Bewegen und Verhalten in einer sich verändernden Umwelt erlaubt. Das Talent, auf alle anfallenden alltäglichen Probleme spontan und zielsicher zu reagieren, kann genauso gefördert werden wie alle anderen Intelligenzen auch.

Praktische Alltags-Intelligenz hat viel zu tun mit soziologischem Denken. Die Soziologen betrachten Menschen und Situationen nicht einseitig, sondern in Wechselwirkung miteinander, als sozial geprägt und prägend. Sie sehen Verhalten nicht aus dem Zusammenhang gerissen, sondern in einem Kontext als ein Geschehen, als einen Ablauf, als einen Prozeß, der von der Vergangenheit über die Gegenwart in die Zukunft weist. Im Mittelpunkt der Alltags-Intelligenz steht das Verstehen größerer Zusammenhänge, weiterer Zeiträume und die Beziehungen zwischen Strukturen und Menschen. In diesen Bereich fällt auch das „Über-den-Tellerrand-hinausschauen", d.h. größere Systeme zu betrachten und Auswirkungen über längere Zeiträume vorherzusehen. Alltags-Intelligenz oder ein besonderes Talent für den Umgang mit dem Alltag beruht auf einer angemessenen Einschätzung der Umwelt und einer spontanen, angemessenen Reaktion auf diese Angebote.

„Eine Frau versuchte mit Hilfe einer Gebrauchsanweisung ein kompliziertes Gerät zusammenzubauen. Nachdem es ihr auch nach mehreren Versuchen nicht gelungen war, ließ sie die Teile frustriert auf dem Küchentisch liegen und ging aus dem Haus.

Als sie kurze Zeit später wiederkam, fand sie das Gerät zusammengebaut und funktionsfertig in der Küche. Die Putzfrau hatte es zusammengesetzt. »Wie haben Sie das gemacht«, fragte sie die Frau. »Ach wissen Sie, wenn man nicht lesen kann, muß man halt seinen Verstand gebrauchen.«" – Anthony de Mello

Die Wahrnehmung des Geschehens um uns herum spielt eine wesentliche Rolle, um eine angemessene Antwort auf den Alltag zu bieten. Im NLP ist bekannt, daß unsere Wahrnehmung durch den biologischen, kulturellen und individuellen Filter einer Einschränkung unterliegt. Das Wissen um unsere kulturellen Tabus, unsere kulturellen Werte, Normen, unsere Alltagstheorien und unsere individuelle Geschichte ist ein wesentlicher Bestandteil dieser Intelligenz, das uns dazu befähigt,

den Schritt zurück zu machen und uns aus dem vollständigen Verhaftetsein zu lösen, um einen Überblick zu erhalten. Alltags-Intelligenz entsteht also auch aus dem Infragestellen dieser Werte und Normen und aus dem Wissen um die eigene Geschichte, um die persönliche Biographie und dem Infragestellen des Gelernten aus dieser Geschichte. Wenn ich mir Zweifel an meiner Sicht der Welt gestatte und zulasse, dann ist es mir auch möglich, andere Weltsichten und andere Kulturen zu verstehen und aus diesem Verständnis heraus angemessen zu reagieren.

Eine hohe Alltags-Intelligenz bedeutet auch, das Beste aus dem Tag zu machen. Dale Carnegie sagt dazu: *„Das Leben ist das, was wir aus ihm machen. Wenn wir lernen, uns selbst zu akzeptieren, das Gute so klar zu sehen wie das weniger Gute und dann all die nötigen Dinge in Angriff zu nehmen, um unsere Ideen zu verwirklichen, werden wir weniger Zeit und Energie mit Sorgen verlieren."*

Die Herangehensweise an den Tag oder an die Welt bestimmt weitgehend, was mir passieren wird. Das bedeutet nicht nur, die Wahrnehmung zu verfeinern und abzustimmen, um zu einer passenden Einschätzung der Umwelt zu gelangen, sondern die Erwartung an den Tag, die Arbeit, den Partner usw. zu überprüfen und falls notwendig, zu korrigieren. Praktische Lebensintelligenz heißt, sich mit den Dingen erst dann zu beschäftigen, wenn sie wirklich dran sind und so Schritt für Schritt die wichtigen Dinge zu erledigen.

Der Straßenkehrer in „Momo" hatte eine lange Straße vor sich und damit viel Arbeit. Er dachte jedoch nicht an die Zeit, die Strecke, die Arbeit, sondern an den nächsten Schritt, den nächsten Atemzug und den nächsten Besenstrich. Irgendwann konnte er feststellen, daß er mit einem Schritt, einem Atemzug und einem Besenstrich die ganze Straße gekehrt hatte.

Wenn vor uns ein großer Berg oder eine lange Straße liegt, so kann uns das nervös oder besorgt machen und die Energie rauben, die wir brauchen, um genau diese Arbeit zu erledigen. So ist also die innere Einstellung ein wichtiges Merkmal für praktische Alltags-Intelligenz. Menschen mit hoher Alltags-Intelligenz haben selten einen großen Berg von unerledigten Aufgaben zu liegen, weil sie spontan und schnell Arbeiten sofort erledigen, anfallende Fragen sofort klären und Entscheidungen so schnell als möglich treffen. Dadurch bleibt das Leben im Fluß und die Chance, daß sich ein großer Berg ansammelt, verringert sich ganz entschieden. Sollten noch wichtige Informationen für die Entscheidung fehlen, dann besorgen sich diese Menschen diese Informationen so schnell wie möglich, um dann die Entscheidung zu fällen.

Menschen werden selten müde, wenn sie etwas Spannendes und Begeisterndes tun. Das bedeutet: Eine Tätigkeit, die wir gelangweilt und ohne Freude machen, kostet viel Energie und Kraft. Praktische Lebensintelligenz bedeutet, mit minimalem Aufwand so viel wie möglich zu erledigen, d.h. mit Freude, Begeisterung, Lust, Spannung und Neugierde an die Dinge heranzugehen, weil sie sich damit leichter und sehr viel effektiver erledigen lassen.

Es lohnt sich, ab und zu folgendes zu überprüfen: Machst Du mehr als notwendig ist oder strengst Du Dich mehr an, als es für diese Tätigkeit notwendig ist, und wie kannst Du das ändern? Wie kannst Du mit geringem Aufwand optimale Ergebnisse erzielen? Wie kannst Du an Aufgaben, die jeden Tag zu bewältigen sind, mit Energie und Freude herangehen?

Manchmal sind es alte Angewohnheiten, die dazu führen, daß wir uns über Gebühr verausgaben, um Dinge zu erledigen, die mit sehr viel weniger Aufwand genauso gut und effektiv zu organisieren sind.

Die Lebenskünstler, die Alltagsintelligenten, sind nicht die Menschen, die hinter verschränkten Armen die Stirn runzeln, die dem Leben skeptisch und mißtrauisch gegenüberstehen und eher deprimiert und pessimistisch sind. In der Regel sind es

Menschen mit Humor und Fröhlichkeit, die offen sind und sich mit allen Sinnen Neuem öffnen, eine gute Beziehung zu Lebensfreude und Vergnügen haben und vielleicht genau deshalb so bemerkenswert erfolgreich bei ihrer Tätigkeit sind.

Alltags-Intelligenz hieß noch vor nicht allzu langer Zeit lineares, analytisches, logisches Denken, um den Alltag zu bewältigen und das Denken und das Handeln den Gegebenheiten anzupassen. Heute bedeutet Alltags-Intelligenz, sich auf ständig wechselnde Szenarien einzulassen, auf Veränderungen nicht nur zu reagieren, sondern zu agieren, also im vorhinein Veränderungen zu erspüren und selbst in Bewegung zu bringen.

Im alten China galt der als lebensintelligent, der in vollkommener Harmonie mit sich, der Gesellschaft und der Natur lebte und der im höchsten Maße sensibel war für feine Unterschiede in sozialen und familiären Beziehungen. In Bali bedeutet Lebensintelligenz eine Anmut von Körper und Geist und die Beweglichkeit, Bewußtseinszustände zu verändern, gekoppelt mit der Fähigkeit, alles so gut wie möglich zu tun.

Heutzutage erfordern die neuen Umwelt- und Arbeitsbedingungen in den westlichen Gesellschaftsformen eine hohe Flexibilität, systemische Betrachtungsweisen, schnelle und spontane treffsichere Entscheidungen und ein aktives Agieren auf die Komplexität der Dinge des Lebens.

Ein hochbeladener LKW fuhr eines Tages unter einer Brücke hindurch, für die er zu hoch war, und so blieb er stecken. Alle Bemühungen der Experten, ihn wieder frei zu bekommen, erwiesen sich als nutzlos, und der Verkehr staute sich kilometerlang. Ein Junge versuchte mehrmals die Aufmerksamkeit der Arbeiter auf sich zu ziehen, bis einer der Männer völlig entnervt fragte: „Du willst uns jetzt sicher sagen, wie es geht?" „Ja", sagte der Junge, „ich würde etwas Luft aus den Reifen lassen".

Unsere Sinne sind der Zugang, die Fenster zu unserer Welt. Die Sinne zu schärfen, die Wahrnehmung zu erweitern und ein bemerkenswert gutes Gedächtnis zu entwickeln, um sich zu erinnern oder Erlebtes einzuordnen, sind Grundlage der Alltags-Intelligenz. Wer mit allen Sinnen sinnlich wahrnimmt und eine möglichst vollständige Erfahrung macht, hat einen schnelleren Zugriff auf Erinnerungen und kann auf dieses Wissen jederzeit zurückgreifen. Erfahrungen verändern unsere Wahrnehmung der Welt und ermöglichen dadurch wieder neue Erfahrungen.

Unser Wahrnehmungsfilter bestimmt, was wir als Problem, Ressourcen oder Ziele wahrnehmen und wie wir ein Problem lösen, eine Ressource mobilisieren oder ein Ziel erreichen. Er ist eine „Brille" für aufgenommene Informationen und bestimmt, wie Veränderungsprozesse eingeleitet und begleitet werden.

Oftmals wird dem NLP der Vorwurf gemacht, daß die Zielorientiertheit der Methode die Hingabe verhindert. So, wie wir NLP verstehen, ist Zielorientiertheit und Hingabe vereinbar. Wir bewegen uns in der Realität, im Entstehen und Finden, Formulieren und Entwerfen von Zielen, in der Orientierung, Wahrnehmung und Verbesserung der Kommunikation im Hier und Jetzt, und wir leiten Prozesse ein, die der Sinnfindung dienen, der Hingabe an die eigene Lebensaufgabe, der Hingabe an die eigene Intuition oder dem Wahrnehmen der eigenen inneren Wahrheit, um seinen Traum zu leben.

Der Wahrnehmungsfilter „Systemisches Denken" ist gerade für den Alltag nützlich, um neue und verbesserte Lösungen und Handlungen zur Verfügung zu haben.

Systemisches Denken ist Denken in Zusammenhängen und Ganzheiten. Es löst sich vom klassischen „Ursache-Wirkungs-Denken" und betrachtet umfassend die Beziehungen zwischen den einzelnen Elementen eines Problems oder eines Zustandes und beachtet bei Lösungen und Maßnahmen die möglichen Reaktionen in größeren Zeiträumen und in verschiedenen Lebensbereichen. Systemisch denken bedeutet, die Auswirkungen von Handlungen bereits vorher auf sich selbst, andere und die Umwelt zu überprüfen.

Woran kann ich im Alltag erkennen, daß ich einen systemischen Ansatz wählen sollte?

1. Ich habe ein Problem und finde eine Lösung, und kurze Zeit später taucht das Problem wieder auf.

2. Ich finde eine Lösung, und ein neues Problem taucht auf – z.B. beginnt nach Aufgabe des Rauchens das vermehrte Essen von Süßigkeiten oder eine andere Symptomverschiebung.

3. Wenn die Lösung zum Problem wird – z.B. wenn jemand, der nicht schlafen kann, Schlaftabletten nimmt und die Tabletten eine Abhängigkeit erzeugen.

4. Der Einsatz von Ressourcen ist im Verhältnis zum Ergebnis zu hoch.

Bei der Alltags-Intelligenz hat die Nützlichkeit und Funktion einen hohen Stellenwert: Was unterstützt Dich bei der Bewältigung Deines Alltags? Wie mußt Du denken, um aus Deinem Alltag das zu machen, was Du Dir wünschst?

Je flexibler der Mensch in seiner Wahrnehmungs- und Denkfähigkeit ist, je flexibler er Wirklichkeit wahrnehmen und verarbeiten kann, desto mehr Möglichkeiten hat er zu reagieren, desto größer und vielfältiger sind seine Einflußmöglichkeiten.

Damit ist die Möglichkeit verbunden, sich und der Umwelt die nötigen Impulse für die gewünschten Veränderungen zu geben.

Welche neuen Denk- und Handlungsqualitäten sind notwendig, um aus der linearkausalen Sackgasse, die unseren Planeten und unsere Lebensbedingungen zerstören, herauszukommen und neue Wege zu finden, um eine Lebenswelt zu kreieren, die unseren Planeten und unsere Ressourcen schützt und die Welt für unsere Kinder und Nachfahren erhält, ausbaut, verbessert und ihnen die Möglichkeiten gibt, die Schönheiten und Schätze dieses Planeten zu entdecken, zu erhalten und zu genießen?

Notizen:

Werte im Alltag

Übung ☒   Spiel ☐   Phantasiereise ☐

Ziel:
Wahrnehmungsfilter bewußt machen, Spectrum erweitern

Weitere Anwendungsmöglichkeiten:
Selbsterkenntnis

Dauer:
30 Minuten

Material:
Schreibzeug

Anmerkung:
Arnold Mindell, der Begründer der prozeßorientierten Psychologie, sagt: *„Um sich angemessen in seiner Umwelt zu bewegen, muß man sich über seine eigene Geschichte im klaren sein"*, also seinen biologischen, kulturellen und individuellen Filter kennen. Man sollte sich über seine Rollen oder Quasirollen und Funktionen im klaren sein, darüber hinaus die Signale erkennen können und die Wahrnehmung geschult haben für Informationen von anderen. Das bedeutet auch, sich mit seiner Rolle, seinen Quasirollen oder Funktionen in seiner Gruppe auseinanderzusetzen und das Talent zu haben, Gruppenstrukturen zu erkennen.

Anleitung:
1. Suche Dir einen bequemen Platz, nimm genügend Papier und Schreibzeug mit und beginne, eine Liste zu erstellen, um festzuhalten, an welchen Normen Du Dich orientierst. Schreib einige Sätze spontan auf, die mit „Ich muß" bzw. „Ich darf nicht" beginnen – hinsichtlich der Bereiche Partnerschaft und Familie, Arbeit, Gesundheit wie beispielsweise: „Ich muß immer freundlich zu meinem Partner sein." Arbeit: „Ich darf keine Fehler machen." Gesundheit: „Ich muß immer frisches Obst und Gemüse essen." Freunde und Sozialpartner: „Ich muß mich kümmern." Für sich selbst: „Ich muß mich klein machen."

2. Um herauszufinden, welche Normen Du davon bejahen und behalten möchtest, formuliere alle Sätze um von „Ich muß" zu „Ich will" und von „Ich darf nicht" zu „Ich will nicht". Achte bitte dabei auf die auftretenden Gefühle. Was entsteht spontan in Dir, wenn Du ausgehend von „Ich muß" dann „Ich will" formulierst?

3. Erinnere Dich an den Ursprung dieser Normen, an die Herkunft, an die Entstehung: Wann und wo und von wem hast Du diese Normen übernommen? Was hast Du wo gelernt und was möchtest Du gerne loslassen?

4. Welche Normen möchtest Du behalten? Welche Verhaltensmuster möchtest Du an Deine Kinder weitergeben? Welche Denktraditionen möchtest Du bewahren?

5. Wie kannst Du Deine eigenen mentalen Muster, Programme, Deine Konzepte erweitern, damit Du mehr von der Welt verstehen und mehr Zusammenhänge erkennen kannst?

Notizen:

Auf und Ab

Übung ☒   **Spiel** ☐   **Phantasiereise** ☐

Ziel:
Analysierendes und integrierendes Denken fördern, Wahrnehmungsfilter erweitern; neue Sichtweisen kennenlernen

Weitere Anwendungsmöglichkeiten:
Logische Intelligenz anregen, Problemlösungen erleichtern, Kreative Intelligenz erweitern, Perspektivenwechsel

Dauer:
1 Stunde

Material:
Schreibzeug

Anmerkung:
Wir können Menschen als ein lebendiges System verstehen, als Ausgangspunkt für Veränderungsprozesse oder als Teil eines Systems, in dem wir verbunden sind mit unserer Umwelt, in Beziehung zu ihr treten und es zu Synergieeffekten und zu Zusammenarbeit kommt.

Systemisches Denken ist Denken in Zusammenhängen. Es ist ein Wahrnehmungsfilter, der weder gut noch schlecht ist, sondern nützlich sein kann, um die Konsequenzen unseres alltäglichen Handelns bereits vorher aufzuzeigen, um sie dann in nützliche Handlungen einfließen zu lassen.

Sowohl lineares als auch systemisches Denken können in bestimmten Kontexten nützlich und unterstützend sein. Es geht also nicht darum, die Vor- und Nachteile des einen hervorzuheben und zu verteidigen (entweder – oder), sondern beide Sichtweisen in sein Leben und Handeln zu integrieren (sowohl – als auch). Der Wahrnehmungsfilter bestimmt, was wir als Problem, Ressource oder Ziel wahrnehmen und wie wir ein Problem lösen, eine Ressource mobilisieren oder ein Ziel erreichen. Es ist also eine wichtige Grundlage dafür, wie Veränderungsprozesse eingeleitet und begleitet werden. Dabei kann uns sowohl das lineare als auch das systemische Denken unterstützen. Da wir glauben, daß das lineare Denken das häufiger anzutreffende, gelernte und etablierte Denken in unserer Gesellschaft ist, legen wir den Schwerpunkt dieser Übungen auf das Kennenlernen und die Integration des systemischen Denkens. Ziel ist es, den Wahrnehmungsraum zu vergrößern und uns und die uns umgebende Welt als Ganzes wahrzunehmen.

Die Grenzen von betrachteten Systemen werden gedanklich konstruiert. Je nach Ziel und Problem kann es vorteilhaft sein, die Grenzen zu erweitern oder zu verkleinern. Dabei wird der Betrachtungsgegenstand entweder in einen größeren Rahmen gestellt oder in seine Bestandteile zerlegt. Beide Betrachtungsweisen können für die Lösung von Alltagsproblemen nützlich sein.

Anleitung:

1. Suche Dir einen ruhigen Platz und schreibe das Alltagsproblem auf, das Dich zur Zeit beschäftigt: Was ist das Problem?
2. Ordne das Problem in den folgenden Systemebenen ein, wo liegt es, und schau Dir die darunter- und die darüberliegenden Ebenen an: Wie sieht das Problem in einem größeren Ganzen aus? Wie sieht das Problem auf darunterliegenden Ebenen aus?

   Ebenen
   Makrosysteme: Gesellschaft, Umwelt, Natur
   Mesosystem: Arbeitsfeld, Nachbarschaft, Soziale Netzwerke, Vereine
   Mikrosystem: Familie, Familienstruktur ...
   Subsystem: Geschwister, Ehepartner ...
   Individuum: Selbstbild, Selbstwert, Glaubenssysteme, Werte ...
   Organsystem: Zusammenspiel des Körpers, Muskeln, Organe, Haut ...
   Zellsystem: Reaktionen auf zellularer Ebene

3. Formuliere aus dem Problem heraus einen Wunsch: Was würdest Du Dir statt des Problemverhaltens wünschen? Wenn Du wüßtest, daß Du erfolgreich eine Veränderung durchführen könntest, was würdest Du tun wollen?
4. Ordne den Wunsch in den folgenden Systemebenen ein und schau Dir die darunter- und die darüberliegenden Ebenen an: Wie sieht das Wunschverhalten in einem größeren Ganzen aus? Wie sieht der Wunsch auf darunterliegenden Ebenen aus?

   Ebenen
   Makrosysteme: Gesellschaft, Umwelt, Natur
   Mesosystem: Arbeitsfeld, Nachbarschaft, soziale Netzwerke, Vereine

Mikrosystem: Familie, Familienstruktur ...
Subsystem: Geschwister, Ehepartner ...
Individuum: Selbstbild, Selbstwert, Glaubenssysteme, Werte ...
Organsystem: Zusammenspiel des Körpers, Muskeln, Organe, Haut ...
Zellsystem: Reaktionen auf zellularer Ebene

5. Formuliere aus den gewonnenen Informationen ein ganz konkretes, eigenverantwortlich erreichbares, positives und in einem Satz formuliertes, realistisches Ziel.

6. Entwickle einen Handlungsplan, in dem Du Möglichkeiten sammelst, was Du jeden Tag tun kannst, um dieses Ziel zu erreichen.

Notizen:

Gruppenstrukturen

Übung ☒　　　Spiel ☐　　　Phantasiereise ☐

Ziel:
Erkennen von Mustern und Gruppenstrukturen, Sensibilisierung für soziale Kontakte

Weitere Anwendungsmöglichkeiten:
Emotionale und Kommunikative Intelligenz erweitern

Dauer:
30 Minuten

Material:
Schreibzeug

Anmerkung:

Das Erkennen von Strukturen in einer Gruppe bleibt meist unterhalb der Bewußtseinsgrenze, man entwickelt ein Gefühl für die Verhältnisse und reagiert entsprechend. Sich der Grundlagen für die Reaktion bewußt zu werden, kann dazu führen, manche Verhaltensweisen loszulassen oder neu zu überdenken.

Anleitung:

Wähle eine Kleingruppe, mit der Du Dich im Moment innerlich auseinandersetzen möchtest.

1. Beantworte Dir die nachfolgenden Fragen so offen wie möglich: *Wie sind unsere Kontakte untereinander? Sind sie eher gleichwertig oder eher ungleichgewichtig? Ist das für das Ziel unserer Gruppe förderlich oder hinderlich? Haben wir einen Sündenbock, ist jemand ausgeschlossen, haben wir einen Außenseiter? Möchte ich die Situation verändern? Haben wir ein Wir-Gefühl und hat die Verteilung der Kontakte untereinander einen Einfluß darauf? Welche Rollen sehe ich in unserer Gruppe vertreten, welche Quasirollen erlebe ich, wer hat welche Rolle und wer hat*

keine? Welches ist meine Rolle, welche Rollen stützen sich gegenseitig? Was würde ich gerne verändern und wie? Wer hat bei uns üblicherweise viel Einfluß und wie stehe ich dazu, welches Gefühl habe ich? Erlebe ich den Einfluß konstant oder gibt es einen Wechsel? Was ist für mich im Moment wichtig?

2. Willst Du die Situation verändern oder bist Du so zufrieden? Welche Konsequenzen ergeben sich für Dich aus diesem Resümee? Wie willst Du in Zukunft mit dieser Gruppe umgehen?

3. Entwickle Handlungsalternativen für Dich und suche Gelegenheiten, das Neue auszuprobieren.

Notizen:

Alltags-Intelligenz

Dein Geschenk

Übung ☒   Spiel ☒   Phantasiereise ☐

Ziel:
Reflexion, Herausfinden von Rollen und Funktionen, Erkennen von Strukturen, Selbsterkenntnis

Weitere Anwendungsmöglichkeiten:
Förderung von Emotionaler und Kommunikativer Intelligenz

Dauer:
1 Stunde

Material:
Phantasie

Anmerkung:
Vier bis zwanzig Teilnehmer

Anleitung:
1. Finde spontan hier im Raum einen Platz, einen Ort, an dem Du Dich in bezug zu dieser Gruppe hinstellen möchtest, eine Position, in der Du Dich wohlfühlst. Nimm wahr, was passiert, wenn die anderen sich ihren Platz wählen und inwieweit das Deinen Ort beeinflußt oder sogar verändert. Du hast jetzt noch Zeit, Deinen Standort zu wechseln oder Deine Position zu korrigieren, bis Du das Gefühl hast, daß Du vollständig richtig stehst und an Deinem Ort angekommen bist.

2. Schließe einen Moment die Augen und nimm wahr, wie Du Dich an Deinem Platz fühlst – ob Du Kontakt hast zum Boden – ob Du Dich sicher fühlst – ob Du Kontakt hast zu anderen – sie wahrnehmen kannst – ob Du Dich sicher fühlst und gut – oder was das Wichtige ist an Deinem Platz. Und laß Gedanken und Erinnerungen kommen, wie Du Dich normalerweise in einer Gruppe einbringst. Was ist Deine Funktion – Deine Rolle – das, was Du normalerweise

mitbringst in eine Gruppe – wie Du Dich zu Beginn darstellst – wie Du in einer Gruppe bist. Zum Beispiel: das spielende Kind oder die weise Frau oder der zurückhaltende Zuschauer. Finde eine Bezeichnung, einen Namen, einige kurze Worte, die diese Rolle, diese Funktion, diese Quasirolle für Dich beschreiben.

3. Öffne nun die Augen und teile den anderen Dein Hiersein in der Gruppe mit: Deine Rolle, Deine Funktion oder das, wie Du Dich normalerweise in einer Gruppe zuerst einbringst. Nehmt Euch Zeit für jeden Einzelnen und schaut, ob es noch weitere wichtige Merkmale gibt: Beziehungen untereinander oder Nähe und Weite zu anderen Personen oder anderen Konzepten, anderen Rollen, anderen Funktionen dieser Gruppe und wie das auf Dich wirkt.

4. Schließe noch einmal die Augen und nimm wahr, was Deine Funktion, Deine Rolle, Dein Platz, Dein In-Beziehung-sein-zu-anderen Dir für ein Geschenk macht, welchen Vorteil Dir Deine jetzige Position bietet. Stell Dir vor, daß Dein Geschenk eine Energie ist, die Du in Deinem Körper spüren kannst – ein Geschenk, das sich aus dieser Funktion, aus diesem Platz, aus diesem Ort, in dieser Gruppe für Dich ableitet. Wenn Du magst, kannst Du Dir die Energie als einen Ball oder eine Kugel in Deinem Körper vorstellen. Wie fühlt sich dieser Platz an – welche Energie hat er und wo in Deinem Körper kannst Du sie spüren, welche Farbe hat es – welche Konsistenz – welche Größe – welche Form – wenn Du Deine Funktion und Deinen Platz hast. Vielleicht gibt es dafür einen Namen, ein Symbol – vielleicht einen Klang oder einen Ton – vielleicht eine Melodie – vielleicht gibt es einen Geruch oder Geschmack – was immer dazu gehört, nimm es jetzt wahr und freu Dich einen Moment an Deinem Geschenk.

5. Stell Dich in der Gruppe mit Deinem Geschenk vor.

6. Zu wem möchtest Du gerne Kontakt aufnehmen? Zu wem würdest Du gerne Nähe herstellen? Zu welcher Person, Funktion oder Rolle und zu welchem Geschenk möchtest Du gerne in Beziehung treten? Ist das eine Person oder eine Funktion ganz in der Nähe zu Dir oder ganz am anderen Ende des Raumes, und wie kannst Du diesen Kontakt über diese Distanz herstellen? Nimm wahr, wie Du in Kontakt treten kannst mit dieser anderen Person über die Entfernung hinweg und finde einen Menschen in dieser Gruppe, zu dem Du in Kontakt kommen möchtest und der auch Kontakt zu Dir will.

7. Wenn Ihr Euch geeinigt habt, dann findet einen Weg zueinander – auf Eure Art. Teile dem anderen mit, welches Geschenk Du mitbringst und laß Dir von

Deinem Partner/Deiner Partnerin mitteilen, welches Geschenk sie hat. Beschreibe sinnlich so genau, wie es Dir im Moment möglich ist, was Deine Energie, Deine Kraft ist, die Du aus Deinem Ort, aus Deiner Position, aus Deiner Rolle, Deiner Funktion beziehst. Welche Qualität ist es, die Du entdeckt hast und welche Qualität ist es, die Ihr jetzt miteinander teilen könnt.

8. Tauscht das, was Ihr an Qualitäten tauschen könnt und nimm wahr, wie das Deine eigene Energie bereichert. Möglicherweise gibt es eine Vermischung, vielleicht gibt es aber auch ein Nebeneinander oder ein Miteinander. Laß Dich überraschen, was es ist, was entstehen kann, wenn Ihr beide Eure Qualitäten miteinander teilt.

9. Dann bedanke Dich und verabschiede Dich wieder und beweg Dich durch den Raum mit Deinem zweifachen Geschenk. Und wenn Du andere triffst oder treffen magst und berühren oder kennenlernen magst, so hast Du jetzt die Gelegenheit dazu. Wenn Du für Dich sein magst, dann bleib bei Dir und such Dir eine neue Position, die im Moment Deinen Qualitäten und Deinem Befinden angemessen ist. Und finde heraus, was es jetzt im Moment ist, was diesen Platz für Dich so attraktiv macht und was sich für Dich verändert hat. Möglicherweise kannst Du von diesem Ort aus auch ganz neue Wege gehen. Was würde es Dir ermöglichen, von hier aus ganz neue Konzepte, Funktionen, Rollen einzunehmen, ganz neue, andere Wege einzuschlagen, Dich in eine Gruppe einzubringen? Was wäre möglich, wenn Du von vornherein mehr Qualitäten, mehr Flexibilität, mehr Wahlmöglichkeiten hättest und was würdest Du wählen – jetzt? – wie würdest Du es bezeichnen?

10. Und schließ das dann ab, indem Du noch einmal auf Deinen alten Platz gehst, nachspürst, wie der sich jetzt für Dich anfühlt und indem Du Dich schließlich verabschiedest. Reflektiere mit einem Partner/einer Partnerin einen Moment über die gemachte Übung, die dabei erlebten Gefühle, die dabei gewonnenen Kenntnisse, reflektiere das, was Du weiterhin so machen möchtest und was Du vielleicht verändern willst.

Notizen:

Status

Übung ☒　　　**Spiel** ☐　　　**Phantasiereise** ☐

Ziel:
Reflexion über gesellschaftliches Verhalten und sozialen Umgang, Selbsterkenntnis, Beziehungsklärung

Weitere Anwendungsmöglichkeiten:
Emotionale und Kommunikative Intelligenz fördern

Dauer:
45 Minuten

Material:
Schreibzeug

Anmerkung:
Soziale Ungleichheit und gesellschaftliche Wirklichkeit entstehen oftmals gegen den erklärten Willen aller Beteiligten und dennoch mit unserer Hilfe.

Anleitung:
1. Erinnere Dich an Situationen, in denen Dir hohe oder unterschiedliche Rangfolgen besonders wichtig oder deutlich bewußt waren. Was ist es, was Dir sofort einfällt?
2. Beantworte Dir folgende Fragen so klar wie möglich: *Wenn ich meinen gesellschaftlichen Status in bezug auf Einkommen, Bildung und Berufsprestige auswerte, wo würde ich mich dann selber einordnen? Zu welcher gesellschaftlichen Schicht würde ich anhand dieser Einstufung zählen?*
3. Ist mir diese Einordnung und diese Schichtzugehörigkeit bezüglich meines Status eher angenehm oder eher unangenehm, und wie gehe ich damit um?
4. Meine Freunde gehören welcher Schicht an und welches sind die Menschen, bei denen ich mich wohl fühle bzw. welchen Status haben Menschen, vor denen ich Angst habe oder die ich mit großem Respekt behandle.

5. Wie war meine Situation als Kind? Waren meine Spielkameraden aus der gleichen sozialen Schicht und hatten sie den gleichen sozialen Status wie meine Familie, und wie haben meine Eltern diese Freundschaften bewertet?

6. Aus welchen äußeren Merkmalen kann ich eine Schichtzugehörigkeit ableiten, und welche äußeren Merkmale sind für mich Statussymbole, die mir signalisieren, wie ich meine Mitmenschen in dieses Prinzip einordnen kann? Zu welchen Menschen habe ich einen Abstand und zu welchen Menschen entwickle ich Nähe und hat dies etwas mit meiner Einschätzung ihres Status oder ihrer sozialen Schichtzugehörigkeit zu tun? Wie nehme ich Rangunterschiede in verbalem und nonverbalem Verhalten tagtäglich wahr und wie drücke ich nonverbal und verbal Rangunterschiede aus? Entspricht dies meinen inneren Wünschen oder entspricht dies einer Angewohnheit?

7. Welche neuen Angewohnheiten möchtest Du entwickeln und was kannst Du tun, damit Dein Erleben und Handeln dem entspricht, was Du für passend hältst?

Notizen:

Organisation

Übung ☒ **Spiel** ☐ **Phantasiereise** ☐

Ziel:
Reflexion, Bewußtheit über Organisationsstrukturen

Weitere Anwendungsmöglichkeiten:
Kommunikative und Emotionale Intelligenz erweitern

Dauer:
45 Minuten

Material:
Schreibzeug

Anmerkung:

Um soziale Wirklichkeit in einer Gesellschaft zu verstehen, gilt es, Wahrnehmung und Interpretation zu trennen.

Wenn Alltags-Intelligenz bedeutet, sich in allen Situationen des Alltags angemessen zu verhalten und intelligent zu handeln, dann bedeutet es auch, die Struktur von Organisationen zu erkennen, sie spontan einzuschätzen und darin agieren zu können. Dies bedeutet, die formellen Strukturen zu erfassen, die Hierarchien und die Rollen zu erkennen, die Soll-, Kann- und Muß-Erwartungen einschätzen zu können und die informellen Strukturen zu erkennen.

Anleitung:

Wähle eine Organisation, über die Du Dir jetzt Gedanken machen möchtest.

1. Wie ist die Organisation aufgebaut, wie ist sie strukturiert?

2. Ist sie eher nach einem organischen oder nach einem mechanistischen Prinzip ausgerichtet? Denken die Menschen in dieser Organisation über sich als ein Organismus, in dem einzelne Teile zu einem Ganzen zusammenwirken oder

handelt es sich um die Vorstellung einer Maschine, in der unterschiedliche Teile wie Rädchen miteinander funktionieren und austauschbar sind?

3. Welche Rollen gibt es in diesem System und welches ist Deine Rolle in diesem Zusammenhang? Welche Erwartungen werden an Dich herangetragen, welche magst Du, welche magst Du nicht?

4. Welche Anforderungen erfüllst Du gerne und welche ungern?

5. Wie ist Dein Handlungsspielraum in dieser Organisation?

6. Wie sind die informellen Strukturen? Sind sie abweichend von den formellen oder sind sie deckungsgleich?

7. Welche Spielregeln haben sich entwickelt aufgrund der formellen oder der informellen Strukturen, an die sich alle Beteiligten oder ein Großteil der Beteiligten halten?

8. Welche Konsequenzen, Wünsche und Ziele ergeben sich aus diesem Wissen?

Notizen:

Self Coaching

Übung ☒   **Spiel** ☐   **Phantasiereise** ☐

Ziel:
Eigenmotivation

Weitere Anwendungsmöglichkeiten:
Emotionale Intelligenz anregen

Dauer:
25 Minuten

Material:
Schreibzeug

Anleitung:

1. Stell Dir vor, Du bist ein hochbezahlter und bekannter Coach für einen Top-Sportler. Du bist mit diesem Sportler bei einem wichtigen Wettkampf, der nur alle vier Jahre stattfindet, und Du wirst sehr gut dafür bezahlt, diesen Sportler zu motivieren. Er ist gerade etwas demotiviert und lustlos. Was kannst Du tun, um Deinen Schützling aufzubauen, zu motivieren, anzuregen? Was tust Du und vor allen Dingen, was sagst Du diesem Sportler? Welche Worte wählst Du, welche Argumente, in welchem Ton redest Du zu ihm, welche Lautstärke wählst Du, welche Schlüsselworte läßt Du fallen, aus welcher Entfernung erzählst Du es ihm, in welcher Tonhöhe, welche Worte unterstützen und bereichern, regen ihn an, machen ihm Mut, muntern ihn auf?

2. Stell Dir nun vor, daß der Sportler nicht irgendeine Person ist, sondern daß Du es bist. Welche Worte würdest Du jetzt wählen, welche Argumente, in welcher Tonlage würdest Du jetzt reden, in welcher Lautstärke, was würde Dich und Deine Person motivieren und anregen, den Wettkampf zu bestreiten und persönliche Bestleistungen zu zeigen?

3. Stell Dir jetzt vor, daß es nicht ein sportlicher Wettkampf ist, um den es geht, sondern es geht um die Ausführung der Aufgabe oder Tätigkeit, zu der Du Dich motivieren möchtest. Welche Worte würdest Du dann wählen, um Dich selbst zu motivieren, in welcher Tonlage und Lautstärke müßten die Worte an Dein

Ohr kommen? Wie müßten die Sätze klingen, die Dich ermuntern und begeistern, Dich ermutigen und Dich den ersten Schritt gehen lassen? Welche Schlüsselworte sind es, die Dich aufspringen lassen, welcher Satz bringt Dich in Bewegung, motiviert Dich, baut Dich auf und läßt Dich die Aufgabe bewältigen? Wie hoch oder wie tief, wie laut und wie leise und aus welcher Richtung muß dieser eine Kernsatz kommen, der Dich bewegt, „es" jetzt zu tun? Welche Körperhaltung, welche Bewegung gehört dazu? Welches Symbol wird Dich erinnern, welche Berührung wird Dir dieses Gefühl wieder wachrufen? Sag Dir Deinen Satz mehrmals und denk daran, daß der beste und erfolgreichste Coach für Dich Du selbst bist.

Notizen:

Self Monitoring

Übung ☒ Spiel ☐ Phantasiereise ☐

Ziel:
Perspektivenwechsel, aus einer Distanz Situationen gelassener beurteilen, Selbstkorrektur

Weitere Anwendungsmöglichkeiten:
Emotionale Intelligenz verbessern

Dauer:
5 Minuten

Material:
–

Anmerkung:
Diese Übung dient dazu, sowohl die eigene Befindlichkeit in einer Position zu erfassen als auch Informationen über das Befinden anderer in der gleichen Situation zu bekommen und den Rahmen zu verlassen, um von außen zu schauen, wie die Struktur dieser Situation beschaffen ist.

Anleitung:
1. Finde die Situationen heraus, in denen Du in Zukunft anders reagieren möchtest. Welche Qualität möchtest Du in diesen Situationen erleben? Gelassenheit, Ruhe, Überlegtheit oder Klarheit ...

2. Erinnere Dich, wann Du das letzte Mal in Deinem Leben genauso warst, in genau dieser Qualität warst und spüre dies jetzt.

   Stell Dir vor, wie Du das nächste Mal genauso wieder diesen Zustand herstellen kannst. Laß Dir jetzt Strategien einfallen, wie Du diese Energie wiedererleben kannst. Finde etwas, ein Symbol, eine Farbe oder ein Wort etc., das Dich daran erinnern wird, was Du tun und wie Du sein wirst.

3. Hänge dieses Symbol oder Wort an gut sichtbarer Stelle auf, so daß Du in den nächsten Wochen immer wieder daran erinnert wirst.

4. Finde Deine Möglichkeiten, Dich in der gewünschten Situation daran zu erinnern, und **Dich innerlich ein Stück zurückzulehnen, um Dich als Zeuge von außen zu betrachten:**

   Beschreibe Dir die Situation – wertfrei – und frage Dich, ob Du im Moment so bist und handelst, wie Du es gerne möchtest. Überprüfe, ob das Gefühl, das Du gerade hast, angemessen ist, wenn ja, dann drücke es verbal und nonverbal aus, wenn nein, dann laß es los.

Notizen:

Sich selbst motivieren

Übung ☒   Spiel ☐   Phantasiereise ☐

Ziel:
Eigenmotivation, Einstimmung auf eine Tätigkeit

Weitere Anwendungsmöglichkeiten:
Emotionale Intelligenz anregen

Dauer:
30 Minuten

Material:
Schreibzeug

Anmerkung:
Motivation bedeutet „Sich in Bewegung setzen". Erst wenn wir uns in Bewegung setzen, wird aus positivem Denken eine positive Handlung. Die effektivste Art, sich an jedem Ort zu jeder Zeit selbst zu motivieren, ist, die Motive, die uns bewegen, nicht außen, sondern innen zu finden. Wir tragen sie jederzeit mit uns und in uns. Die häufigsten Gründe, weshalb Menschen etwas tun, Unmögliches möglich machen, in Bereiche vordringen, die über ihre Grenzen hinausgehen, unzählige Wiederholungen durchführen, sind die, daß sie *etwas erreichen* wollen *oder* aber, daß sie *etwas vermeiden* wollen. Beide Motive sind von so ungeheurer Energie, daß es sich lohnt, sie sich bewußt zu machen und in der Situation, wo wir sie gebrauchen können, einzusetzen.

Motivation wird nicht in den Situationen gebraucht, wo alles wie von alleine funktioniert, sondern gerade in den Situationen, wo wir stehenbleiben, uns nicht bewegen und stocken.

Ursachen dafür können hinderliche Glaubenssätze, Wertekonflikte oder fehlende Ressourcen sein. Die Übung möchte Mut machen, Zieldenken in Handlungen einfließen zu lassen.

Du kannst diese Fragen kopieren und auf einem kleinen Zettel bei Dir tragen und sie Dir in der Situation stellen, wenn Du sie benötigst.

Anleitung:

Folgende Fragen kannst Du Dir innerlich stellen und überprüfen, warum Du in Deinem Leben diese oder jene Idee oder Vorstellung nicht in eine Handlung umgesetzt hast.

1. Überprüfe zuerst, ob in der Situation einschränkende Glaubenssätze existieren:

- ➤ Überprüfe, ob es einen Teil in Dir gibt, der eigentlich etwas anderes machen möchte.
- ➤ Überprüfe, ob die Handlung Deinen Werten entspricht oder ob es einen inneren Konflikt gibt.
- ➤ Überprüfe, ob die Handlung sinnvoll ist.
- ➤ Überprüfe, ob die Handlung Deinem Selbstbild entspricht.

Solltest Du einen dieser inneren Checks verneinen, dann beantworte bitte folgende Fragen:
- ➤ Welche Glaubenssätze können mich jetzt darin unterstützen, die Handlung auszuführen?
- ➤ Welchen Sinn macht es, jetzt zu handeln?
- ➤ Welche positive Absicht verfolgt der Teil in mir, der mich nicht handeln lassen möchte und wie kann ich ihn an der Handlung mitbeteiligen?
- ➤ Welche Werte werden durch diese Handlung in mir gefördert?
- ➤ Welchen Selbstwert und welches Selbstbild unterstützt die Handlung in mir?

2. Der Sprung in die Zukunft

- ➤ Wenn ich diese Tätigkeit nicht tue, welche Konsequenzen hat es auf mein Leben in den nächsten Tagen, Wochen, Monaten, Jahren?
- ➤ Wenn ich mich jetzt entscheide zu handeln und es auch tue, welche positiven Konsequenzen hat das für mein Leben für die kommenden Tage, Wochen, Monate, Jahre?

3. Die innere Rakete zünden

- ➤ Was mußt Du Dir jetzt wie innerlich sagen, um Deinen Körper in Bewegung zu setzen, ihm einen ersten Impuls zu geben und um mit voller Aufmerksamkeit und Konzentration – mit jeder Faser Deines Körpers – in der Handlung und in der Bewältigung der Aufgabe zu sein?

➤ Wie und in welcher Lautstärke, in welcher Tonhöhe und auf welche Art und Weise sagst Du innerlich zu Dir: „Ja, ich tu's!!!"?
➤ Und dann sag diesen Satz mehrmals und laß ihn bereits in eine erste Handlung fließen.

Notizen:

Als ob

Übung ☒   **Spiel** ☒   **Phantasiereise** ☐

Ziel:
Spaß im Alltag und in der Routine entwickeln, Lebensfreude und Begeisterung kreieren

Weitere Anwendungsmöglichkeiten:
Emotionale und Kreative Intelligenz schulen

Dauer:
Täglich 10 Minuten

Material:
–

Anmerkung:
Dies ist eine Lebensphilosophie, die Als-Ob-Lebensphilosophie von Prof. Hans Vaihinger. Er lehrte zu handeln, als ob wir glücklich seien und stellte fest, daß dies wie in einer sich selbst erfüllenden Prophezeiung dann auch Wirklichkeit wird. Ca. 10% aller Sorgen, die wir uns machen, sind wirkliche Sorgen. Alles andere sind Sorgen, die unnötig sind – 40% der sogenannten Sorgen treten niemals ein, 30% sind Sorgen aus der Vergangenheit, 12% sind überflüssige Sorgen um die Gesundheit und 10% sind so nebensächlich wie: „Jetzt sind von 25 Rosen schon 2 verblüht, oh Gott, oh Gott." Das bedeutet, daß sehr viele Sorgen, die wir uns machen, uns nur schwächen und uns die Energie rauben, Lösungen zu finden. Eine Möglichkeit besteht darin, zu schauen, wofür ich dankbar sein kann und all die Dinge wahrzunehmen, die schon in Ordnung sind. Es stärkt die Freude darüber, was ich bereits alles habe, worauf ich stolz bin, was mich glücklich macht ... Für viele Menschen ist Lebensfreude ein sehr hoher Wert, und viele von ihnen wissen nicht, daß ein sicherer Weg zur Lebensfreude Dankbarkeit ist. Dankbarkeit ist nicht ein weiterer Wert, den man entweder leben oder nicht leben kann. Dankbarkeit ist der Weg zu Freude, zu Lebensfreude, weil sie von ganz allein entsteht, wenn ich dankbar bin für das, was ich habe, was ich erlebe, dankbar für das, was alles da ist. Die einfachen

Dinge des Alltags, die Anforderungen des Alltags, schnell und spontan und mit Freude und Begeisterung zu erledigen – dies bedeutet praktische Lebensintelligenz.

Anleitung:

1. Wähle eine Routinearbeit, die Dir keinen Spaß macht, die Dich langweilt oder die Du immer wieder vor Dir herschiebst.
2. Versprich Dir jetzt, einen Wettbewerb in den nächsten Wochen auszutragen, indem Du Dir vorstellst, diese Arbeit wäre besonders interessant und fordert Dich zu ganz persönlichen Bestleistungen heraus.
3. Nimm Dir täglich vor, etwas ganz neues und interessantes über Deine Arbeit herauszufinden. Stell Dir täglich die Frage, wie kann ich heute mich und andere für diese Sache begeistern?

Überprüfe nach ca. drei Wochen, was sich verändert hat in bezug auf Deine Energie, in bezug auf Dein Wohlbefinden, in bezug auf Deine Arbeitslust, in bezug auf diese Routineaufgabe, und vergleiche es mit dem Zustand zu Beginn dieser Herausforderung.

Notizen:

Praktische Intuition

Übung ☒   Spiel ☐   Phantasiereise ☐

Ziel:
Intuition im Alltag und für den Alltag nutzen, den richtigen Zeitpunkt für etwas wählen, mit den richtigen Leuten am richtigen Ort sein, wissen, ob etwas Substanz hat oder nicht

Weitere Anwendungsmöglichkeiten:
Emotionale und Kreative Intelligenz erwecken

Dauer:
Ca. 3 Wochen täglich je 20 Minuten

Material:
Schreibzeug

Anmerkung:
Intuition kennt jeder, und jeder von uns hat es schon erlebt, daß man am Morgen eines wunderschönen Tages an einen Regenschirm denkt, diesen Gedanken anschließend als abwegig verwirft und am Nachmittag naß wird, weil man ohne Schirm in einen Gewitterguß kommt.

Wie oft passiert es Dir, daß Du denkst, mein Gott, ich hätte es doch wissen können, wenn ich meiner inneren Stimme vertraut hätte. Leider kennen die meisten Menschen nicht die zuverlässigen Unterschiede zwischen Intuition und Impulsen, die uns die Angst oder die Hoffnung sendet. Wer also mehr Treffer in der Vorhersage von Regen und anderen überraschenden Ereignissen haben will, sollte diese Unterschiede kennen- und wiedererkennen lernen. Am Anfang einer solchen Erweiterung der Wahrnehmung steht jedoch die Erlaubnis, solche „Dinge" zu dürfen, solche eben doch noch ungewöhnlichen Fähigkeiten haben zu dürfen. Früher wurden weise Frauen als Hexen verbrannt. Wer also diese Fähigkeiten verfeinern möchte, tut gut daran, sich gegen abschätzige Blicke zu wappnen, herablassende Bemerkungen gelassen zu überhören und mit einer Verunsicherung mancher Mitmenschen umgehen zu lernen. Überprüfe genau, was Du Dir wünschst, es könnte sich erfüllen. Wozu willst Du diese Fähigkeit nutzen, und kannst Du mit den Auswirkungen auf Dein Leben umgehen? Was wird sich verändern und wie werden die Menschen, die Du gerne magst, darauf reagieren? Paßt eine solche Fähigkeit zu Dir und in Dein Leben?

Anleitung:

1. Wähle einige Ereignisse, die Du als Übungsaufgabe nutzen möchtest und die leicht zu überprüfen sind. Pferderennen, Formel 1, Fußballspiele, Aktien an der Börse. Zum Üben ist es leichter, wenn Du etwas wählst, was Dich „kühl" läßt, denn Deine Gefühle können die Auswertung erschweren.

2. Mach es Dir ganz bequem, entspanne Dich, atme dreimal tief ein und aus, laß alle Deine Gedanken los und stell Dir die genau formulierte Frage, nach dem Namen des Gewinners. Nimm wahr, was Dir in den Sinn kommt und laß es einfach so sein. Schreib Dir genau auf, welche Impulse in Dir entstanden sind und interpretiere sie als Antwort auf Deine Frage. Sage für die gewählten Ereignisse das Resultat voraus.

3. Überprüfe die Ergebnisse und mach Dir dazu Notizen. Wenn Du richtig lagst, was war wichtig bei den Impulsen? Wenn Du nicht richtig lagst, lag es an Deiner Interpretation und Du hättest es anhand Deiner Aufzeichnungen wissen können, oder gab es keine passenden Hinweise?

4. Nach einem Monat werte Deinen Erfahrungsschatz aus, indem Du Deinen Erfahrungen Deine Aufzeichnungen gegenüberstellst – wo hat es gestimmt und wo leider nicht?

Was fällt Dir auf, welche Unterschiede gibt es? Welche Sinne sind beteiligt, welche sind am zuverlässigsten? Welche Unterschiede in der Farbe, der Helligkeit, den Konturen, dem Vorder- oder Hintergrund der Bilder gibt es? An welchem Ort müssen die Bilder sein, haben sie einen Rahmen oder sind sie Panorama? Welche Personen tauchen immer wieder auf? Welche Klangqualität macht einen Unterschied aus, welche Worte tauchen immer wieder auf, gibt es eine Richtung, aus der eine Stimme kommen muß? Welche Lautstärke und Intensität, welcher Tonfall, männlich oder weiblich, was hast Du gehört, was wichtige Hinweise waren? Welche wichtigen Bewegungen gibt es, welche Gefühle tauchen immer wieder auf und wo im Körper spürst Du sie? Welche Erinnerungen sind charakteristisch und führen zu den gewünschten Ergebnissen? Gibt es einen speziellen Geruch oder Geschmack, der richtige Antworten begleitet?

5. Finde die Unterschiede, die den Unterschied ausmachen und erstelle Deine ganz persönliche Kriterienliste, mit deren Hilfe Du spontan erkennen kannst, ob es sich lohnt, dem Impuls zu folgen oder nicht. Mach die Gegenprobe und vervollständige anhand der Resultate, die Du in der nächsten Zeit erhältst, Deine Liste. Viel Spaß.

Notizen:

Vergnügungsliste

Übung ☒   Spiel ☐   Phantasiereise ☐

Ziel:
Die Wahrnehmung auf Vergnügen richten, sich einstimmen

Weitere Anwendungsmöglichkeiten:
Emotionale Intelligenz anregen

Dauer:
30 Minuten

Material:
Schreibzeug

Anleitung:

Mache es Dir an einem ruhigen Platz einen Moment lang bequem, so daß Du für ca. fünf Minuten ungestört bist und erstelle eine Liste mit all den sinnlichen Erfahrungen, die Dir Vergnügen bereiten – eine Liste mit all den Tätigkeiten und Dingen, die Dir ein sinnliches Vergnügen bescheren – wie z.B. am Strand liegen und den Wellen zuhören. Oder:

- mit den Füßen im kühlen Wasser stehen
- in frisch bezogene Betten schlüpfen
- Deinen Freund oder Deine Freundin küssen
- im Nacken Deines Babys riechen
- Deine schnurrende Katze streicheln
- ein leckeres Eis essen
- ein gutes Konzert hören
- laut singen
- bei Regenwetter im Bett liegen und einen guten Krimi lesen
- eisgekühlte Melone im Sommer
- den ganzen Körper mit warmem Sesamöl massieren
- tief ins blaue Meer eintauchen oder in den Wellen stehen
- am offenen Kamin sitzen und dem Feuer zuschauen, wie es Bilder und Visionen malt, das Prasseln des Feuers hören

- dem Singen der Vögel lauschen und dem stetig wiederkehrenden Rhythmus des Meeres
- dem Sonnenuntergang zuschauen
- von einer Bergspitze ins Tal schauen.

All dies ist da, um es zu genießen, um es zu feiern, um es zu bewahren und zu teilen, mit anderen gemeinsam.

Wähle eine von diesen Köstlichkeiten, eine von diesen wunderbaren Erinnerungen aus und erlebe sie jetzt noch einmal ganz intensiv mit allen Sinnen. Mit allem, was dazu gehört, was Du sehen und hören kannst, was Du spürst, riechst und schmeckst; und laß sie so intensiv werden, daß sie Dein ganzes Denken und Dein ganzes Fühlen ausfüllt. Und mit diesem Gefühl, mit diesem Wissen geh in den Tag und laß es mit hineinfließen in alles, was Du heute erlebst und feiere Deine privilegierte Situation und all die Chancen, die Du heute hast.

Notizen:

9. Spirituelle Intelligenz

Wegweiser

Mantra-Meditation	302
Mandala-Meditation	305
Dratakam	306
Nadam-Meditation	306
Mudra-Meditation	306
Hier und Jetzt	308
Atemübung oben und unten	310
Licht und Schatten	312
In die Welt eines anderen eintauchen	314
Feuer-Meditation	315
Dein eigenes Symbolsystem	317
Dein Kraft-Symbol	319
Symbol-Meditation	321
Das Lebenslied	323
Das Öffnen des dritten Auges	325
Heilraum erweitern	327
Spirituelle Massage	329

Einstimmung – Spirituelle Intelligenz

Es gibt Fragen, die so eng mit uns und unserem Leben, unserer Aufgabe und unserem Hiersein verknüpft sind, daß die Antworten nur aus uns selbst herauskommen können. Diese Fragen können wir uns nur selbst im Laufe eines Lebens beantworten. Die meisten Menschen suchen diese Antworten bei sich selbst zuletzt.

Die Spirituelle Intelligenz zu entwickeln, bedeutet, sich selbst zu entwickeln, sich selbst kennenzulernen, das Potential unserer Möglichkeiten auszuschöpfen, unsere Ausdrucks- und Erlebensformen zu erweitern, die Wunder des Seins zu spüren, Qualitäten wie Liebe, Einheit oder Verbundenheit zu erleben und Teil einer eigenen individuellen Wahrheit werden zu lassen. Die spirituellen Wege haben viele unterschiedliche Begleiter: Lehrer, Übungen, Literatur, Meditationen, Gespräche usw.

Das Erleben von Einheit, von Quelle, von Verbundenheit, von Eingebettet-sein im Universum, vermittelt das Urvertrauen, Teil eines größeren Ganzen zu sein und gleichzeitig Ganzheit zu sein. Diese Art von Bewußtsein kann die Qualität unseres Lebens, das unserer Mitmenschen und unserer gesamten Umwelt steigern. Wenn man die Umwelt als einen Teil von sich zugehörig erlebt hat, entwickelt man zu ihr ein anderes Verhältnis im Alltag und begegnet ihr wie einem sehr guten, sehr nahen Freund, der einem sehr vertraut erscheint und der respektvoll behandelt werden möchte.

Viele Menschen erleben das Bewußtsein der Einheit in der Liebe zu einem anderen Menschen, in der Sexualität, in der Meditation, in der Verbindung zur Natur, in Träumen, in ganz besonderen magischen Momenten. Wenn man einmal solche Gipfelerlebnisse hatte, kann man nicht mehr so tun, als ob sie nicht existieren. Sie prägen auf eine unverwechselbare Art und Weise die Vorstellung von sich, von anderen Menschen und der Welt.

Einen spirituellen Weg zu gehen und seine Spirituelle Intelligenz weiterzuentwikkeln, bedeutet Verantwortung für sich zu übernehmen, für sein Handeln in der Welt und sich als Quelle und nicht als Opfer des Lebens zu verstehen. Es bedeutet auch, seinen spirituellen Zielen zu folgen, seiner Lebensaufgabe treu zu sein und einen Beitrag zu einem Ganzen zu leisten.

Welche Kernfähigkeiten können der Spirituellen Intelligenz zugeordnet werden? Läßt sich die Spirituelle Intelligenz nur auf der Ebene der Fähigkeiten beschreiben?

Oder müssen wir den Rahmen größer werden lassen und die persönlichen Überzeugungen und Glaubenssysteme zur Welt und zu sich selbst mit einbeziehen?

Sicherlich gehört zur Spirituellen Intelligenz die Kunst, Fragen zu stellen: Fragen zu Deiner eigenen Person, Fragen zur Stellung im Universum, Fragen zur Entwicklung, Fragen zu Sinn, Fragen zum Leben, Fragen, die auch die nötigen Antworten, Zusammenhänge und Erkenntnisse schaffen über Dich und die Welt, in der Du lebst. Es ist ein Weg, ein Prozeß des Suchens und Findens, ein Zusammenspiel von Frage und Antwort, von Bewußtsein und Erkenntnis. Indem wir mehr über unsere innere Welt und die Verbindung zur äußeren Welt kennenlernen, entwickelt sich nicht nur Erkenntnis, sondern auch ein Gefühl von Verbindung, von Einheit und eine tiefe Gewißheit von Urvertrauen in den Ablauf der Evolution des Universums. Es entwickelt sich eine Verbindung zur Quelle, zu Deinem universellen Kraftzentrum, das alles durchdringt. Es scheint so, daß dieser Zustand leichter zu erleben ist, wenn man mit seiner Aufmerksamkeit vollständig und im Hier und Jetzt ist. Das Erleben der Quelle ist begleitet von einem Gefühl intensiver, glückseliger Freude. Dieser Kontakt zur inneren Quelle wird auch als Erleuchtung bezeichnet, und sehr häufig geht diese Erfahrung auch mit dem Erleben von Licht einher.

Wie kein zweites Phänomen in der Natur bestimmt Licht unser Leben. Nicht nur auf seelischer, sondern auch auf biologischer Ebene bedeutet Licht Leben. Ohne Photosynthese gäbe es kein pflanzliches Leben. „Der Baum ist das Lebensrad, das Heilige, das Licht zu Leben spinnt", sagen die Schamanen. Der Astronom mißt die riesigen Entfernungen in Lichtjahren und Mystiker sprechen von Erleuchtung. Die Physiker nehmen die Geschwindigkeit des Lichts als oberste Grenze. Licht stand schon immer im Mittelpunkt unseres Lebens. Die Finsternis des Krieges verlassen oder an einem Lagerfeuer zusammenkommen, die Romantik, die Wärme und Geborgenheit an der Lichtquelle erleben, all das zeugt von einem Streben nach Licht, was es schon immer gegeben hat. Aber: „Wo viel Licht ist, da ist viel Schatten", sagt der Volksmund. Und so hat das Streben nach Erleuchtung zugleich auch immer ein Stück Schattenbewußtsein, ein Stück Auseinandersetzung mit den eigenen dunklen Anteilen zur Folge. Erst das Zusammenspiel von Licht und Schatten macht die Dinge für uns sichtbar – ähnlich dem Zusammenwirken von Fragen und Antworten.

Die Fragen nach Sinn und der Stellung im Universum wurden und werden in den verschiedensten Religionen beantwortet. In der westlichen Welt haben die kirchlichen Vereinigungen für viele ihren Reiz verloren und damit müssen sich heute neue Wege zeigen, um Spiritualität zu leben.

Wie kann man das spirituelle Wachstum durch Übungen gezielt fördern?

Obwohl seit Menschengedenken mystische Erlebnisse, Gipfelerlebnisse z.T. von Heiligen, z.T. von ganz normalen Menschen erlebt wurden, scheinen sie doch zufällig oder ohne Vorbereitung zu geschehen. Wenn wir versuchen, diese Erfahrungen zu analysieren und zu erklären, dann zeigt sich, daß Sprache nur begrenzt geeignet ist, sie in Übungsform vollständig zu transportieren und damit anderen zugänglich zu machen.

Wenn wir die Wunder wirklich als ein Geschenk annehmen, als eine Gnade, die uns erwiesen wurde, dann fällt es leicht, davon auszugehen, daß sie von einer größeren Kraft oder vom Universum kommt und wir uns diesem Geschenk nur öffnen müssen, um es dankbar annehmen zu können. Dann bedeutet Spirituelle Intelligenz die Fähigkeit, sich zu öffnen – die Fähigkeit, in Kontakt zu sein – die Fähigkeit, diese Verbindung herzustellen, indem man selbst ein leeres Gefäß wird, in dem sich das Geschenk manifestieren kann, in das die Gnade sich ergießen kann.

Viele spirituellen Wege haben es sich zur Aufgabe gemacht, diese Verbindung zu erleben, diese Einheit zu erkennen und diesen Kontakt zu einer größeren Kraft zu erfahren.

Die Bhagawadgita – ein religionsphilosophisches Lehrgedicht, das sich mit den höchsten Problemen des menschlichen Geistes beschäftigt und eines der wichtigsten heiligen Bücher des Hinduismus ist – beschreibt drei Wege, die auch in anderen Religionen, wie z.B. dem Zen-Buddhismus, dem Katholizismus und dem Protestantismus beliebte Wege spiritueller Entwicklung sind:

1. der Weg der Erleuchtung des Intellekts mit Intelligenz
2. der Weg des Handelns und Wirkens in der Welt
3. der Weg der Liebe

(aus: *Amit Goswami: Das bewußte Universum*).

Unabhängig davon, welchen Weg wir wählen – den Weg der Weisheit mit dem Einsatz unseres Verstandes, den Weg des Handelns mit dem Erleben des Hier und Jetzt, oder den Weg der Liebe, der Liebe zu sich selbst und zu anderen, oder die von Franz von Asissi praktizierte Liebe zu Gott durch die Liebe zur Natur – es wird sich leichter und kongruenter in Dein Leben manifestieren, wenn Du Deinen Weg findest, Deine Übungen praktizierst, Deine eigenen Vorstellungen und Dein Handeln im Einklang erlebst. Alle drei Wege – der Weg des Handelns, der Liebe und der Weisheit – hängen von dem Grad unserer Bewußtheit ab, was in und um uns herum passiert.

Wir erleben die Welt im Einheitsbewußtsein Ego-los. Es ist ein befreiter, ein glückseliger Zustand. Dieser Zustand ist nicht einmal erlebt und bleibt dann immer erhalten, sondern will immer wieder neu kreiert, hergestellt und erschaffen werden, um dann einzufließen in unser alltägliches Leben, in unsere Taten, in unsere Handlungen, in unsere Beziehungen und unsere Fähigkeiten, in unsere Glaubenssätze von der Welt und unsere Identität. Dieser Prozeß der Selbsterforschung, Selbsterkenntnis und Selbstverwirklichung ist ein lebendiges Fortschreiten, das darauf abzielt, uns selbst ein klein wenig besser kennenzulernen, anzunehmen und zu respektieren. Die Wege, die diesen Prozeß begleiten können, sind vielfältig – den *einen* Weg scheint es nicht zu geben, obwohl einige spirituelle Schulen das von sich behaupten.

Wir leben im Zeitalter der Trimm-Dich-Bewegung. Wir joggen, laufen, wandern, besuchen die Sauna, machen Yoga und gehen ins Fitneß-Center. Wir geben eine Menge Geld und Zeit aus und mühen uns, um unseren Körper gesund, fit und leistungsfähig zu halten. Erstaunlich ist, in welchem Kontrast wir hingegen unseren Geist behandeln und wieviel wir in die Fitneß unseres Geistes und unseres Bewußtseins investieren – an Zeit, an Geld, an Energie.

Interessant ist, daß in den letzten Jahren eine gegenläufige Bewegung zu beobachten ist, die sich sehr wohl mit Bewußtseinserweiterung beschäftigt. Mystische Erfahrungen und Gipfelerlebnisse werden immer wieder in der Literatur beschrieben.

Erstaunlich ist jedoch, wie wenig fundierte, praktische und täglich umsetzbare Übungen existieren, die sich für jeden im Alltag anwenden lassen.

Spirituelle Intelligenz zeichnet sich dadurch aus, daß z.B. Erfahrungen von Einheitsbewußtsein oder das Erleben eines Quell-Zustandes nicht nur einmal möglich sind und nicht nur zufällig passieren. Es gibt Menschen, die diese Art der Erfahrung bewußt herbeiführen können und sich so zu pragmatischen Heiligen entwickelt haben, die ganz konkrete Vorstellungen von Veränderungen mit sich bringen.

Franz von Assisi kam aus seinem Begeisterungstaumel mit sehr praktischen und präzisen Vorstellungen für eine Veränderung des europäischen Wertesystems zurück. Oder denken wir an Hildegard von Bingen oder Theresa von Avila. Es gibt unzählige Beispiele von Menschen, die eine mystische Erfahrung lebbar machen.

Spirituelle Intelligenz meint, getragen zu sein von Momenten des Verstehens, von Purusha, der kosmischen Gestalt, deren Wesen die Kohärenz aus Körper, Geist und Seele ist und die Gott in uns wachsen läßt in all den Lebensbereichen, die sich über das Universum erstrecken – von Liebe und Kreativität beseelt. Dieses ist ein Zustand reiner Potentialität, das ist das Feld aller Möglichkeiten. Liebe ist die Form, die den Prozeß belebt. Liebe ist das kosmische Licht, das alles erhellt und alles verbindet.

Auch spirituelle Kompetenz bedarf der Übung, der Pflege des Sich-hingebens. Der einfachste Weg ist immer wieder die Liebe. Wenn man Liebe definiert als den Willen, das eigene Selbst auszudehnen, um das eigene spirituelle Wachstum oder das anderer Menschen zu fördern, dann tun wir dies auch, um eins-zu-sein, um in Verbindung zu sein, um eins zu werden mit etwas größerem Ganzen. Durch die Liebe erheben wir uns, und durch die Verbindung mit anderen helfen wir ihnen, sich mit uns zu erheben. Die Liebe ist die evolutionäre Kraft – in allem Leben gegenwärtig. Liebe ist, wie Maturana sagt: „das, was uns über die Säugetiere hinaushebt". Wir sind liebende Säugetiere, und gerade das ist es, was unsere Spirituelle Intelligenz ausmacht. Die Liebe ist die wunderbare Kraft, die der Entropie trotzt.

Was ist die Fähigkeit spiritueller Macht, wenn wir betrachten, daß große spirituelle Menschen in politisch führenden Stellungen waren (siehe Gandhi oder Sri Aurobindo) und andere keinerlei politische Autorität hatten. Was kann uns erklären, was spirituelle Macht bedeutet, wenn es nicht die Fähigkeit ist, andere zu zwingen, zu manipulieren oder zu überzeugen.

Es ist die Fähigkeit, Entscheidungen mit einem Maximum an Bewußtsein zu treffen, getragen von der Selbstverantwortung und dem Wissen um die eigenen Konsequenzen. Es ist ein tiefes Verständnis unserer Existenz. Die Erfahrung dieser Macht ist freudvoll, lustvoll, schafft Leichtigkeit und Licht. Die spirituelle Meisterschaft bedeutet, gewachsen zu sein und Experte zu sein für das Leben – für ein Leben in Verbindung mit dem Universum – eingebettet in ein Urvertrauen – in das tiefe Wissen um die Anwesenheit Gottes oder der göttlichen Liebe.

Dieses ist immer verbunden mit einer großen Demut und der Erkenntnis, daß der eigene Anteil darin besteht, sich zu öffnen und daß alles andere ein Geschenk ist. Es ist nicht meine Macht, sondern die Macht wirkt durch mich. Die Quelle allen Wissens wirkt durch mich. Ich bin dafür ein Kanal, ein Gefäß, eine Schale.

Nun kennen auch einige die Beispiele von Menschen, die verzweifelt suchen, angestrengt nach jedem Weg haschen und nach jeder Lösung, nach jedem Rezept greifen, das sich ihnen bietet und die dennoch leer ausgehen. Die eine Seite ist das Bereitsein, das Gefäß-Sein, das Aufnehmen, das Offen-Sein; die andere Seite ist das Abwarten können und es zulassen, die Gnade zu Dir kommen zu lassen. Viele Menschen, die überhaupt nicht damit gerechnet haben und sich in keiner Weise vorbereitet haben, sind eines Tages von einer Spiritualität berührt worden, die Ihren ganzen weiteren Lebensweg verändert hat. Andere, die ein Leben lang gesucht haben, sind verbittert und verärgert ohne Erleuchtung gestorben. Echte Demut und Hingabe an das Ganze bedeutet auch das Hinnehmen. Wir können nichts dafür tun, aber wir können den Boden bereiten, so daß das Samenkorn aufgehen kann. Wir können uns vorbereiten, daß wir der Kanal sein können. Wir können uns darauf einstimmen, in Liebe die Liebe willkommen zu heißen. Es gibt das Prinzip, das Buddha erlebt hat: Das bedeutet, positive, wertvolle und angenehme Dinge anzuziehen, nach denen man nicht gesucht hat. Buddha z.B. fand die Erleuchtung, als er aufhörte, danach zu suchen, als er unter dem Baum lag und sie zu sich kommen ließ. Aber auch hier ist es wieder so wie mit der Kreativität. Wer vorher nicht gesucht hat, der wird auch nicht finden. Und Buddha hatte bereits 16 Jahre vorher gesucht und sein ganzes Leben auf diese Vorbereitung verwendet – offen zu sein für das Geschenk.

Notizen:

Mantra-Meditation

Übung ☒   Spiel ☐   Phantasiereise ☐

Ziel:
Verbundenheit, Quelle, Urvertrauen

Weitere Anwendungsmöglichkeiten:
Unterstützung für alle anderen Intelligenz-Formen

Dauer:
30 Minuten

Material:
Sitzkissen

Anmerkung:
Die Mantra-Meditation kommt ursprünglich aus Tibet und eignet sich gut „für den Einstieg" in diese Art der Entspannung. Bei der Mantra-Meditation werden Silben, Worte, Sätze oder eine Reihe von Tönen dauernd wiederholt. Die Mantren sind die Wegbereiter und Unterstützer bei der Reise nach innen.

Such Dir einen Ort zur Meditation, an dem Du eine halbe Stunde Zeit für Dich hast, frei von Störungen, Anrufen und Gesprächen, einen ruhigen, einen persönlichen, Deinen eigenen Raum, wo Du Dich für die Meditationsübungen zurückziehen kannst.

Günstige Zeiten für die Meditationen sind der Morgen und der Abend jeweils vor dem Essen. Überprüfe, ob Du einmal oder zweimal am Tag meditieren kannst und möchtest und zu welcher Zeit in Deinem Leben Du es zu einem Ritual, zu einer Gewohnheit werden lassen möchtest, wo Du Zeit und Raum für Dich ganz alleine hast, einen wiederholbaren Moment oder Augenblick, auf den Du Dich freuen kannst, der für Dich eine Einstimmung auf den Tag oder einen Abschluß des Tages bedeutet. Achte darauf, daß Du gerade in der Anfangszeit sehr regelmäßig Deine Meditationsübungen durchführst, so daß Du in Deinem Leben eine neue Gewohnheit etablierst, an die sich Dein Körper, Dein Denken und Deine Umwelt gewöhnen, so daß die Meditation ein Teil Deines Lebens, Teil Deines Alltags wird. Erst nach ca. 3 Monaten ist es eine Gewohnheit, vorher bedarf es der täglichen Motivation.

Anleitung:

Finde eine Position, in der es Dir besonders leicht fällt, die Meditationsübungen durchzuführen und zu genießen. Du kannst wählen, in welcher Sitzhaltung Du am leichtesten die Meditationsübungen durchführen kannst:

1. sitzend auf einem Stuhl: Die Wirbelsäule wird dabei aufgerichtet, der Scheitel zeigt nach oben, die Muskulatur gelöst und entspannt, die Becken beweglich, die Hände liegen locker im Schoß oder auf den Oberschenkeln. Wichtiges Kriterium für alle Meditationshaltungen ist das Wohlfühlen und eine angenehme und entspannte Haltung.

2. der Fersensitz: Dabei setzt Du Dich auf Deine Unterschenkel. Zwischen Füße und Gesäß kann der Bequemlichkeit halber auch eine Decke gelegt werden. Es gibt auch spezielle Meditationsbänkchen, die das Gewicht von den Unterschenkeln nehmen und dadurch für viele angenehmer sind. Auch hier ist die Wirbelsäule aufgerichtet, der Scheitel verlängert sich nach oben, die Hände werden im Schoß abgelegt, so daß die eine Hand in der anderen ruhen kann.

3. der Lotussitz: Damit ist nicht der „klassische Schneidersitz" gemeint (obwohl viele auch diesen für ihre Meditationstechnik nutzen). Beim Lotussitz legt man den linken Fuß mit der Sohle nach oben auf den rechten Oberschenkel und danach den rechten Fuß auf den linken Oberschenkel. Ein Kissen unter dem Gesäß unterstützt ein Aufrichten der Wirbelsäule. Die linke Hand wird in die rechte Hand hineingelegt, und beide Daumen berühren sich an der Spitze.

Achte gerade in der Anfangszeit darauf, daß Du eine Körperhaltung annimmst, in der es Dir leichtfällt, Deine Aufmerksamkeit nach innen zu richten. Nach einigen Monaten Übung hat sich Dein Körper an die wiederkehrende Aufmerksamkeitsverschiebung nach innen gewöhnt. Es wird zu einer Verhaltensweise wie das Zähneputzen, ein Bestandteil des Tages wie das Essen, eine Belohnung, ein Höhepunkt, ein Kraftpunkt, ein Ruhepunkt in Deinem Leben.

Bei der Mantra-Meditation konzentrieren wir unsere Aufmerksamkeit auf die Silben- oder Wortwiederholung. Sie sind das Vehikel, um uns von unseren Gedanken zu lösen, uns auf unsere Welt nach innen zu richten, innen und außen als Eins zu erfahren, zu transzendieren. (Es ist selbstverständlich, daß Alkohol, Tabletten oder andere Rauschmittel eher hinderlich für die Meditation sind.)

Ablauf einer Meditationssitzung:
Finde ein Ritual, das Dich und Deinen Körper daran erinnert, daß jetzt Deine Meditationssitzung beginnt, wie z.B. das Anzünden einer Kerze, das Einnehmen der Meditationshaltung, still einen Satz sprechen, den Du an Dich richtest, ein oder mehrere Atemzüge usw. Nimm Dir dann einen Augenblick Zeit, um wahrzunehmen, wie sich Dein Körper anfühlt und was Du noch verändern kannst, damit Du Dich wohlfühlst und sich Entspannung und Gelöstsein in Deinem Körper ausbreiten können. Wenn Du Lust hast, beginne mit einer Reise durch Deinen Körper, von unten nach oben oder umgekehrt, bei der Du in alle Stellen Deines Körpers kurz hineinspürst, Dir innerlich die Frage stellst: Was kann ich an dieser Stelle noch lösen und locker werden lassen? – und somit Deine Aufmerksamkeit allmählich von außen nach innen richten kannst. Nimm wahr, wie Du atmest, wie Dein ganz eigener Rhythmus jetzt ist, wann und wie lange Du ein- und ausatmest. Laß Dich von Deinem Atem tragen und nimm ganz selbstverständlich den Rhythmus an, der jetzt da ist. Diese Körperentspannung ist eine wichtige Vorbereitung für die eigentliche Meditation. Sie erleichtert gerade dem Anfänger den Einstieg. Sie öffnet die Türen zu unserem inneren Universum.

Such Dir ein Mantra aus, das Du in Gedanken innerlich immer wieder hörst und empfindest. Laß das Mantra immer wiederholend geschehen und versenk Dich allmählich in den Ton und die Schwingung. Der Atem fließt dabei gleichmäßig und bildet mit den Schwingungen des Mantras eine Resonanz oder auch nicht. Der Atem kann kommen und gehen wann er will, und die Wiederholung des Mantras kannst Du mit dem Atem koordinieren oder aber seinen ganz eigenen Rhythmus finden lassen. Deine Aufmerksamkeit richtet sich auf das Mantra, das wiederholte Denken oder innerliche Aufsagen, das Singen der Töne. Konzentriere Dich auf die Wiederholung und laß ansonsten alles geschehen. Die Kunst der Meditation besteht in dem so-sein-lassen, im loslassen und zulassen dessen, was passiert. Wenn Gedanken kommen, bedanke Dich, laß sie geschehen und konzentriere Dich wieder auf Dein Mantra. Übe Dich darin, Deine Aufmerksamkeit sanft und respektvoll und trotzdem beharrlich wieder auf Deine innere Schwingung, den Ton oder die Wortabfolge zu lenken. Alles, was in der Meditation passiert, ob es nun Gedanken, Phantasien, Gefühle, innere Bilder oder Stimmen, Gedankenblitze, Erinnerungen usw. sind, gilt es zu akzeptieren, anzunehmen, wahrzunehmen, um dann wieder mit seiner Aufmerksamkeit zu dem richtungsweisenden Mantra zurückzukehren. Es gibt kein Richtig und kein Falsch, kein Gut und kein Schlecht in der Meditation, und die erlebten Meditationen können in ihrer Qualität völlig unterschiedlich erlebt und erfahren werden. In der Meditation lernst Du vielleicht, die Dinge so anzunehmen, wie sie sind, Dich selbst anzunehmen, und Du spürst einen Teil von diesem Urvertrauen, von der Verbindung, von der Quelle, die alles verbindet.

Nach 20 Minuten komm mit Deiner Aufmerksamkeit wieder zurück in den Raum und laß Dich überraschen, was Dich darin unterstützt, die Reise von innen nach außen wieder anzutreten – ob es ein spezieller Atemzug ist – die sanfte Bewegung eines Körperteils – eine Berührung oder daß die Augen sich öffnen (falls Du sie geschlossen hattest) usw. Nimm Dir einen Augenblick Zeit, um der Meditation, der gemachten Erfahrung nachzuspüren und Dich allmählich auf das einzustimmen, was Du anschließend gerne tun möchtest. Wenn Dir Gedanken, Ideen, Anregungen während der Meditation gekommen sind, dann ist jetzt die Zeit dafür da, sie zu notieren.

Im folgenden haben wir einige Mantren ausgeführt, die aus unterschiedlichen Kulturkreisen und Quellen stammen. Vielleicht zieht Dich ein Mantra schon magisch an:

- *Om* (gesprochen: Ohm)
- *OM Nama Shivaija*
- *OM Ah Hom*
- *Ich bin das stille, weite Meer, aus dessen Tiefe das Leben ewig sprudelt und quillt.*
- *La Ilaha Illa'llaha*
- *OM-Mani-Padme-Hum-Aym-Hum-Mu-Evi* (Meditationsformel)
- *Wofür bin ich dankbar?*
- *Ich mag mich.*
- *Ich bin vollkommen, wie ich bin.*
- *Alles in meinem Leben geschieht zu meinem höchsten Wohl.*
- *Ich werde geliebt und bin Liebe.*
- *Was macht mich glücklich?*

Variation: Mandala-Meditation
Mandalas sind besonders angefertigte Abbildungen, meist mit kreisförmigen Motiven, die die Aufmerksamkeit auf das Zentrum des Bildes lenken. Sie werden für die Meditation auf dieselbe Art wie Mantren genutzt. Der Meditierende konzentriert sich jedoch statt auf einen Ton oder eine Silbe auf das Bild, versinkt in der Betrachtung des Mandalas und kehrt immer wieder zu ihm zurück, wenn Gedanken, Gefühle oder Phantasien während der Meditation auftauchen.

Variation: Dratakam

Dratakam ist das „gleichbleibende Schauen" auf Gegenstände, Dinge oder Sachen. Wenn Du die Meditation zu Hause ausführst, könnte das z.B. das Licht einer Kerze, eine Vase, ein Bild, eine Lampe, ein Punkt an der Wand ... sein. Bei Meditation in der Natur bieten sich Bäume, Steine, Pflanzen ... an. Betrachte den von Dir ausgewählten Gegenstand mit höchster Aufmerksamkeit, schaue beständig diesen Gegenstand an, regelmäßig, gleichbleibend, wiederkehrend, bis Deine Augen müde werden. Schließe dann Deine Augen. Blicke den Gegenstand ruhig und gleichmäßig an, nutze jeden Gedanken, jede Störung dazu, Deinen Blick auf den Gegenstand auszurichten. Auch diese Form der Meditation kannst Du 20 Minuten lang ausführen.

Variation: Nadam-Meditation

Bei dieser Form von Meditation werden imaginäre oder naturgegebene Geräusche und Töne gewählt, so wie bei der Mandala-Meditation das Bild ist bei der Nadam-Meditation der sich wiederholende Ton oder das Geräusch der Ausgangspunkt der Fokussierung. Finde heraus, welches wiederkehrende Geräusch sich hier besonders leicht zugänglich zeigt. Wenn Du eine Meditation in der Natur durchführst, kannst Du z.B. dem Rauschen des Baches oder dem der Blätter, dem Summen der Bienen, den Gesängen der Vögel zuhören. Konzentriere Dich nur auf eine wiederkehrende Tonquelle. Entspanne Dich und lausche mit all Deinen Sinnen dieser Quelle. Wenn Du die Meditation zu Hause durchführst, kannst Du diese Meditation auch bei dem gleichmäßigen Tropfen Deines Wasserhahns durchführen. Es gibt jedoch seit einiger Zeit sehr gute CD's mit Naturgeräuschen wie z.B. Meeresrauschen, Aufnahmen von Regen oder eines Wasserfalls, von Blätterrauschen usw. Du kannst natürlich auch ein gleichmäßiges Trommeln oder immer wiederkehrende Flötentöne für Deine Meditation nutzen. Der Ablauf und die Dauer der Meditation sind dieselben, nur der Zugang zu einem Zustand von fokussierter Aufmerksamkeit und Konzentration ist ein anderer. Probiere jede Variation zumindest einige Male aus, bevor Du Dich für Deine bevorzugte Meditationsmethode entscheidest.

Variation: Mudra-Meditation

Die Mudra-Meditation arbeitet mit sich wiederholenden Körperbewegungen und ist somit ein kinästhetischer Zugang zur Meditation. Arme, Beine oder Finger werden während der Meditation ununterbrochen auf dieselbe Art und Weise bewegt. Die Aufmerksamkeit wird vollständig auf die Ausführung der Bewegung gelenkt. Vielen sind vielleicht die Sufi-Tänze der Derwische bekannt, die durch ihre wiederholten Kreisbewegungen Trancephänomene bewirken können. Mudra-

Meditationen sind also Bewegungsmeditationen, die durch den erhöhten Grad unserer Wachheit, Aufmerksamkeit und Bewußtheit in einen zutiefst konzentrierten Zustand führen. Durch die Wiederholung wird unsere Aufmerksamkeit nach innen gerichtet, das Außen wird abgeschaltet (Jabrane Mohamed Sebnat: „Meditation der vier Himmelsrichtungen"). Diese Technik, wie alle anderen genannten Meditationstechniken, sind also nicht geheim oder mysteriös, sondern von einer ganz praktischen Seite her angewandte Psychologie. *„Reihe Augenblicke von hoher Qualität aneinander, und Du schaffst ein Leben von hoher Qualität."* (Dave Finigan)

Notizen:

Hier und Jetzt

Übung ☒   Spiel ☐   Phantasiereise ☐

Ziel:
Den Zustand von Einheit, Ganzheit und Zentriertheit Teil des Alltags werden lassen

Weitere Anwendungsmöglichkeiten:
Anregung für alle anderen Intelligenzen

Dauer:
Täglich je 15 Minuten

Material:
Der Alltag

Anmerkung:
Das Leben findet nicht nur in der Meditation statt. Für viele ist die Welt in der Meditation weit von der Welt im Alltag entfernt. Es gilt, diese Entfernung aufzuheben, und die Frage, die uns dabei begleitet, lautet: Wie können wir unsere in besonderen Übungen und Situationen gemachten Erfahrungen in unseren Alltag, in unsere Arbeit, in unsere Beziehungen einfließen lassen und nutzbar machen. Wir glauben, daß es eine ungeheure Verschwendung menschlichen Potentials ist, wenn „Meditationsleichen" entstehen, die ihrer Reise nach innen so viel, unvergleichbar viel Aufmerksamkeit schenken, daß das „andere" Leben an ihnen vorbeigeht. Die nachfolgende Übung versucht, Spiritualität alltagstauglich zu machen, die Brücke zu schlagen zwischen dem Erkennen und Erobern innerer Welten und dem praktischen Handeln und Tun in unserer Umwelt. Denn Sinn und Zweck der Entwicklung der Spirituellen Intelligenz ist – wie beim Erlernen und der Verfeinerung anderer Intelligenzarten auch –, die entstandenen Qualitäten dafür zu nutzen, seinen Beitrag für das Gesamtsystem zu leisten, sei es für die Beziehung, für unsere Freunde, für unsere Gesellschaft, für unsere Umwelt ...

Beschreibung:
Das Erleben des Hier und Jetzt geht über eine verstandesmäßige Erkenntnis hinaus und eröffnet uns eine neue Beziehung zur Realität. Es ist die Konzentration auf die

Gegenwart, auf den Punkt, der zwischen unserer Zukunft und unserer Vergangenheit liegt. Dieser Zustand ist nicht nur in Meditationsübungen erfahrbar, sondern kann auch gerade im Alltag öfter und selbstverständlich im täglichen Tun geübt und erlebt werden. Jede Handlung, jede Tätigkeit kann den Übungsrahmen für das Erleben des Hier und Jetzt, des gegenwärtigen Kraftpunktes bilden.

Entscheide Dich für eine Handlung, die Du die nächsten fünf bis fünfzehn Minuten mit all Deinen Sinnen vollständig im Hier und Jetzt ausführst. Unabhängig davon, ob Du Essen kochst, jonglierst, musizierst, Pflanzen pflegst, Sport treibst, richte Deine Aufmerksamkeit vollständig auf und in diese Handlung hinein, bis Du eine tiefe Verbindung dazu hast, diese Handlung mit jeder Faser Deines Körpers erlebst und spürst und bist. Nutze die Handlung als Meditationsübung und erlebe das Tun in all seiner Bewußtheit.

Notizen:

Atemübung oben und unten

Übung ☒   Spiel ☐   Phantasiereise ☐

Ziel:
Geerdet sein, Gefühl von Schutz, Sicherheit, Geborgenheit und Verbundenheit

Weitere Anwendungsmöglichkeiten:
Emotionale Intelligenz bereichern

Dauer:
20 Minuten

Material:
–

Anmerkung:
Die Atmung ist unser ureigenster Rhythmus. In dieser Übung geht es darum, den eigenen Rhythmus mit Phantasien und Visualisierungen zu verbinden. Es geht nicht darum, auf eine ganz bestimmte vorgegebene Art und Weise zu atmen, sondern den Rhythmus, die Tiefe und die Schwingung des Rhythmus, der jetzt da ist, anzunehmen, anzuerkennen, zu beobachten, zu respektieren. Die Übung kann im Sitzen oder im Stehen durchgeführt werden. Wichtig ist, daß man einen Augenblick Zeit hat und den äußeren Rahmen, um seine Augen zu schließen und seine Aufmerksamkeit auf die Atmung, den Körper und die inneren Bilder und Phantasien richten kann.

Anleitung:
1. Nimm wahr, wie und an welcher Stelle Du in Kontakt mit der Erde bist – in welcher Position Du jetzt sitzt oder stehst – wie sich Dein Körper anfühlt, während Du Deine Aufmerksamkeit auf Deine Atmung lenken kannst – wahrnehmen kannst, wie Dein Rhythmus ist von Ein- und Ausatmen – welche Tiefe Du in Deiner Atmung beobachten kannst – und wo Du die Entstehung Deiner Atmung lokalisieren kannst.

2. Richte dann Deine Aufmerksamkeit auf diese Quelle Deiner Atmung und erfreue Dich an der Energie, die sich von diesem Punkt aus in Deinem Körper ausbreiten

kann. Nachdem Du Deinen Rhythmus einige Zeit beobachtet und wahrgenommen hast, laß in Deiner Phantasie, in Deinen Gedanken eine Vorstellung davon entstehen, wie Du mit jedem Ausatmen die **Verbindung zur Erde** intensiv spüren kannst, wie mit jedem Ausatmen sich die Verbindung zur Erde ausweitet – tiefer und tiefer – und Du die Qualitäten der Erde wahrnimmst und mit jedem Einatmen aufnehmen kannst – durch Deine Füße, Deine Beine, Dein Becken hoch bis zu dem Quell Deiner Atmung. Nimm wahr, welche Qualitäten Dir jetzt mit dem Einatmen geschenkt werden. Richte Deine Aufmerksamkeit vier Mal auf das Ausatmen und vier Mal auf das Einatmen.

3. Mit dem Wissen, daß die Qualitäten der Erde sich ganz selbstverständlich im Kraftpunkt manifestieren, richte bei den nächsten vier Atemzügen beim Ausatmen Deine Aufmerksamkeit darauf, wie sich die oberste Stelle Deines Kopfes anfühlt und wie sich beim Ausatmen von hier aus eine **Verbindung zum Himmel** wahrnehmen läßt, wie sich das „Oben" ausbreitet und Du den Wahrnehmungsraum vergrößern kannst, der über Dir ist. Richte dann bei den nächsten vier Atemzügen Deine Aufmerksamkeit auf das Einatmen und nimm wahr, welche Qualitäten Dir das Oben und der Himmel mit jedem Einatmen schenken. Welche Qualitäten fließen wie von alleine mit jedem Einatmen über Deinen Kopf, Deinen Hals, Deine Schultern zu dem Quellpunkt Deiner Atmung. Laß Dich vier Einatemzüge lang von dieser Qualität bereichern und anfüllen.

4. Richte Deine Aufmerksamkeit auf den Punkt in Deinem Körper, in dem sich die geschenkte Energie versammelt und **genieße einen Augenblick die Qualität**, die dazugehört – welches Licht, welche Farbe ist es – welcher Ton oder welches Geräusch – welche Melodie geht von diesem Punkt aus – und welches Gefühl breitet sich von diesem Punkt in Deinen gesamten Körper aus? Genieße es vier Atemzüge lang, in denen Du Deine Aufmerksamkeit sowohl auf das Ein- als auch auf das Ausatmen richtest. Schließe die Übung dann für Dich ab, indem Du die Augen öffnest und mit Deiner Aufmerksamkeit wieder zurück nach außen kommst und wahrnimmst, was Dich umgibt und was Du jetzt tun möchtest.

Notizen:

Licht und Schatten

Übung ☒　　　Spiel ☐　　　Phantasiereise ☐

Ziel:
Uns für Auswirkungen von Licht und Schatten auf unsere Psyche sensibilisieren

Weitere Anwendungsmöglichkeiten:
Kreative und Emotionale Intelligenz fördern

Dauer:
20 Minuten

Material:
Starke Taschenlampen

Anmerkung:
Experimentiere einige Tage mit der bewußten Wahrnehmung des Lichts

Anleitung:
1. Teil: Mache einen Spaziergang in der Natur und nimm während dieses Spazierganges bewußt das Licht wahr – das Spiel von Licht und Schatten. Stell Dich in den Schatten – vielleicht unter einen Baum – und beobachte vom Schatten aus das Sonnenlicht, die Farbe des Horizonts, die Wolken und was es zu beobachten gibt. Und dann kehre die Situation um: Geh hinaus in die Sonne und schaue in den Schatten. Nimm ganz bewußt diesen Kontrast wahr und wie Du Dich dabei fühlst. Mach es Dir an einem Baum ganz bequem, so daß Du Dich anlehnen kannst. Schließe für einen Moment die Augen, nimm Kontakt mit dem Baum auf, für den Licht die Quelle ist, aus der er Leben spinnt und laß Deine Gedanken und Gefühle zum Licht deutlich werden – klar werden und fließen. Was bedeutet Licht für Dein Leben? Wiederhole diese Übung einige Male.

2. Teil: Gehe zur Dämmerung in den Wald, so daß Du den Übergang von Licht zu Dunkelheit beobachten kannst und nimm ganz bewußt das Längerwerden der Schatten und das Dunklerwerden des Waldes wahr. Such Dir wieder einen Platz, wo Du es Dir ganz bequem machen kannst und wo Du die Dunkelheit erwarten und feststellen kannst, daß es in der Natur eigentlich niemals ganz dunkel wird. Nimm wahr, was Du vom Himmel sehen kannst – wie der Mond ist und die Sterne – und auf welche Art Du dieses Licht erleben kannst – welche Qualität es für Dich hat – was es in Dir auslöst. Wiederhole auch diese Übung mehrmals.

3. Teil: Geh mit einigen Mitspielern – jeder nimmt eine gute, starke Taschenlampe mit – in eine dunkle Höhle, in die kein Licht fällt. Such Dir einen Platz in dieser völligen Dunkelheit – in dieser völligen Finsternis. Mach es Dir ganz bequem, so daß Du Zeit hast, einen Moment da zu verweilen und Dich an diese Dunkelheit zu gewöhnen. Nachdem Du Dich an die Dunkelheit gewöhnt hast, wird es selbst in der absoluten Finsternis möglich, die Menschen zu erkennen. Laß Dich überraschen, wie Du beginnen kannst, in der Finsternis zu sehen. Früher hat man geglaubt, daß Licht aus den Augen der Menschen strömt und dies sei die Ursache dafür, daß wir selbst in völliger Finsternis in der Lage sind etwas zu sehen – eine Fähigkeit, die Naturvölker und Schamanen schon immer gepflegt haben.

Spielt mit dem Licht Eurer Taschenlampen.

Notizen:

In die Welt eines anderen eintauchen

Übung ☒   Spiel ☒   Phantasiereise ☐

Ziel:
Die Erlebniswelt eines anderen Menschen aus einer neuen Perspektive kennenlernen, den Wahrnehmungsraum vergrößern

Weitere Anwendungsmöglichkeiten:
Kommunikative, Emotionale und Kreative Intelligenz erweitern

Dauer:
40 Minuten

Material:
Schreibzeug

Anmerkung:
Eine uralte schamanistische Übung

Anleitung:
Such Dir einen Partner und macht gemeinsam einen Spaziergang. Dein Partner geht neugierig – genauso wie er normalerweise diesen Weg, diesen Spaziergang machen würde. Er kann all das anschauen, berühren, erleben, sich dem zuwenden, was er gerne möchte und Du spiegelst dies, indem Du die gleichen Bewegungen machst, die gleichen Dinge anschaust, die Dinge berührst, genau das Gleiche tust und Dich versuchst, so sehr wie möglich in seinen Rhythmus, in seine Welt einzufühlen – mitzuatmen – Dich mitzubewegen – in Resonanz zu sein. Auf diesem Spaziergang denkt Dein Partner während einer Strecke an eine Zahl zwischen eins und zehn. Versuche nur durch Dich-Einfühlen in seine Welt herauszufinden, an welche Zahl er denkt. Dann denkt er an eine bestimmte Farbe. Finde heraus, um welche Farbe es sich handelt – dann an ein bestimmtes Tier oder eine Frucht. Ihr könnt unterwegs sagen: „O.k., von jetzt ab denke ich die Zahl." Versuche durch die Resonanz, in der Du Dich befindest, und durch das Einlassen auf die Welt des anderen seine Gedanken zu erfühlen. Schreib es Dir auf, tauscht Euch darüber aus und wechselt dann.

Feuer-Meditation

Übung ☒   Spiel ☐   Phantasiereise ☐

Ziel:
Gezielt Trancezustände erzeugen und nutzen

Weitere Anwendungsmöglichkeiten:
Kommunikative und Kreative Intelligenz entfachen

Dauer:
2 Stunden

Material:
Feuerplatz, Holz, Anzünder
Schreibzeug, evtl. Trommeln

Anmerkung:
Richtet Euren Feuerplatz mit Liebe her – mit einer Begrenzung – so daß klar ist, bis wohin Euer Feuer gehen wird. Ihr könnt den Feuerplatz mit Steinen umlegen und einen Feuerkreis machen. Schichtet darin Euer Holz auf, so daß Ihr es leicht entzünden könnt, und bereitet alles vor, um gemütlich um das Feuer herumzusitzen, so daß Ihr alle Dinge, die Ihr benötigt, in Reichweite habt.

Beschreibung:
1. Entzünde das Feuer, setze Dich mit Deinen Mitspielern, Kollegen, Partnern und Freunden rund um das Feuer. Jeder findet seinen Platz. Dann beobachte einige Zeit, wie das Feuer sich entwickelt – wie es sich entfacht – wie es sich gestaltet – welche Formen es annimmt – welche Farben – wie es sich anhört – welche Musik es macht – welche Wärme es ausstrahlt – was es für Empfindungen in Dir auslöst – wie es riecht und wie es schmeckt – das Feuer. Nimm alles wahr, was für Dich dazugehört, damit Du intensiv die Kraft des Feuers in Dich aufnehmen kannst.

2. Beginne mit dem Feueratem (Frauen: bitte nicht mitspielen während Schwangerschaft oder Periode), indem Du schnell durch die Nase ein- und ausatmest und Deinen Bauchnabel beim Ausatmen in Richtung Wirbelsäule ziehst – beim

Einatmen wieder loslassen – ausatmen in Richtung Wirbelsäule – ca. eine Minute lang – nimm dann einen tiefen Atemzug – halte den Atem an und laß die Energie sich in Dir ausbreiten – und laß dann Deinen Atem wieder lang und tief fließen – experimentiere mit dem Wechsel von geschlossenen und offenen Augen. Was nimmst Du mit geschlossenen Augen wahr – was ist mit geschlossenen Augen intensiver – und was nimmst Du mit offenen Augen wahr – und was ist mit offenen Augen intensiver?

3. Meditiere einen Moment für Dich und nimm die Kraft des Feuers in Dich auf, und wenn Du einen Wunsch hast, eine Bitte, dann kannst Du diese jetzt dem Feuer übergeben und dem Feuer ein persönliches Geschenk machen – etwas, was Du weggibst – etwas, das brennbar ist und von Herzen kommt – ein kleines Geschenk, das Du dem Feuer opferst bevor Du Deinen Wunsch, Deine Bitte ausprichst – oder danach – wie es für Dich richtig ist. Wähle etwas, was brennbar ist. Es kann ein Gedicht sein, es kann auch eine Idee sein, ein Wort – etwas, was Du auf ein Stück Papier schreiben magst, was Du dem Feuer dann als Geschenk übergeben kannst.

4. Wenn Ihr Lust habt, dann singt gemeinsam ein Mantra und/oder trommelt gemeinsam.

Notizen:

Dein eigenes Symbolsystem

Übung ☒   **Spiel** ☐   **Phantasiereise** ☐

Ziel:
Energiegefüllte Symbole entwerfen, Zugang zu altem Wissen schaffen, starke Anker entwickeln

Weitere Anwendungsmöglichkeiten:
Kreative und Emotionale Intelligenz erweitern

Dauer:
1 Stunde

Material:
Schreibzeug

Anmerkung:
Symbole dienen nicht nur dazu, das Leben zu vereinfachen, indem sie viele Aussagen in einem Bild zusammenfassen. Sie haben auch nicht nur eine rein ästhetische Funktion. Sie sind archetypische Buchstaben der Seele, die uralte Inhalte verkörpern und transportieren. Uns allen sind Symbole bekannt, wie der Kreis, Zeichen für Unendlichkeit und Vollkommenheit, oder das Kreuz mit der Senkrechtachse Geist und der Waagerechtachse Materie, so daß der Geist hinabsteigt und die Materie durchdringt – Sonnenräder, Wellenlinien, Spiralen, Dreiecke, Quadrate, Sterne, Punkte. Seit Menschen zeichnen, malen, schreiben und ihre Kultur weitergeben, haben sie Symbole erfunden, die sie begleiten. Das Symbol ist auch die Verkörperung seines Inhaltes. Noch heute wirkt die Magie der Zeichen hinein in Firmensymbole, in Signets usw. Hinter Symbolen stehen oft komplexe Aussagen, die nicht nur als etwas Statisches zu betrachten sind, sondern einen Prozeß beschreiben können. Sie sprechen die tieferen Schichten der Persönlichkeit an und sind mit dem rationalen Verstand allein oft gar nicht zu erfassen. Der tiefere Sinn eines Symbols erschließt sich einem erst nach längerer und eingehender Beschäftigung. Vorgefertigte Deutungsmöglichkeiten sollten immer als Anhaltspunkte dienen, sich zu orientieren, um dann eigene Erfahrungen und Eindrücke mit einem Symbol zu machen.

Anleitung:

Wenn Du Symbole aus traditionellen Beständen übernehmen möchtest, dann wähle ein paar Bücher, um Dich mit den Zeichen vertraut zu machen. Wenn Du Deine eigenen Symbole erschaffen, ein eigenes Symbolgerüst entwerfen möchtest, dann nimm Dir genügend Zeit, um in einem kreativen Zustand spielerisch Deine eigenen Symbole zu entwerfen. Hierzu gehört etwas Mut und Phantasie und Vertrauen in die eigenen Fähigkeiten. Selbstverständlich kann man die traditionellen Symbole als Orientierung und als Inspiration nutzen. Wichtig hierbei ist, daß das Symbol für Dich eine starke Bedeutung hat. Wenn Du die traditionellen Symbole nicht übernehmen willst, dann wähle Symbole und Zeichen, die für Dich eine Bedeutung haben.

Eine einfache Methode ist das Vereinfachen von Bildern. Hierbei wird für einen bestimmten Sachverhalt ein Bild entworfen. Dies ist bei Dingen relativ einfach, bei Gefühlen und anderen abstrakten Begriffen erfordert es ein klein wenig mehr Phantasie.

So könnte man für den Zustand von Geborgenheit und Sicherheit überlegen, welcher Ort charakteristisch für Geborgenheit steht, und sich für ein Haus entscheiden. Das *Haus* kann man dann als Symbol für *Sicherheit* und *Geborgenheit* setzen, das Bild vereinfachen und dann jeweils erweitern und verändern, wenn Du z.B. Wärme, Zuneigung, Familie, Kinder, Alter, Tod, Entspannung, Freude, gemeinsames Wachstum als zu dem Begriff Geborgenheit und Sicherheit zugehörig darstellen willst. Finde Variationen, die in dieses Symbol hineingezeichnet werden können und die Deinen Begriff entsprechend ausdrücken.

Man kann dann diese Symbole wieder als Ausgangspunkt für eine Erweiterung des Systems benutzen – z.B. Entwicklung, Durchsetzung, Erziehung, Jugend, Alter, Trotz, Reife –, d.h. aus den vorhandenen Bildern entwickeln und das beliebig fortsetzen. Es ist gut, die Zeichen möglichst einfach zu halten, da sie kombiniert werden sollen.

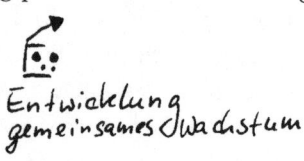

Erschaffe Dir Dein persönliches, ganz privates Symbolsystem, um Deine Kraft und Zielsätze zu machtvollen Zeichen zusammenzusetzen.

Dein Kraft-Symbol

Übung ☒ **Spiel** ☐ **Phantasiereise** ☐

Ziel:
Klären und Finden von Zielen, Visionen und Lebensaufgaben, Ziele und Wünsche mit Energie aufladen

Weitere Anwendungsmöglichkeiten:
Emotionale Intelligenz sensibilisieren

Dauer:
2 Stunden

Material:
Schreibzeug

Anleitung:
1. Beginn für die Zielfindung ist ein Spaziergang. Nimm Dir eine Stunde Zeit, und geh mit dem Ziel absichtslosen Nichtstuns und mit der Frage: Was will ich vom Universum und was will das Universum von mir? – Oder geh mit der Frage, die zur Zeit Dein Leben bestimmt, hinaus in die Natur. Laß Dich treiben, laß Dich anziehen, laß Dich hinführen, wo Du hinwillst und laß Dich überraschen, was Dir einfällt und, wenn Du magst, wähle einen Ort, wo Du es Dir richtig bequem machen kannst. Sei aufmerksam und wach für alles, was Dir geschenkt wird.

2. Finde eine Gabe der Natur und bring Dein Geschenk mit zurück. Dies kann eine Idee, eine Erinnerung, ein Geschenk geistiger Natur sein oder ein ganz konkreter Gegenstand.

3. Setz Dich dann hin und schreibe Dir alles auf, was Dir spontan zu diesem Symbol, zu diesem Spaziergang, zu dieser Geschichte, zu dem, was Dich berührt hat, einfällt.

4. Betrachte das Geschenk als eine Antwort auf Deine Frage und finde die Werte, die Dir wichtig sind, Worte, die Dir wichtig sind, ein Ziel, eine Absicht, eine Willenserklärung, einen Wunsch. Formuliere es in einem Satz mit kraftvollen,

für Dich unterstützenden Worten, Qualitäten, Ideen und notiere Dir die dazu gehörenden Symbole.

5. Beginne dann mit dem Symbol für Dich, das ist ein Strichmännchen mit Deinen Initialen. Finde nun aus Deinen gefundenen Worten, aus Deinen gefundenen Werten, aus Deinen gefundenen Zeichen eine Kombination mit kraftvollen, Dich unterstützenden Zeichen. Vereinfache möglicherweise Dein Zeichen noch einmal, so daß es klar und deutlich genau das ausdrückt, was Du gerne in Deinem Leben als Qualität erleben willst.

6. Bringe dieses Symbol an gut sichtbarer Stelle in Deinem Leben an. Die Kraft der Symbole entfaltet sich am stärksten, wenn sie ins Unbewußte sinken.

Notizen:

Symbol-Meditation

Übung ☒　　　Spiel ☐　　　Phantasiereise ☒

Ziel:
Die Kraft von Symbolen erleben, mit Symbolen eintauchen in tiefere Schichten des Ich

Weitere Anwendungsmöglichkeiten:
Kreative und Emotionale Intelligenz erhöhen

Dauer:
30 Minuten

Material:
Große Bögen farbiges Transparentpapier, Schere, Tesafilm, Fenster, Sonnenlicht

Anleitung:
Male Dein Symbol auf ein großes Stück farbiges Transparentpapier, so daß Du es ausschneiden kannst, und klebe es auf ein Fenster, durch das Sonnenlicht fällt. Setze Dich vor dieses sonnendurchflutete Symbol und laß es einige Zeit auf Dich wirken. Halte die Augen dabei offen und versuche, es vor Deinem geistigen Auge klar zu sehen, fokussiere es ganz genau, so genau, als ob Du durch dieses Symbol hindurch in Deine eigene Welt eintreten wolltest. Nach einem Augenblick schließe die Augen, spüre dem nach und laß das Symbol vor Deinem inneren Auge entstehen. Laß alle Assoziationen kommen, die dazugehören. Und öffne dann wieder Deine Augen, schau das Symbol so lange, wie Du kannst, an, ohne zu blinzeln und dann ein klein wenig mehr. Schließe dann wieder die Augen, entspanne, laß es vor Deinem geistigen Auge entstehen und wechsle so oft hin und her, wie Du magst.

Wenn Du Dich bereit fühlst, stell Dir vor, daß Du durch dieses Symbol hinaustreten kannst in Deine eigene Welt. Laß Dich überraschen, in welche Welt dieses Symbol Dich hineinführt. Und Du kannst neugierig sein, was Du treffen wirst an Bildern, an Landschaften, an Farben – was Dir begegnen wird an Erlebnissen, an Menschen, Tieren – was für Dich wichtig sein wird an Klängen und Tönen, Musik und Stille

– was hier wichtig ist für Dich, was Du sehen, hören, spüren kannst – wie Du Dich bewegen kannst. Und wenn Du hier nichts siehst oder nichts erlebst, dann schau Dir dieses Nichts genauer an und betrachte dieses Nichts ganz neu. Wenn Dir Wesenheiten, Gestalten, Personen oder Tiere begegnen sollten, frage nach ihrem Namen, ihrer Funktion oder was sie für Dich bedeuten. Sei so neugierig, wie Du kannst, auf alles, was Dir begegnet, was Dir passiert, was Dir gelingt, was Dich unterstützt. Wenn Du das Gefühl hast, daß Du all das, was Du gerne wissen wolltest, erfahren hast, dann komm hierher zurück auf demselben Weg, den Du gekommen bist und orientiere Dich wieder ganz hier im Alltag.

Notizen:

Das Lebenslied

Übung ☒ **Spiel** ☐ **Phantasiereise** ☐

Ziel:
Einen neuen Anfang wagen, der inneren Stimme lauschen, Zugang zu den Instinkten wiedergewinnen

Weitere Anwendungsmöglichkeiten:
Musikalische, Emotionale und Kreative Intelligenz fördern

Dauer:
1 Stunde

Material:
Schreibzeug, Bastelmaterial

Anmerkung:
Im Altertum ging man davon aus, das sich der Gehörnerv des Menschen in drei Kanäle teilt. Daraus schloß man, daß das Ohr auf drei Ebenen hört. Eine Ebene ordnete man den Alltagsgeräuschen und Gesprächen zu, die zweite Ebene hielt man für zuständig, alle wissenswerten und lernenswerten Klänge zu erfassen, und die dritte Ebene wurde für den Seelenkanal gehalten, der spontane Eingebungen direkt an unsere Seele weiterleitet, so daß wir unserer inneren Stimme folgen können.

Diese dritte Ebene des Hörens ist beteiligt, wenn wir unser Lebenslied erlauschen. Das Lebenslied, die eigene innere Melodie hören wir selten in einem Stück, meist erhaschen wir hier einen Ton und dort einen geheimnisvollen Klang. Wenn uns Musik durchflutet und zum Vibrieren bringt und uns die Vögel mit ihrem Gesang die Geheimnisse des Fliegens erzählen, dann ist es so, daß auch Deine Melodie näherkommt und lauter, greifbarer werden kann. Manchmal ist es ein Wort, eine Geste, eine Berührung, ein Bild, manchmal eine Erinnerung oder unbestimmte Sehnsucht, die dieses innere Leuchten wieder erweckt und Dich auf die Suche schickt, Deine Lebensmelodie wiederzufinden.

Wenn Deine Zeit gekommen ist, dann geh den uralten Weg nach innen zu Dir auf Deine Weise und sei achtsam für Deine ganz einmaligen Antworten, für Deine Aufgaben und Deine ganz persönliche Inspiration.

Dies ist ein Übergangsritual, wie es schon seit Urzeiten gemacht wird, um eine neue Lebensphase zu beginnen oder einen neuen Anfang zu wagen.

Anleitung:

1. Kläre, was Du abschließen möchtest, und was Du abschließen mußt, damit etwas Neues in Dein Leben treten kann.

2. Gib Dir einen angemessenen Zeitraum, um alle notwendigen Schritte zu unternehmen, um wirklich zu einem Abschluß zu kommen. Vielleicht einen Monat, in dem Du das Positive des Alten wahrnimmst und würdigst.

3. Führe den Abschied durch, indem Du ein Resümee ziehst, Dich für die Erfahrungen und Geschenke des Lebens bedankst und diesen Lebensabschnitt bewußt hinter Dir läßt. Dies kann geschehen, indem Du das Vergangene verbrennst und sich in Licht und Wärme wandeln läßt; oder indem Du es dem Fluß des Wassers übergibst und es mitnehmen läßt an einen Ort, wo es eine neue Aufgabe findet; oder indem Du es begräbst und es seine Ruhe in der Erde finden läßt; oder indem Du es in Worte kleidest und diese vom Wind holen läßt, der sie in alle Richtungen verstreut. Finde Deinen ganz privaten Weg des Abschlusses.

4. Mach Dich bereit für das Neue. Finde die Fragen, die das Neue begleiten werden und entdecke die Ressourcen, die Dich unterstützen werden. Bitte um Schutz und Führung und erwähle einen Schutzgegenstand, den Du Dir selber herstellst oder geschenkt bekommst.

5. Sei achtsam in den nächsten dreizehn Tage hinsichtlich der dreizehn Dinge und Menschen, die Dich berühren, die Dir bedeutsam erscheinen. Dies können die Dinge sein, die nach Deinem Herzen rufen, die nach Deiner Mitwirkung verlangen, die Deinen Beitrag zu diesem großen Abenteuer Leben darstellen. Wenn Du diese dreizehn Dinge wahrnimmst, weißt Du, daß Dein Lebenslied Dich ruft.

6. Am vierzehnten Tag feiere Dein neues Leben und beginne jetzt Dein Lebenslied täglich zu singen.

Notizen:

Das Öffnen des dritten Auges

Übung ☒   Spiel ☒   Phantasiereise ☐

Ziel:
Sensibilisieren für Intuition, Wahrnehmungsfähigkeit erweitern für das Senden von Gedanken

Weitere Anwendungsmöglichkeiten:
Emotionale Intelligenz ausformen

Dauer:
20 Minuten

Material:
–

Anmerkung:

Tanze mindestens fünfzehn Minuten intensiv nach Trommelmusik, so daß Du Dich wirklich vollständig verausgabst oder mache intensivst Kundalini-Yoga – vorzugsweise Übungen, die eine gewisse Dynamik haben.

Anleitung:

1. Setze Dich bequem hin, so daß Du Deine Wirbelsäule gerade halten kannst – den hintersten Punkt vom Scheitel zum Himmel – und den Atem lang und tief fließen lassen. Konzentriere Dich dabei auf die Stelle zwischen Deinen Augenbrauen und stell Dir vor, daß an dieser Stelle ein Auge ist – Dein drittes Auge, was Du öffnen kannst. Wenn Du magst, kannst Du Dir Licht oder eine Farbe vorstellen, die dieses Auge umrandet oder ein Symbol oder ein Bild – vielleicht auch einen Klang oder ein Summen – vielleicht ein Gefühl von Kühle oder Wärme, das Dich darin unterstützt, diese Stelle zu sensibilisieren und zu öffnen. Nimm alles wahr, was diesen Vorgang für Dich erleichtert.

2. Schicke nun einen Gedanken, ein Bild, ein Symbol, eine Idee an eine Person, mit der Du Dich vorher verabredet hast, daß Du ihr um diese Zeit einen Gedanken, eine Idee schicken wirst. Konzentriere Dich ganz intensiv auf Dein Symbol, Deine Farbe, Dein Zeichen, was Du senden willst. Laß es vor Deinem dritten

Auge entstehen und laß es dann los – wie Du es am leichtesten loslassen kannst in Deiner Vorstellung, so daß es den Weg finden kann in die Gedanken, in das System Deines Partners.

3. Sei dann für einige Zeit einfach nur Empfänger, indem Du lang und tief Deinen Atem fließen lassen kannst bis in den Bauch hinein – die unteren Rippenbögen, die Lungenspitze – und beim Ausatmen wieder aus dem Bauch, aus den Rippen, aus der Lungenspitze fließen lassen – und wahrnehmen, welches Symbol, welches Zeichen, welche Farbe Du geschenkt bekommst – geschickt bekommst. Wenn Du etwas erhältst, dann mach Dir eine kurze Notiz über den Zeitpunkt und male es auf oder beschreibe kurz, was Du gesehen, gespürt oder gehört hast. Bedanke Dich innerlich, schließ das für Dich ab mit einem kurzen Ritual, indem Du sicherstellst, daß Du zurückkehrst ins Alltagsbewußtsein mit der ganz normalen Wahrnehmungsfähigkeit, die für den Alltag vollständig ausreicht.

Notizen:

Heilraum erweitern

Übung ☒   **Spiel** ☐   **Phantasiereise** ☐

Ziel:
Wahrnehmung schulen, Sensibilität für andere Menschen erhöhen, Selbstheilungskräfte unterstützen

Weitere Anwendungsmöglichkeiten:
Kommunikative und Emotionale Intelligenz erweitern

Dauer:
20 Minuten

Material:
Decke

Anmerkung:
Sat nam rasayan wird von Guru dev Singh gelehrt und kommt aus der Tradition des Kundalini-Yoga.

Anleitung:

1. Wähle einen Partner, dem Du Dich gerne öffnen möchtest. Sucht Euch gemeinsam einen gemütlichen Platz, wo sich einer hinlegen und der andere davorsetzen kann.

2. Wenn Du jetzt liegst, kannst Du Dir erlauben, die Schwerkraft zu spüren und wie sie Dich mit der Erde verbindet.

   Wenn Du sitzt, dann nimm durch die Berührung mit Deinen Händen *Kontakt* auf zu Deinem Partner und *erweitere Deinen Wahrnehmungsraum*. Stell Dir dazu vor, daß Du einen Raum öffnen kannst, Deinen *Heilraum,* und ihn so erweitern kannst, daß Dein Partner mit Dir gemeinsam diesen Raum teilt.

3. Sei achtsam und aufmerksam und *nimm wahr was Du spürst*, was Du in dieser Beziehung mit Deinem Partner erlebst.

Wenn Du etwas bemerkst, dann würdige es ganz selbstverständlich und *frage Dich, was ist außerdem noch da?*

4. Wenn Du eine Spannung bemerkst, *lasse* sie *ganz bewußt* in Deinem Körper *los.*

5. Beende dies, indem Du Deinen Wahrnehmungsraum wieder seine normale Größe einnehmen läßt.

Notizen:

Spirituelle Massage

Übung ☒ **Spiel** ☐ **Phantasiereise** ☐

Ziel:
Zustand von Liebe und Verbundenheit, Schönheit ertasten

Weitere Anwendungsmöglichkeiten:
Emotionale Intelligenz anregen, Kommunikative Intelligenz bereichern

Dauer:
40 Minuten

Material:
Decken, Massage-Öl (Mandel- oder Sesam-Öl)

Anmerkung:
Wir sind ein Volk von Einsamen, von Menschen, die sich nicht einmal mehr in sehr intimen Beziehungen berühren. Wir haben ein Heer von einsamen Alten, die nicht mehr berührt werden und ihre Lebendigkeit und dynamische Lebenslust einbüßen. Bedanke Dich innerlich für die Möglichkeit, einen anderen Menschen zu berühren und berührt zu werden, für dieses Geschenk der Intimität, für dieses ganz Private des Lebensflusses. Diese Massage ist ein Gebet der Hingabe und des Dienens an den anderen.

Schaffe für Deine spirituelle Massage einen angenehmen Rahmen. Stelle sicher, daß das Telefon abgestellt ist, der Raum warm, die Unterlage weich und daß es ein sanftes Licht gibt, vielleicht einen wohltuenden Duft, Räucherstäbchen oder Duftöle. Erwärme Dein Öl, z.B. Mandel- oder Sesam-Öl, so daß es Körpertemperatur hat.

Anleitung:
Erlaube Dir, die Schwerkraft zu spüren und wie sie Dich mit der Erde verbindet, und mache es Dir während der ganzen Zeit bequem. Versetze Dich in einen Zustand von Liebe und Hingabe. Nimm Kontakt mit Deiner Quelle auf und betrachte Dich als Mittler für das göttliche Licht, für die göttliche Liebe, als einen Kanal, durch

den das Universum sich ausdrücken kann. Mach Dich bereit für ein Erlebnis des Einsseins und öffne Deinen Wahrnehmungsraum, Deinen Heilraum.

Stell Dir die Frage, welche Berührung Deinem Partner, Deiner Partnerin guttun kann und nimm Kontakt auf. Laß Deine Hände eine Berührung finden, laß Deine Hände ihren Weg finden, um Kontakt herzustellen und in Resonanz mit Deinem Partner zu kommen. Entspanne Dich selbst so gut wie möglich und laß Dich in diesen natürlichen, meditativen Zustand gleiten. Laß Dich auf den Atemrhythmus Deines Partners ein. Und wenn Du in Resonanz, in Kontakt bist, beginne bei den Füßen, indem Du jedes einzelne Körperteil berührst, bewunderst und als einzigartiges Geschenk annimmst.

Sag Dir bei jedem Körperteil: Dies ist schön und einzigartig. Dies hat eine einmalige Form und eine großartige Schönheit. Berühre Deinen Partner als etwas Kostbares, als ein Geschenk, geistig und körperlich, so daß Du in Kontakt kommst mit seiner Seele. Finde genau die Intensität und die Berührung, die für Euch beide paßt, die jetzt stimmt, die jetzt im Moment richtig ist, und arbeite Dich auf der linken Seite nach oben und auf der rechten Seite nach unten. Oder so, wie Du und Dein Partner es jetzt im Moment für richtig halten. Drehe Deinen Partner nach einiger Zeit um und entdecke die Schönheit der Rückseite. Entwickle auch hier wieder bewußt eine innere Einstellung zur Einzigartigkeit, Kostbarkeit und Schönheit des anderen. Genieße diesen Zustand von Liebe, von Hingabe an den anderen Menschen. Sollte es dabei zu sexuellen Aufladungen kommen, laß diese Gefühle einfach zu, nimm sie an und stell Dir vor, daß sie durch Dich hindurch und über die Fußsohlen abfließen können. Genieße den Zustand von Lebendigsein.

Notizen:

IV. Ausblick

Inwieweit bringt die Entwicklung der Intelligenzen Vorteile für die praktische Lebensbewältigung?

Kann man diese Fähigkeiten in anderen Bereichen einsetzen oder von einer Intelligenz in einen anderen Bereich wandern und so zu neuen Lösungen kommen?

Nützt es der persönlichen und menschlichen Evolution, unter Ausschöpfung des menschlichen Potentials, diese Intelligenzen zu entwickeln?

Ist dies der entscheidende Wettbewerbsvorteil in einer sich multidimensional entwickelnden Welt von morgen?

Lösungen für ein neues Jahrtausend

Weshalb Intelligenzen weiterentwickeln?

Um ein Feld zu schaffen, in dem neue Möglichkeiten darauf warten, von uns entdeckt und genutzt zu werden. Die mentalen Kompetenzen werden als die Grundlage angesehen, um mit der rasanten Entwicklung unserer Welt Schritt zu halten. Hier liegt unser Potential, das Angemessene zu entwerfen und das Passende zu erschaffen.

Wir erleben eine immer schnellere Auflösung alter Strukturen, so daß unsere Chance in unserer Chaosfähigkeit liegt. Angemessene Methoden sind in der Improvisation zu suchen, dies setzt voraus, daß wir in der Lage sind, Änderungen schnell wahrzunehmen und genug geistige Freiheit und Beweglichkeit haben, nicht nur darauf zu reagieren, sondern das Unerwartete vorherzusehen.

Unsere Vorstellungen von Identität unterliegen einer neuen Idee, unsere einheitlichen Konzepte der Persönlichkeit verändern sich zu Vorstellungen eines Multi-Mind oder der Idee, daß wir viele Persönlichkeitsanteile sind. Die Chance liegt in der Bereitschaft, uns mit den unterschiedlichen Persönlichkeitsanteilen zu versöhnen und diese Idee der Vielfalt zur Ausformung unterschiedlicher Talente und Fertigkeiten zu nutzen.

In unserer Informationsgesellschaft liegt mehr und mehr der Focus darauf, was einen Unterschied macht. Heute ist das Unerwartete das Normale. Dies macht es notwendig, uns auf rasches Umdenken und Neu-Handeln einzustellen, mit den gelernten mentalen Programmen und den alten Kompetenzen kann es schon morgen nicht mehr ausreichen. Für einen erfolgreich agierenden Menschen bedeutet dies, seine mentalen Programme zu kennen und sie entsprechend verändern zu können.

Bei zunehmendem Streß und der wachsenden Hektik im Alltag werden diejenigen einen Vorteil erleben, die in der Lage sind, gezielt, tief und schnell zu entspannen. Früher verlachte Methoden, wie Meditation und Phantasiereisen sind heute ein wichtiges Hilfsmittel, um den Alltag zu meistern, in Balance zu sein und die nötige Energie für den Erfolg zur Verfügung zu haben.

Für viele Menschen hat ihr Leben seinen tieferen Sinn verloren, es erscheint ihnen beliebig und vom Zufall bestimmt. Dieser Sinnkrise mit der Erweiterung spiritueller Dimensionen zu begegnen – dieser Weg scheint wieder eine Verbindung mit dem Leben, dem Universum und dem eigenen Lebenskonzept herzustellen. Menschen, die sich als Teil eines größeren Ganzen begreifen, sind dafür offen, dieses Ganze für sich und ihre Kinder zu erhalten und zu schützen.

Ausblick

Der gelungene Umgang mit Beziehungen, ein Geschick im Herstellen einer vertrauensfördernden Atmosphäre, kurz der Einsatz emotionaler und kommunikativer Kompetenzen erleichtert die Zusammenarbeit und bildet auch die Grundlage für synergetische Effekte. Dies macht es möglich, nicht nur die eigenen Ressourcen einzubringen, sondern auch die Fähigkeiten anderer Menschen mit einzubeziehen.

Zu Beginn unseres Jahrhunderts hat sich unser Wissenspool nach einer Studie von George Anderla (1973) innerhalb von 150 Jahren verdoppelt – heute verdoppelt sich unser Wissen alle **vier Jahre**. Dies bedeutet, daß niemand mehr in der Lage ist, sein Fachgebiet vollständig zu kennen und mit der Entwicklung Schritt zu halten. Wir brauchen sowohl Fachleute als auch Universaltalente, die die Koordination und Zusammenarbeit managen. Führungskräfte brauchen die Balance aus fachlicher, sozialer und mentaler Kompetenz, um kreative Ergebnisse zu gestalten.

In einer immer weiter vernetzten Umwelt und in einer immer stärker fortschreitenden Globalisierung können wir es uns nicht erlauben, Teile unserer Fähigkeiten und Kapazitäten brachliegen zu lassen, sondern sind auf die Ausformung möglichst aller Talente, aller Fähigkeiten und all unserer Kapazitäten angewiesen.

Wenn wir unsere Potentiale ausschöpfen können, werden wir neue Möglichkeiten ersinnen, Lösungen zu finden und die Probleme unseres Alltags und unserer jetzt anstehenden Herausforderungen in den Griff zu bekommen. Im Moment nutzen wir nach wie vor nur 5-10 % unseres Gehirns, das bedeutet, daß wir noch ein Entwicklungspotential von 90-95% zur Verfügung haben.

Joseph Chilton Pearce hat untersucht, daß wir unendlich viel mehr Synapsen, Verschaltungen, Verdrahtungen in Kindheit und Jugend entwickelt haben, und es ist durchaus anzunehmen, daß wir zu Höherem geboren sind. Er glaubt, daß wir sehr viele unserer Fähigkeiten und Talente vernachlässigen und nicht nutzen, daß wir das Potential, das wir mitbekommen haben, nicht ausschöpfen. Interessant wäre, zu entdecken, was passieren könnte, wenn wir diese synaptischen Verdrahtungen, die wir in der Kindheit und Jugend angelegt haben, mehr pflegen und ausbauen könnten, inwieweit dann Genie das Alltägliche wäre.

Die Zukunft erfordert Intelligenzen, die unserer Entwicklung angemessen sind.

Wir wissen nicht genau, welche Anforderungen uns im 21. Jahrhundert erwarten. Unendliches ist denkbar, vieles machbar. Tausende von Wissenschaftlern unterschiedlicher Disziplinen versuchen, in sogenannten Delphi-Studien einen Blick in die Zukunft zu wagen. Sie geben darin ihre Einschätzungen über die technisch-wissenschaftlichen Entwicklungen im 21. Jahrhundert ab.

Ausblick

Die Vergangenheit hat gezeigt, daß obwohl es „wissenschaftliche Prognosen" waren, exakte Voraussagen wegen der hohen Komplexität von Wirtschafts-, Kommunikations- und politischen Systemen schwer zu wagen sind. Die Welt ist zu reichhaltig, zu vielfältig, zu bunt, um sie in eine Gleichung zu packen, die uns genaue Voraussagen ermöglicht. Visionen und Entwürfe für die Zukunft von Menschen aus den unterschiedlichsten Bereichen geben uns jedoch Einblick darüber, was Menschen bewegt, welche Probleme sie sehen, welche Lösungen sie anstreben, was sie erreichen wollen und wofür sie ihre Talente und Fähigkeiten, ihre Kreativität und ihr Leben einsetzen wollen.

Viele dieser Visionen greifen Themen zu Problembereichen im Hier und Jetzt auf, die unser kreatives Potential benötigen, um mentale Kompetenzen für konkretes Handeln bereitzustellen. Diese Probleme werden nicht von einzelnen gelöst, sondern erfordern ein Feld, eine gemeinsame Unterstützung, einen mentalen Raum von vielen. Einzelne Intelligenzen ergeben zusammen den Raum, das Feld, das Bewußtsein, das über die Möglichkeiten des einzelnen hinausgeht. Jeder trägt seinen Teil dazu bei und ist somit auf seine individuelle Art und Weise an der Evolution des Ganzen beteiligt.

Es gibt genügend Bereiche, in denen wir unsere vielfachen Intelligenzen nutzbringend einsetzen können. Gegenwärtige Probleme wie die Überbevölkerung, Umweltverschmutzung, Aufrüstung, kriegerische Konfliktregionen, steigende Kriminalität, Verkehrsproblematik usw. schreien förmlich nach Lösungen und konkreten Handlungsschritten, die über die Beseitigung der sichtbaren Symptome hinausgehen.

„Man ist entweder Teil der Lösung oder Teil des Problems. Ich habe mich für ersteres entschieden." – Michail Gorbatschow

Welches Potential liegt in einem Team, das alle genannten Intelligenzen vereint und diese zur Entfaltung bringen kann, sich gegenseitig ergänzen und im Zusammenspiel über sich selbst hinauswachsen kann? Jede Intelligenz ist nicht nur ein einzigartiger Beitrag zu einer Problemlösung, sondern auch gleichzeitig ein Wahrnehmungsfilter, eine Sichtweise, um bestimmte Sachverhalte, Situationen und Themen zu betrachten.

Jeder Mensch hat alle Intelligenzen bereits in sich, wir haben sie nur unterschiedlich geformt, entwickelt und ausgeprägt. Ein Problem aus einer bestimmten Intelligenz-Qualität heraus betrachtet zeigt sich immer als etwas anderes, etwas Neues, Besonderes, Einzigartiges, wodurch sich neue Wege, neue Kombinationen, neue Lösungen, neue Herangehensweisen ergeben.

„Es ist an der Zeit für Lehrende und Eltern, die alte Frage »Wie intelligent bist Du?« aufzugeben. Die neue Frage lautet: »Wie bist Du intelligent?«" – Eric Jensen

Das Modell der multiplen Intelligenzen öffnet den Blick für andere Menschen, öffnet die Sicht auf unterschiedliche Talente und Fähigkeiten und macht deutlich, daß jeder Mensch eine Quelle reichhaltiger und vielfältiger Ressourcen und Fähigkeiten ist. Wie können wir diese Qualitäten gemeinsam für Konzepte, Ideen und unser Handeln im Alltag gewinnbringend einsetzen? Wie können wir Kreativität, Sprache und unsere Emotionale Intelligenz für Frieden und Konfliktlösungen im großen und im kleinen Rahmen einsetzen? Wie können wir musikalische, Körper- und kommunikative Kompetenz zur Steigerung unserer und der Lebensqualität aller einbringen? Wie können wir die klassischen Intelligenzen für den Schutz unserer Umwelt, des Klimas, der Meere, der Böden und für eine umweltverträgliche Mobilität einsetzen? Wie können wir mit Hilfe von Spiritualität unserem Handeln einen größeren, einen sinnvollen Rahmen geben und mit Hilfe der Alltags-Intelligenz sicherstellen, daß Konzepte, Ideen und Visionen umsetzbar werden und in konkrete Handlungen einfließen?

Die Idee der verschiedenen Intelligenzen kann Lust machen, sein eigenes Potential kennenzulernen und zu nutzen. Sie lädt dazu ein, sich selbst weiterzuentwickeln, sich selbst zu bejahen und mit Neugierde das Leben in seinen unterschiedlichen Facetten zu genießen. Sie schafft einen Raum, in dem kreative neue Ideen, Erfahrungen und Welten erschaffen werden. Sie ruft auf zu einer respektvollen Beziehung zu uns selbst und anderen, sie lädt uns und andere dazu ein, die Lebensqualität zu steigern, lustvoll zu lernen und ein harmonisches Zusammenleben mit der Natur zu gestalten.

Manchmal ist Genialität ansteckend. Menschen, die sich wagen, ihren Traum zu leben, ermutigen andere Menschen und unterstützen sie gerne darin, ihren eigenen Traum zu finden und zu leben.

Wir über uns

Wir, Evelyne Maaß und Karsten Ritschl, leiten seit Jahren gemeinsam das Weiterbildungsinstitut *Spectrum KommunikationsTraining* in Berlin.

Wir und unser Team schaffen eine Lernatmosphäre, in der es möglich ist, spielerisch und mit Lust Neues zu entdecken. In einem angenehmen Rahmen kann jeder neugierig sein, die eigenen Möglichkeiten, Talente und Brillanzen zu erfahren und zu erweitern.

Lernen kann und soll Spaß machen.

Wer daran interessiert ist, unsere Arbeit persönlich kennenzulernen, ist herzlich eingeladen, an einem unserer offenen Seminare teilzunehmen.

Offene NLP-Seminare:

- NLP-Ausbildungen aller Stufen
- Coach-Ausbildung
- Seminar „Hypnotische Sprachmuster"
- Seminar „Neue Wege in der Teamentwicklung"
- Seminar „Kreativität – Spiel der Intelligenzen"

Wir informieren Sie gerne über unser aktuelles Programm:

Spectrum KommunikationsTraining
Varziner Str. 4
12159 Berlin
Fon 030/852 43 41
Fax 030/852 21 08
e-mail: spectrum.kommtrain@t-online.de

Sollten Sie an firmeninternen Fortbildungsmaßnahmen zu den Themen:
- Coaching
- Teamentwicklung
- Kreativität
- Lehren, lernen und trainieren

interessiert sein, nehmen Sie mit uns Kontakt auf.

Wir würden uns über eine Zusammenarbeit sehr freuen.

Glossar

Alltagsintelligenz ist die Fähigkeit, schnell und sicher auf die Erfordernisse der Umwelt zu reagieren, die Wechselwirkung mit unserer Umgebung wahrzunehmen, zu erkennen, zu verstehen und für den reibungslosen Ablauf des Alltags zu nutzen.

ALLTON – Instrumentenbauer mit interessantem Angebot an Tischtrommeln, Klangwiegen etc. – Wiesenweg 1; 34596 Bad Zwesten-Niederurft (Tel.: 06693 -83 50)

Ankern ist die Verbindung eines wiederholbaren Reizes mit einer bestimmten Reaktion. Mit Ankern kann man gewünschte innere Zustände gezielt aufrufen. Es gibt „natürliche" Anker (z.B. wenn der Geruch von Lebkuchen sofort an Weihnachten erinnert) und „künstliche" Anker (z.B. wenn das Gefühl von Kompetenz an die Berührung der Türklinke des Beratungszimmers geankert wird).

Assoziiert ist man, wenn man eine Situation aus sich selbst heraus erlebt. Aus den eigenen Augen schauen, mit den eigenen Ohren hören und sich in seinem Körper spüren. Günstig, um angenehme Erlebnisse vollständig und intensiv zu erleben. Ungünstig bei stark negativen Erlebnissen (vgl. Dissoziiert).

Auditiv heißt den Gehörsinn betreffend. Benutzte Worte, die auf eine auditive Wahrnehmung hinweisen oder zu auditiven Erinnerungen anregen, sind z.B. hören, abstimmen, ansprechen, eintönig, klangvoll, laut, Töne, Geräusche ...

Bewußt sind all die Dinge, denen man zum gegenwärtigen Zeitpunkt seine Aufmerksamkeit schenkt. Man nimmt in einem Augenblick nur Ausschnitte seiner Umwelt, seines Denkens und seiner Handlungen bewußt wahr. Der überwiegende Teil unserer Kommunikation verläuft auf der unbewußten Ebene.

Bodenanker sind markierte Plätze, die willkürlich gewählt werden können, um eine Erfahrung zu rekonstruieren oder zu konstruieren.

Dissoziiert ist man, wenn sich vorstellt, seine Person von einem außenliegenden Punkt zu sehen und zu hören. Man erlebt sich nicht in seiner Person, sondern „von außen" betrachtet. Hinderlich, um z.B. seine Gefühle voll wahrzunehmen. Hilfreich, um von negativen Erlebnissen Abstand zu gewinnen (vgl. Assoziiert).

Emotionale Intelligenz befähigt uns, zu lieben und als fühlende Wesen zu handeln. Ein vom Psychologen Daniel Goleman geprägter Begriff, der für „... die zutiefst menschliche Fähigkeit, mit den eigenen Gefühlen und denen der anderen bewußter, phantasievoller und sensibler umzugehen", steht.

EQ – Abkürzung für Emotionaler Intelligenzquotient

Feedback ist die gezielte Rückmeldung über das Erleben einer Person.

Flow-Zustand ist ein intensiver kreativer innerer Zustand, der oft als „Fließen", „Schwingen", „Licht", „in Verbindung sein" bezeichnet wird. Die Bezeichnung geht auf Mihaly Csikszentmihalyi zurück.

Future pace ist die gedankliche Brücke in die Zukunft. Man stellt sich die gewünschten Veränderungen sinnlich genau in der Zukunft vor.

Generalisierung – Verallgemeinern einer gemachten Erfahrung.

Glaubenssätze sind allgemeine Aussagen, Urteile, Vorannahmen z.B. über den Arbeitsalltag, die Kollegen, das Unternehmen, die Menschen usw., an die man persönlich glaubt. Die Inhalte der Glaubenssätze beeinflussen unsere Wahrnehmung, unser Denken, unser Verhalten, unsere Fähigkeiten und unsere Empfindungen.

Grundannahmen des NLP sind Glaubenssätze über die Natur des Menschen. Sie werden auch „Vorannahmen" oder „Präsuppositionen" genannt und bilden die Grundlage jeglicher Arbeit mit NLP. Die Grundannahmen sind nicht die „Wahrheit", sie bieten jedoch einen praktischen, ethischen und ökologischen Rahmen für die Arbeit mit NLP. Beispiel: „Jedes Verhalten hat eine positive Absicht."

Gustatorisch heißt den Geschmack betreffend. Redewendungen, die auf eine gustatorische Wahrnehmung hinweisen und zu gustatorischen Erinnerungen anregen, sind z.B.: „Dein Lieblingsessen", „Leckerbissen", „geschmackvoll", „süß", „aromatisch", ...

Identität ist das Selbstbild oder Selbstkonzept eines Menschen. Es ist die Antwort auf die Frage: „Wer bin ich?"

Innerer Zustand meint die Gedanken in Verbindung mit den inneren Bildern und Tönen sowie Gefühle. Es gibt innere Zustände, die positiv unterstützen und solche, die hinderlich sind, um ein bestimmtes Ziel zu erreichen. Man kann gewünschte innere Zustände mit Hilfe der Gedanken, der Körperhaltung/-bewegung und der Atmung herstellen und verändern.

Intelligenzen sind die Bezeichnung für generelle Fähigkeiten, neue Aufgaben zu lösen und neue Situationen bewältigen zu können.

Intelligenzfelder steht für das kollektive Potential aller Möglichkeiten.

Intelligenztests ist die Bezeichnung für herkömmliche standardisierte Verfahren der Intelligenzmessung.

IQ – Abkürzung für Intelligenzquotient.

Kinästhetisch heißt das Fühlen betreffend. Worte, die eine kinästhetische Erinnerung oder Erfahrung abrufen, sind z.B. fühlen, berührt sein, begreifen, behandeln, weich, warm, fest, glatt, sanft, Ausdruck, ...

Klassische Intelligenzen sind in diesem Buch die mathematisch-logischen und räumlichen Fähigkeiten und Kompetenzen.

Körper-Intelligenz nennen wir die Körper-Weisheit, die Bewegungs- und Ausdrucksfähigkeit.

Kommunikation ist das gesamte Verhalten in einer zwischenmenschlichen Situation (Watzlawick). Nicht nur das, was man bewußt sagt, sondern auch jede Verhaltensweise (Gestik, Mimik, Körperhaltung u.a.), die man im Beisein einer Person tätigt, ist Kommunikation.

Kommunikative Intelligenz nennen wir die Fähigkeit, angemessen mit den Mitmenschen zu interagieren, sich auszutauschen und aufeinander zu beziehen.

Kongruenz ist die Übereinstimmung von Denken, Fühlen und Handeln. Wenn man kongruent ist, findet ein harmonisches Zusammenspiel zwischen dem Gefühl, dem Denken und dem Körper statt. Der Mensch wirkt dann „authentisch" und „echt". Dagegen meint Inkongruenz, wenn jemand z.B. mit leiser Stimme „Ja" sagt, dabei jedoch mit dem Kopf „Nein" schüttelt.

Kreative Intelligenz ist für uns die Fähigkeit, sich von herkömmlichen Denkmustern zu lösen und vollständig neue und ungewöhnliche Lösungen zu erfinden.

Meditation meint einen Bewußtseinszustand, in dem der Geist ruhig wird, die Aufmerksamkeit sich nach innen verlagert und Verbindung und Einheit mit dem Sein erlebbar wird.

Mentale Kompetenz betrifft die geistigen Fähigkeiten, die Lösungen für das nächste Jahrtausend zu finden.

Metaphern sind Geschichten, Analogien oder Vergleiche, die in der Kommunikation zu einer Identifikation anregen können und einen Sachverhalt auf einer anderen Ebene beschreiben.

Mnemotechniken sind spezielle Lerntechniken zur Steigerung der Gedächtnisfähigkeit.

Mind Map ist eine gehirngerechte Strukturierung von komplexen Inhalten.

Modelle sind zum einen meist vereinfachte Darstellungen bzw. Abbildungen von bestimmten Sachverhalten. Die Vorstellung multipler Intelligenzen ist in diesem Sinne ein Modell für ein umfassenderes Verständnis von menschlicher Intelligenz.

Motivation ist die Anregung und der Erhalt der Lust am Lernen und Handeln.

Musikalische Intelligenz ist für uns das Spiel mit Rhythmus, Melodie und Klang.

Neurolinguistisches Programmieren (NLP) ist ein dem Leben abgeschautes Modell menschlicher Kommunikation und ein praktisches Modell dafür, wie Menschen erfolgreich lernen. NLP bietet einen „bunten Strauß" an Möglichkeiten, mit denen man sich persönlich weiterentwickeln kann.

Ökologie-Check ist die Überprüfung, inwieweit eine angestrebte Veränderung in das Gesamt-System paßt und mit welchen Auswirkungen gerechnet werden muß.

Olfaktorisch ist den Geruch betreffend. Worte, die eine olfaktorische Erfahrung oder Erinnerung kreiieren, sind z.B. „spezieller Duft", „Geruch", „Das stinkt mir" usw.

Positive Absicht ist der Vorteil oder der Gewinn einer Verhaltensweise. Es ist eine Grundannahme des NLP, daß hinter jeder Verhaltensweise, mag sie noch so problematisch erscheinen, eine positive Absicht für den Problembesitzer steckt.

Prozeß ist die lebendige oder dynamische Abfolge einer Veränderung.

Quasirollen ist ein Begriff aus der Soziologie, der Auskunft gibt über bestimmte Erwartungen anderer an uns in bestimmten Kontexten und die Vorstellungen, die wir selbst hegen in bezug auf uns und unsere Funktion in einem sozialen Miteinander.

Quelle ist ein intensiver Seinszustand von vollständigem Aufgehobensein, Geborgensein, in Fluß sein, in Liebe sein, ...

Repräsentationssystem – Wir können Informationen in Form von Bildern, Tönen, Gefühlen, Geruch oder Geschmack wahrnehmen, abspeichern und wieder abrufen. Repräsentationssystem bezeichnet den oder die Sinneskanäle, in denen wir Informationen abspeichern und wieder abrufen. Wir haben fünf Repräsentationssysteme zur Verfügung: Visuell, Auditiv, Kinästhetisch, Olfaktorisch, Gustatorisch (sehen, hören, spüren, riechen, schmecken).

Ressourcen sind all die individuellen Fähigkeiten, Stärken und Talente, die ein Mensch in sich trägt. Ressourcen können Verhaltensweisen, innere Zustände (z.B. Ruhe, Sicherheit, Vertrauen), Strategien, bestimmte Gedanken, höchste Werte, Erfahrungen, die Verbindung zum inneren „Akku" sein.

Separator beschreibt die Unterbrechung gegenwärtiger innerer Zustände. Das Wort läßt sich von „to seperate" ableiten, was soviel bedeutet wie „auseinanderbringen, trennen". Durch die Unterbrechung eines Musters kann man sich die Ressourcen wieder zugänglich machen.

Sinn bezieht sich auf ein Gefühl von Sinnhaftigkeit im Leben und das Eingebundensein in einen größeren sinnhaften Zusammenhang.

Soziale Kompetenz ist die Fähigkeit, angemessen auf die Anforderungen und Aufgaben eines sozialen Miteinanders zu reagieren.

Spirituelle Intelligenz nennen wir die Fähigkeit, kosmisches und Einheitsbewußtsein zu erleben und in den Alltag zu integrieren.

Sprachliche Intelligenz ist die Fähigkeit, Gedanken, Konzepte und Vorstellungen konkret und abstrakt zu verstehen und in Worte zu fassen.

Strategien sind Gedanken- oder Verhaltenssequenzen, die dazu dienen, ein bestimmtes Ziel zu erreichen. Es gibt Strategien zu allen möglichen Verhaltensweisen, wie z.B. Kreativität, Selbstbewußtsein, Eifersucht, Liebe kreieren, Kontakt beenden, Spitzensportler werden, erfolgreich verkaufen u.a.

Submodalitäten – siehe Untereigenschaften

Synergie meint das Zusammenwirken einzelner Organismen mit einem Resultat, das der einzelne nicht erreichen könnte.

Systeme sind Netzwerke von Wechselbeziehungen. Es werden Strukturen, Funktionen, Beziehungen, Regeln von Interaktionen und Veränderungen beschrieben.

Systemdenken ist Denken in Zusammenhängen und Beziehungen. Nicht einfaches Ursache-Wirkungs-Denken, sondern ein komplexes, vielfältiges, vernetztes Denken.

Tilgung – Weglassen von Informationen einer gemachten Erfahrung.

Unbewußt sind all die Dinge, die in diesem Moment nicht aufgefaßt bzw. wahrgenommen werden können und dadurch nicht bewußt sind. Das Unbewußte unterstützt und beeinflußt unser Verhalten. Manche Menschen behaupten, das „es" der Sitz unserer Intuition und unserer Kreativität ist.

Untereigenschaften sind die feinen Unterscheidungen unserer Gedanken. Man kann mit den Untereigenschaften genauer herausfinden, wie man denkt. *Visuelle Untereigenschaften:* Bewegung, Helligkeit, Farbe u.a. *Auditive Untereigenschaften:* Lautstärke, Tonhöhe, Entfernung u.a. *Kinästhetische Untereigenschaften:* Druck, Temperatur, Intensität u.a. Man kann eine Veränderung von Untereigenschaften nutzen, um eine Veränderung des Erlebens zu bewirken.

VAKOG ist die Abkürzung für eine vollständige Erfahrung mit allen Sinnen (Visuell, Auditiv, Kinästhetisch, Olfaktorisch, Gustatorisch).

Verzerrung meint Verändern/Umdeuten einer gemachten Erfahrung.

Vision ist eine Vorstellung von höheren Zielen für sich selbst und in einem Unternehmen. Visionen sind Ausdruck der menschlichen Schöpfungskraft, geben einen Sinn für berufliches Engagement und wirken motivierend.

Visuell heißt das Sehen betreffend. Worte, die die visuelle Wahrnehmungsebene anregen, sind z.B. sehen, hell, farbig, klar, Durchblick, Ansicht, Einsehen, Ansehen, Ausblick u.a.

Werte sind grundlegende Überzeugungen und Einstellungen zum Leben, die das Denken und Handeln bestimmen. Es sind die Antworten auf die Fragen: „Was ist mir in meinem Leben besonders wichtig?", „Wofür lohnt es sich zu leben?", „Wovon möchte ich mehr und intensiver erleben?", „Was macht das Leben für mich lebenswert?" Mögliche Antworten sind z.B.: Lebensfreude, Liebe, Lebendigkeit, Harmonie, Offenheit, Spaß, Selbstverwirklichung, Vertrauen, Erfolg u.a.

Ziele sind gewünschte konkrete und sinnlich wahrnehmbare Ergebnisse. Ziele geben die Richtung an.

Zukunftsintelligenzen sind die notwendigen Kompetenzen, um die Erwartungen der Zukunft erfolgreich meistern zu können.

Literatur, Musik, Spiele und Filme

Bücher

Arbeitsgruppe Bielefelder Soziologen (Hrsg): Alltagswissen, Interaktion und gesellschaftliche Wirklichkeit 1 und 2. Westdeutscher Verlag, Opladen 1990

Bryner, A.; Markova, D.: Die lernende Intelligenz. Denken mit dem Körper. Vorwort von Peter Senge. Junfermann, Paderborn ^{2}1998.

Csikszentmihalyi, M.: Kreativität – Wie Sie das Unmögliche schaffen und Ihre Grenzen überwinden. Klett-Cotta, Stuttgart 1997

de Mello, A.: Eine Minute Unsinn – Weisheitsgeschichten. Herder, Freiburg ^{3}1994

de Mello, A.: Warum der Vogel singt. Herder, Freiburg ^{9}1996

Gardner, H.: Dem Denken auf der Spur. Der Weg der Kognitionswissenschaft. Klett-Cotta, Stuttgart 1989

Gardner, H.: Abschied vom IQ. Die Rahmen-Theorie der vielfachen Intelligenzen. Klett-Cott, Stuttgart 1991

Gardner, H.: So genial wie Einstein. Schlüssel zum kreativen Denken. Klett-Cotta, Stuttgart 1996

Gardner, H.: Die Zukunft der Vorbilder. Klett-Cotta, Stuttgart 1997

Geisselhart, R., Burkart, Ch.: Werden Sie ein Genie, Begabungen erkennen, entwickeln und optimal nutzen. Humboldt, München 1997

Gerken G. u.a.: Wie der Geist überlegen wird. Mind Management. Junfermann, Paderborn 1993

Gibran, K.: Der Wanderer. Goldmann, München 1997

Goleman, D.: Emotionale Intelligenz. Carl Hanser, München 1996

Goswami, A.: Das bewußte Universum. Wie Bewußtsein die materielle Welt erschafft. Lüchow, Freiburg i. Br. 1995

Hammarskjöld, D.: Zeichen am Weg, Knauer, München 1965

Hammarskjöld, D.: Suche Dein Selbst. Herder, Freiburg 1992

Hellinger, B.: Finden was wirkt. Therapeutische Briefe. Kösel, München 1996

Hegi, F.: Improvisation und Musiktherapie. Möglichkeiten und Wirken von freier Musik. Junfermann, Paderborn ^{5}1997

Hesse, J.; Schrader, H.Ch.: Testaufgaben: Das Übungsprogramm. Eichborn, Frankfurt 1991

Holler, J.: Das neue Gehirn. Junfermann, Paderborn 1996

Houston, J.: Der mögliche Mensch. Sphinx, Basel 1984

Hüholdt, J.: Wunderland des Lernens. Verlag für Didaktik, Bochum ^{10}1995

Hunt, D., Hait, P.: Das Tao der Zeit. Econ, Düsseldorf 1992

Hutchison, M.: Megabrain Power. Die Revolution der grauen Zellen. Junfermann, Paderborn 1996

Kail, R.; Pellegrino, J.W.: Menschliche Intelligenz. Spektrum der Wissenschaft, Heidelberg 1988

Kline, P.; Saunders, B.: 10 Schritte zur Lernenden Organisation. Das Praxisbuch. Junfermann, Paderborn ^{2}1997

Kotulak, R.: Die Reise ins Innere des Gehirns. Den Geheimnissen des menschlichen Gehirns auf der Spur. Junfermann, Paderborn 1998

LeBoeuf, M.: Imagination, Inspiration, Innovation: Kreative Kräfte nutzen. Mvg, München 1991

Linneweh, K.: Kreatives Denken. Verlag Dieter Gitzel, Rheinzabern 1994

Lowen, A.: Bioenergetik als Körpertherapie. Rowohlt-Tb, Reinbek 1993

Luther, M.; Maaß, E.: NLP-Spiele-Spectrum: Basisarbeit. Übungen – Spiele – Phantasiereisen. Junfermann, Paderborn ²1996

Maaß E.; Ritschl, K.: Phantasiereisen leicht gemacht. Die Macht der Phantasie. Junfermann, Paderborn 1996

Maaß E.; Ritschl, K.: Teamgeist – Spiele und Übungen für die Teamentwicklung. Junfermann, Paderborn 1997

Maaß E.; Ritschl, K.: Coaching mit NLP. Ein Übungsbuch. Junfermann, Paderborn 1997

Mindell, A.: Den Pfad des Herzens gehen. Verlag Via Nova, Petersberg 1996

Mindell, A.: Mitten im Feuer. Sphinx, München 1997

Mindell, A. u.a.: Das Pferd rückwärts reiten. Verlag Via Nova, Petersberg 1997

Moore, R.: Die Göttin in Dir. Bauer, Freiburg 1991

Pearce, J.Ch.: Der nächste Schritt der Menschheit. Die Entfaltung des menschlichen Potentials aus neurobiologischer Sicht. Arbor, Freiamt 1994

Peter-Boleander, M.: Tanz und Imagination. Junfermann, Paderborn 1992

Pinkola Estes, C.: Die Wolfsfrau. Heyne, München 1995

Porter, P.: Entdecke dein Gehirn. Bewußtseins-Technologien für das 21. Jahrhundert. Ein Praxiskurs für das lernende Gehirn. Junfermann, Paderborn 1997

Ritschl, K.: Der Geist des NLP. Neurolinguistisches Programmieren zum Kennenlernen. Simon & Leutner, Berlin 1996

Roberts, J.: Die Natur der persönlichen Realität. Ein neues Bewußtsein als Quelle der Kreativität. Ariston, Genf 1985

Roth, G.: Das befreite Herz. Heyne, München 1996

Schnabel, U.; Sentker, A.: Wie kommt die Welt in den Kopf? Rowohlt-Tb, Reinbek 1997

Schwarz, E.: Ein Spiegel ist des Weisen Herz – Sinnsprüche aus dem alten China. Kösel, München 1996

Senge, P.M.: Die fünfte Disziplin. Klett-Cotta, Stuttgart 1996

Tange, E. G.: Zitatenschatz für Manager. Eichborn, Frankfurt 1997

Timmermann, T.: Musen und Menschen. Musik in Selbsterfahrung und Therapie. Kreuz, Zürich 1998

Ulrich, H.; Probst, J.B.G.: Anleitung zum ganzheitlichen Denken und Handeln. Haupt, Stuttgart ⁴1995

Wesselmann, H.: Die zwölf Wahrheiten der Nainoa. Scherz, Bern 1995

Wolinsky, St.: Quantenbewußtsein. Das experimentelle Handbuch der Quantenpsychologie. Lüchow, Freiburg ²1996

Musik

Anno Gama: Shamanic Dream
Asher, James: Feet in the soil
Black box: Ride on Time
Brennan, Maire: Inspiration
Burundi: The Drummer of Burundi
Dan Gibson`s Solitudes: Exploring Natur with Music: Appalachian Mountain Suite
Deuter: Land of enchantment
DJ Quicksilver: I have a Dream
El Hadra: Sufi-Meditation des Herzens
Enya: Memory of trees
Glass, Philip: Dance Pieces
Gila: Fly like an eagle
Heathhunter: Revolution in Paradise
Hundsbuam: Miserablige Stadtuarap
Karunesh: Colours of light
Karunesh: Sounds of the heart
Kater, P.: Migration
Lassy Singers: Sei Agogo-ich
Marat, Jean Claude: Gesang des Lebens mit der Panflöte
Mc Kennitt, Loreena: Book of Secrets
McKennitt, Loreena: The mask and the mirror
Merlin´s Magic: The light Touch
Miller, Bill: Raven in the snow
Narada Collection: Faces of the Harp
Oldfield, Mike: Earth moving
Oliver Shanti and Friends: Listening to the Heart
Oliver Shanti and Friends: Shaman
Oliver Shanti and Friends: Tai Chi
Roth, Gabriele: Ritual
Santa Esmeraldo: Don't let me be with understood
Schneider Helge: Fitze Fatze
Serano, O.: Minho valley fantasies
Serano, O.: Vida para vida
Sebnat, J.: Meditation der Himmelsrichtungen
Sophia: Hidden Waters Sacred Ground
Sophia: Temple of Love

Spiele

„Tabu" von der Firma MB.

Filme

Mister Holland's Opus (Musikalische und Emotionale Intelligenz)
Als sich der junge Komponist Glem Holland Anfang der 60er Jahre für eine Stelle als Musiklehrer an einer High-School bewirbt, träumt er noch davon, eine große Symphonie zu komponieren. Den Lehrerjob nimmt er nur aus finanziellen Gründen an. Doch bald schon entwickelt sich aus dem Übergangsjob eine Passion. Eine Leidenschaft, die anfangs in keinem Verhältnis zu dem Musikverständnis seiner Schüler steht. Schritt für Schritt bringt er ihnen die Schönheit der Musik nahe und erweist sich als pädagogisches Naturtalent. Doch all die Jahre hat er seine Symphonie nie aus den Augen verloren.

Liebe hat zwei Gesichter (Emotionale und Alltags-Intelligenz)
Die Literaturdozentin Rosee Morgan (Barbra Streisand) ist eine geistreiche und charmante Frau im besten Alter; von den Männern zwar geliebt und geschätzt, jedoch mangels erotischer Ausstrahlung nie wirklich begehrt. Bis der gutaussehende, jedoch von seinem bisherigen Liebesleben völlig frustrierte Gregory (Jeff Bridges) in ihr Leben tritt und, ohne einander auch nur einmal geküßt zu haben, sogar um ihre Hand anhält. Mit der einzigen Bedingung, daß eine Sache in ihrer Beziehung auch weiterhin ausgeschlossen bleibt: Sex! Rosee akzeptiert zunächst, doch dann ändern sich die Spielregeln ... Eine beschwingt romantische Komödie über Schönheit, Sex und Liebe und die richtige Reihenfolge.

Jenseits der Stille (Musikalische und Emotionale Intelligenz)
Das Mädchen Lara hat als Kind gehörloser Eltern eine schwierige, aber dennoch glückliche Kindheit – bis sie ihre Liebe zur Musik entdeckt, eine Welt, in die ihr ihre Eltern nicht folgen können. *Jenseits der Stille* spricht von Gehörlosen, von den Schwierigkeiten des Erwachsenwerdens, von erster Liebe und großem Kummer mit einer Leichtigkeit, die einfach Spaß macht. Es ist eine Liebeserklärung an das Leben an sich.

Der englische Patient (Emotionale Intelligenz)
In den letzten Tagen des zweiten Weltkriegs verschlägt es den Verunglückten und gedächtnislosen Grafen Laslo in die einsame Atmosphäre eines italienischen Bergklosters. Hier treffen sich die tragischen Opfer des unbarmherzigen Krieges, und hier flackert in Laslo die Erinnerung an seine große Liebe auf – voller Leidenschaft und voller Schmerz.

Grüne Tomaten (Alltags-Intelligenz)
Im Wartezimmer des Altersheims zieht die zierliche alte Dame die dicke, frustrierte Hausfrau Evelyn in ihren Bann. Durch die Erzählung lernt sie Idgie kennen, eine selbstbewußte junge Frau, die immer tat, was sie wollte, und die eher zaghafte Ruth, die von Idgie aus einer gewalttätigen Ehe befreit wurde. Gemeinsam betrieben sie ein Café. Doch dann wurde Ruths Mann ermordet aufgefunden. Leider ist die Besuchszeit um. Widerwillig steigt

Evelyn mit Ihrem Ehemann ins Auto. Natürlich wird sie zurückkommen, um den Rest der Geschichte zu hören, denn sie fühlt, wie in ihr durch die Geschichte Kraft für ein neues Leben wächst. Eine witzige, kluge und von charmanter Sensibilität geprägte Komödie.

Papa Ante Portas (Alltags-Intelligenz)
Komödie mit Loriot, der mit seinem unnachahmlichen Humor den Einkaufsdirektor Heinrich Lohse spielt, der seine Erfahrungen aus dem Berufsbereich im Ruhestand nun seiner Familie zur Verfügung stellen möchte.

Ganz oder gar nicht (Körper-Intelligenz und Alltags-Intelligenz)
Keine Jobs, kein Geld und eine endlose Schlange vor dem Arbeitsamt! Doch sechs arbeitslose Stahlarbeiter aus Sheffield lassen sich nicht unterkriegen. Inspiriert von einem Auftritt der Männerstripper *The Chippendales* wittert Gaz die einmalige Chance, das große, schnelle Geld zu machen. Gemeinsam mit einem handverlesenen Team an Leidensgenossen gründet er eine eigene Strippergruppe und kündigt eine gewagte Show an. Das spricht sich wie ein Lauffeuer unter den Frauen Sheffields herum: Diese Männer lassen die Hosen runter, und nach dem Motto „ganz oder gar nicht" lassen sie auch die allerletzten Hüllen fallen. Doch kurz vor dem wahrscheinlich bloßstellenden Job schleicht sich Panik ein ... Eine einzigartige Komödie mit Kultstatus.

Das Wunderkind Tate (Kreative und Klassische Intelligenz)
Mit einem Jahr konnte er lesen, mit vier schrieb er Gedichte, heute, ganze sieben, malt Fred Tate Aquarelle und rechnet wie ein Professor. Fred ist ein Genie, das die Mutter, die nachts in Bars jobbt, hoffnungslos überfordert. Da erhält Fred die Einladung zu einem Hochbegabten-Training. Die ehrgeizige Psychologin Jane will das Wunderkind richtig auf Vordermann bringen. Für die Mutter aber ist Jane eine ernste Rivalin in Freds Gunst. Eine einfühlsame und mit intensiver Beobachtungsgabe erzählte Geschichte.

Comedian Harmonists (Musikalische und Emotionale Intelligenz)
Aus dem Nichts heraus erreichen die Freunde mit ihrer Musik gemeinsam das, was sie sich ein Leben lang erträumten. Wer kennt nicht *Mein kleiner, grüner Kaktus*? Auch wenn das Ensemble nur ein paar Jahre lang bestand, gelang es ihnen, eine einzigartige Musik zu schaffen, die sich bis heute größter Popularität erfreut. Eine Legende kehrt zurück.

Contact (Sprachliche und Kommunikative Intelligenz)
Eine Wissenschaftlerin ist besessen von der Idee, die Existenz außerirdischer Intelligenz zu beweisen. Eines Tages gelingt es ihr tatsächlich, eine Nachricht aus dem All aufzuzeichnen. Eine fremde Lebensform macht ein verschlüsseltes Angebot zur Kontaktaufnahme. Unter weltweiter Beteiligung bereitet sich die Menschheit auf den aufregendsten Moment ihrer Geschichte vor. Ein großer Film mit Julia Roberts und Judie Foster.

Don Juan de Marco (Kommunikative und Emotionale Intelligenz)
Selbstmordkandidaten sind für den Polizeipsychiater Jean Mickler (Marlon Brando) nichts Ungewöhnliches. Doch etwas ist anders bei diesem jungen Mann, der damit droht, von einem Hochhaus in den Tod zu stürzen. Er trägt eine Zorro-Maske, ein weites, schwarzes Cape und behauptet, er sei Don Juan, der größte Liebhaber der Welt. Mickler übernimmt

den Fall, obwohl er nur zehn Tage vor seiner Pensionierung steht. Er ist fasziniert von Don Juans Überzeugungskraft, seinen erotischen Erzählungen und seiner Leidenschaft für die Liebe und die Frauen. Die letzten zehn Tage werden das Leben des Psychiaters grundlegend verändern, füllen es mit neuer Lebensfreude, mit Romantik und lassen seine Liebe zu seiner Frau neu erwachen. Und irgendwann spielt es keine Rolle mehr, wer Don Juan wirklich ist.

Schlaflos in Seattle (Emotionale und Kommunikative Intelligenz)
Sam (Tom Hanks), Architekt und Witwer, wird über Nacht zum Star. Seit sein Sohn ihn dazu animierte, in einer Radioshow sein trauriges einsames Dasein zu beklagen, kann Sam sich vor Briefen und Anrufen nicht mehr retten. Frauen aus ganz Amerika wollen Sam und Sohnemann kennenlernen, besonders der Journalistin Annie bricht Sams Story das Herz. Völlig aufgelöst fliegt sie ins 3000 Meilen entfernte Seattle und in das Abenteuer ihres Lebens. Eine herrliche Komödie mit Witz und Romantik.

Nell (Kommunikative und Sprachliche Intelligenz)
Sie lebt in der Abgeschiedenheit der Wälder und spricht eine kaum verständliche Sprache. Seit ihrer frühesten Kindheit hatte sie keinen Kontakt zu Menschen, bis sie eines Tages von Dr. Lovell entdeckt wird. Die offiziellen Stellen würden Nell am liebsten zur psychiatrischen Behandlung einweisen, aber Lovell findet Hilfe bei der Psychologin Paula Olsen. Die Herausforderung beginnt. Gemeinsam versuchen sie Nell näherzukommen und ihr Vertrauen zu gewinnen. Es wird das Psychoabenteuer ihres Lebens, und dieser Faszination können sich beide nicht mehr entziehen. Dieses einzigartige Wesen hat Qualitäten, die die meisten Menschen verloren haben, aber es gibt in Nells Vergangenheit ein schreckliches Erlebnis, das die Kommunikation mit der Welt unterbrach. Eine mystische Entdeckungsreise im tiefsten Winkel der Seele.

Die Brücke am Fluß (Emotionale und Kommunikative Intelligenz)
Iowa, Sommer 1965. In das eintönige Leben einer Farmersfrau bricht ein Fotograph herein. Leidenschaftlich und bedingungslos verlieben sich die beiden ineinander. Es entwickelt sich eine Beziehung, die all das verspricht, was beide ihr ganzes Leben vermißt haben, aber nur vier Tage dauern darf. Eine wundervolle, romantische Verfilmung das berühmten Bestsellers.

Die Farbe Lila (Emotionale Intelligenz)
Ein mitreißender Film über die Gefühle, die uns alle bewegen, über die Liebe, den Zorn, das Leid, den Mut, den Schmerz, das Vertrauen, die Hoffnung und die Träume in uns allen. In grandiosen Bildern schildert er ein Abenteuer ganz besonderer Art: Die Geschichte der jungen Celie, dargestellt von Woopy Goldberg zu Anfang des 20. Jahrhunderts in den Südstaaten von Amerika.

Wer ist Mister Cutty? (Kommunikative und Kreative Intelligenz)
Um ihre Firma zu gründen, erfindet die clevere Finanzexpertin Laurel (Woopy Goldberg) kurzerhand einen renommierten, männlichen Partner, Robert S. Cutty, eine Wallstreetlegende, die stets anonym aus dem Hintergrund operiert. An der Wallstreet, weiß Laurel,

gelingt nur Männern der Weg nach oben oder Frauen, die wie Männer denken. Mit Mister Cutty an ihrer Seite und der Unterstützung ihrer neuen Sekretärin Sally schreibt Laurel bald schwarze Zahlen. Doch dann wächst der Druck ihrer Investoren, Cutty näher kennenzulernen.

Der Club der Teufelinnen (Kreative Intelligenz)
Drei New Yorkerinnen im besten Alter, die mehr als nur eine lange Freundschaft miteinander verbindet. Nachdem alle drei Jahre damit zugebracht haben, ihren Gatten beim Erklimmen der Karriereleiter zu helfen, finden sie sich nun zugunsten jüngerer, kurvenreicherer Ausgaben fallengelassen. Doch das Trio ist entschlossen, den Spieß umzudrehen und aus den Schmerzen Kapital zu schlagen. Es faßt einen cleveren teuflischen Plan, um die Ex-Männer dort zu treffen, wo es wirklich schmerzt: an der Brieftasche. Selten war Rache so süß und so komisch.

Jerry Maguire – Spiel des Lebens (Emotionale und Spirituelle Intelligenz)
Jerry ist der Erfolgsmagnet der Sportagentur SMI. Er hat die prominentesten Kunden und fährt die höchsten Umsätze ein. Auch privat ist der Sunny-Boy auf Gold gestoßen. Seine attraktive Verlobte ist sehr ehrgeizig, sowohl nach beruflichen wie auch erotischen Höhepunkten. Doch als Jerry eine couragierte Schrift über einen neuen, humaneren Kurs von SMI vorlegt, ist seine Glückssträhne jäh zuende. Fristlose Kündigung: nun zeigt sich das Leben von seiner häßlichen Seite, denn nur der Footballer Rod und die Ex-Buchhalterin Dorothy halten Jerry die Treue. Und der kämpft unverdrossen um Ruhm, Erfolg und eine neue, wunderbare Liebe. Eine witzige, bezaubernde und überaus romantische Komödie.

Kaffee, Milch und Zucker (Emotionale und Kommunikative Intelligenz)
Drei Ladies unterwegs von New York nach LA. Sie lieben Frauen, Männer und das Leben, aber leider hat Holly ihren brutalen Lover erschlagen, auf der Flucht wächst das ungleiche Trio immer weiter zusammen. Ein spannendes und humorvolles Roadmovie mit Superstar-Besetzung: Woopy Goldberg, Marie-Luise Parker und Crow Barrymoore.

Der Club der toten Dichter (Sprachliche und Spirituelle Intelligenz)
„Carpe diem", „Nutze den Tag" ist der wichtigste Lehrsatz des Englischlehrers John Keating. Mit Humor und Menschlichkeit kämpft er für Poesie, Liebe und Phantasie, die das Leben lebenswert machen. Er lehrt seine Schüler, Persönlichkeit zu entwickeln und sich selbst treu zu bleiben.

Sister Act (Alltags- und Musikalische Intelligenz)
Woopy Goldberg spielt in ihrer Paraderolle eine Nachclubsängerin, die einen Mord beobachtet und sich vor den Gangstern in einem Kloster verstecken muß. Dort bringt sie dem Nonnenchor das Singen bei und treibt die Verbrecher zur Verzweiflung. Sister Act – ein himmlischer Spaß voll überschäumender Gags, köstlicher Situationskomik und einer Musik, bei der die Kirche bebt.

Sieben Jahre in Tibet (Spirituelle Intelligenz)
Herbst 1939. Heinrich Harrer steht kurz vor der Bezwingung eines der höchsten Gipfel der Erde, als der zweite Weltkrieg ausbricht. Was als heroische Expedition geplant war,

wird zur abenteuerlichen Flucht durch das Himalaya-Massiv, bis der junge Österreicher völlig erschöpft Tibet erreicht. Nach anfänglicher Ablehnung findet er dort Schutz beim 11jährigen Dalai Lama und in ihm einen Freund, der sein Leben verändert. Während Harrer „seine Herrlichkeit" unterrichtet und ihm die abendländische Kultur erklärt, wird er selbst zum Schüler seines Zöglings und lernt, die Welt durch dessen Augen zu sehen.

Kleine Haie (Alltags- und Körper-Intelligenz)
Sind die denn hier alle total beknackt? Ingo will doch nur einen Stuhl zurückbringen, er weiß nicht, daß er irrtümlich vor der Prüfungskommission der Schauspielschule steht, die seine Schimpfkanonaden für eine gelungene Improvisation hält. Er lernt Johannes kennen, der unbedingt Schauspieler werden will, aber bisher jede Aufnahmeprüfung vermasselt hat, und Ali, einen vor Talent strotzenden Alleskönner und Möchtegernschauspieler. In München schlagen sich die drei kleinen Haie als Aktmodelle, Blutspender und Fischpfleger durchs Leben und schließen Freundschaft mit Herta und ihrer singenden Säge. Dann tritt die verschworene Gemeinschaft zur entscheidenden Aufnahmeprüfung an.

Das Leben des Brian (Kreative Intelligenz)
„Der echte Jesus liegt nebenan!", keift Brians Mutter die drei Weisen aus dem Morgenland an, als sie irrtümlicherweise vor Brians Krippe niederknien. Schon als Säugling mit so viel Ehre bedacht, kann Brian, ein römischer Seitensprung seiner Mutter, nur ein außergewöhnliches Leben vor sich haben. Im Jahre 30, Anno Domini, hat Brian auch Wichtigeres zu erledigen, als sich einem gewissen Jesus Christus anzuschließen. Er startet seine Karriere im Untergrund und wird durch die Parole: Römer raus! zum Volkshelden. Kult mit Junfermann-Autor John Cleese.

Fame – Der Weg zum Ruhm (Körper-Intelligenz)
Die Geschichte einer Aufnahmeprüfung für ein Tanzprojekt.

Der Höllentrip (Körper-Intelligenz und Spirituelle Intelligenz)
Ein hochbegabter junger Wissenschaftler, der die Auswirkungen von Drogen auf den Geist untersuchen will, läßt sich auf einen gefährlichen Selbstversuch ein. Er steigt in einen völlig isolierten, mit Salzwasser gefüllten Tank, dessen Temperatur der des Körpers angeglichen sein muß. Er macht unkontrollierbare Veränderungen durch und wird von ebenso faszinierenden wie grauenhaften Halluzinationen heimgesucht.

Frappierende neue Welten werden sichtbar durch die meisterhafte phantastische Bildwelt Ken Russels. Eine Reise in unbekannte Bewußtseinsbereiche.

Übungsverzeichnis

1. Emotionale Intelligenz

Bioenergetische Übung................	69
Das Geldspiel	78
Das Innerste nach außen kehren	51
Dein Ich tanzen.........................	63
Den Atemraum erspüren	60
Der Pantomimentanz	75
Das Standbild........................	76
Der Steckbrief...........................	71
Eigenwerbung...........................	74
Körperreise nach innen	47
Kundalini-Meditation	56
Lebensbaum	58
Maskenbau	53
Release-Stellung	49
Schattenspiel............................	66
Sound-Check	77
Teile-Tanz mit Bildern	67

2. Kommunikative Intelligenz

Chronos: der Körper	107
Das Rollenspiel	92
Der Bildertanz..........................	88
Der blinde Erzähler	86
Die Börse...............................	96
Das großzügige Geschäft	97
Die 13 Karten	87
Die fünf Stufen des Erkennens...........	98
Die Kommunikationsweste................	105
Die Kopie...............................	90
Die Botschaft	91
Die stillen Diener	85
Liebesstrategie	103
Macht-Spiele............................	93
Wünsche.............................	94
Opfer, Retter, Täter.....................	95
Soziales Panomara	101

3. Körper-Intelligenz

Bewegungsvielfalt......................	115
Die Choreograhie des Erfolges	117
Fische im Wasser.......................	132
Flugformation..........................	135
Jonglieren mit drei Bällen	120
Kontakt-Improvisation	137
Surfen...............................	137
Lebenslinien	114
Rhythmus des Universums	125
Rondo-Performance	131
Schwert des Samurai	134
Tanz der Elemente......................	128

4. Musikalische Intelligenz

Der Klangraum.........................	161
Der Rhythmustanz	156
Die Versammlung	158
Dirigieren..............................	150
Der Lautstärkeregler	152
Improvisiertes Dirigieren	152
Ho-Bolo-Bolo	147
Klang-Identität.........................	163
Meine Stimme und ich..................	160
Musikalische Geschichten	153
Die Geschichtenerzähler	155
Phantasiereise zum inneren Musiker	166
Rhythmische Pyramide	145

5. Sprachliche Intelligenz

Das Treffen am nächsten Tag............	188
Der Wissenssprachraum.................	196
Erfolgsworte...........................	178
Gedicht vervollständigen	200
Geschichten erfinden...................	182
Begriffe verweben	183

Improvisation in einem Hochhaus 186
Komplexe Metaphern basteln 201
Lebensmetaphern 189
    Nützliche Geschichten...................... 191
Nicht-Formulierungen 205
Sleight of mouth 192
Tabu 184
Walter 204
Wort-Pyramide 180
    Assoziationen verknüpfen............... 181
    Clustering... 181
    Schnelles Sofa 181

6. Kreative Intelligenz
Der Maßstab der Zeit............................. 215
Die kreativen Möglichkeiten 221
In Kontakt mit Deinem
    inneren Schöpfer sein 235
Intuition 224
Kreativitätsanalogie 229
Muster erkennen 223
Osbornsche Checkliste 227
Projekt-Beschreibung 219
Schatzkiste 233
Umdenken 231
Wohlgeformte Fragen 213
Zeit sein 217

7. Die Klassischen Intelligenzen
Das Zahlenspiel 254
    Die Busfahrt 254
Das magische Quadrat.......................... 249
    Das magische Kartenspiel............... 250
Der etwas andere IQ-Test.................... 256
Improvisiertes Zeichnen........................ 251
Orientierung im Raum.......................... 252
Schätze mal 247
Was fehlt? 246

8. Alltags-Intelligenz
Als ob 287
Auf und Ab... 268
Dein Geschenk 273
Gruppenstrukturen 271
Organisation 278
Praktische Intuition 289
Self Coaching... 280
Self Monitoring 282
Sich selbst motivieren 284
Status 276
Vergnügungsliste..................................... 292
Werte im Alltag 266

9. Spirituelle Intelligenz
Atemübung oben und unten 310
Das Lebenslied... 323
Das Öffnen des dritten Auges 325
Dein eigenes Symbolsystem 317
Dein Kraft-Symbol................................. 319
Feuer-Meditation..................................... 315
Heilraum erweitern 327
Hier und Jetzt 308
In die Welt eines anderen eintauchen .. 314
Licht und Schatten 312
Mantra-Meditation 302
    Dratakam 306
    Mandala-Meditation 305
    Mudra-Meditation.............................. 306
    Nadam-Meditation............................ 306
Spirituelle Massage 329
Symbol-Meditation 321